Economic Cycle and
China's Economic Growth

经济周期与
中国经济增长

李建伟◎著

本书在回顾传统经济周期理论的基础上，以中国耐用消费品
需求和经济增长周期为例，对经济周期与中国经济增长关系的问题
做了深入研究，实现了多方面的理论创新。

人 民 出 版 社

前　　言

自 19 世纪西方经济学家发现了经济活动中多种有规律的周期波动现象以来,经济学家们就试图解释经济周期的两大问题:一是经济周期产生的原因,即经济周期是内生的还是外生的;二是经济周期波动不规则的原因,即是什么因素导致不同经济周期的波长和波幅出现巨大差异。围绕这两大问题,早期的古典经济周期理论以经济总量的周期性波动为研究对象,将经济周期归结为农业周期、消费不足、投资与建筑周期、人口周期、心理预期、存货周期、长周期和经济危机等,除马尔萨斯与西斯蒙第的消费不足理论和马克思主义经济危机理论外,多数古典经济周期理论将经济周期归结为单一因素引致的外生性周期波动,缺乏系统严谨的理论基础。20 世纪以后,随着经济增长理论研究的不断深入,经济周期的理论研究也不断深化,逐步形成了以凯恩斯主义非均衡增长理论和新古典主义的均衡增长理论为基础的两大学派。这两大学派以各自的经济增长理论为核心,在经济增长周期的内生性以及宏观调控政策的有效性问题上存在巨大分歧。其中新古典主义学派认为经济增长是均衡的,经济增长周期是外生的,是经济运行对均衡增长状态的暂时偏离,政府政策干预是无效甚至有害的;而凯恩斯主义学派认为经济增长是非均衡的,经济增长周期具有内生性,政府政策干预对刺激经济增长是有效的。

本研究发现,各国居民收入分布均具有服从正态分布的特征。在居民收入分布均服从正态分布的情况下,耐用消费品和非耐用消费品需求均存在由居民收入分布正态特征所决定的内生性增长周期。在各国居民收入分布均服从正态分布的情况下,全球居民收入分布也服从正态分布,全球消费品需求也必然存在由全球居民收入分布正态特征决定的内生性增长周期,一国出口也必然存在由全球消费品需求增长周期和该国出口占比共同决定的周期性波动现象。在出口和消费增速均呈周期性波动的情况下,通过产业关联,各行业及整个经济也存在由居民收入分布正态特征所决定的内生性增长周期,即收入分布增长周期。除收入分布增长周期之外,实际经济运行中还存在由供给滞后引致的价格调整周期、由产品更新换代引致的更新需求与创新需求增长周期,经济增长周期是由多种内生性增长周期共同构成的。这一研究为经济增长周期的内生性提供了重要的微观经济基础支持,阐明了周期性波动是经济运行常态的理论依据。

进一步的研究表明,任何时期经济增速的周期性波动均存在瞬时均衡增长状态,这一瞬时均衡增长状态会随着经济结构的改变呈动态发展状态,即经济增速在周期性波动的同时,又存在动态均衡增长状态。新古典主义的均衡增长状态实质上即是经济增长周期性波动的动态均衡增长状态,将时间因素引入索罗模型之后,新古典主义学派的稳定均衡增长理论模型本身就是一个内生性增长周期理论模型。凯恩斯主义的非均衡增长理论与新古典主义的均衡增长理论,仅是分别反映了经济增长的周期性波动及其动态均衡增长状态的一个方面。这一研究解决了凯恩斯主义与新古典主义的理论分歧,阐明了经济增长的周期性波动与动态均衡增长状态的一致性。

在理论分析中我们还发现,收入差距过大或过小均不利于消费需求的平稳较快增长,适度收入差距对经济平稳较快增长至关重要。收入分配结构和收入差距是决定收入分布形态以及消费品需求分布形态的关键因素,也是决定消费需求增长周期波动形态的主要因素。收入差距越小,耐用消费品需求曲线越陡峭,需求极值越大。但因高收入阶层收入水平相对较低或高收入群体规模较小,在耐用消费品价格较高的早期发展阶段,耐用消费品的需求规模相对较小,发展相对缓慢。而当消费品价格下降到中等收入阶层能够实现消费需求时,需求规模的快速扩大会带动耐用消费品需求快速增长。反之,收入差距越大,耐用消费品在价格较高的早期发展阶段需求规模越大,增长越快。但当消费品价格下降到中等收入阶层能够实现消费需求时,需求规模相对较小,增长相对缓慢。

在理论分析基础上,我们对我国耐用消费品的收入分布增长周期和实际增长周期进行了实证分析,探讨了耐用消费品需求增长周期与经济增长周期的内在关联关系。研究发现,我国耐用消费品均存在波长不同的周期性波动现象,城镇居民家庭彩电、电冰箱、洗衣机和家庭乘用车收入分布增长周期的波长分别为27年、32年、32年和64年,农村居民家庭彩电、电冰箱和洗衣机需求的收入分布增长周期的波长大约为27年、37年和39年。1978年到2012年期间彩电、电冰箱、洗衣机和家庭乘用车实际需求增长周期的平均波长分别为6年、6.2年、8年和12年。1978年以后我国耐用消费品需求重点从家用电器为主逐步转向家庭乘用车,经济增长周期的波长也从第一个周期(1978年到1984年)的6年延长到第二个周期(1984年到1992年)的8年和第三个周期(1992年到2007年)的15年,消费需求结构从价格较低、使用年限较短的家用电器转向价格很高、使用年限很长的家庭乘用车,是GDP增长周期波长不断延长的决定性因素。2007年以后,我国城乡居民家用电器需求逐步进入饱和需求状态,城乡居民家用电器需求进入以更新需求和创新需求为主的低速增长期,2012年以后城镇居民乘用车需求已过加速增长期,进入以高收入家庭更新需求和中等收入家庭初次需求为主的较快增长阶段,我国经济也从2000年到2012年重化工业快速发展的重化工业化阶段转向第三产业相对快速发展的工业化后期,2013年第三产业增加值占比已超过第二产业增加值占比。

以理论分析和实证分析的结论为依据,借助滤波分离技术,我们对我国经济增速的周期性波动及其动态均衡值进行了深度分析。研究发现,我国GDP增速存在多种不同的周期性波动,短期波动和中期波动振幅较大,受外部因素影响较大,中长期波动振幅不断下降,波动趋于微波化,长期波动的周期峰值与周期谷值不断提高,动态均衡值呈周期性下降趋势。GDP增速的周期性波动是由投资、居民消费、进出口、工业存货等多种需求因素增速的周期性波动共同决定的,居民消费是最重要的因素,出口对经济增速周期性波动的影响大于投资,进口和工业存货对GDP增速的周期性波动起到重要抑制作用。运用经济增长周期模型对我国经济增速的周期性波动及其动态均衡增长状态进行的模拟预测结果表明,未来10年我国经济增速将呈周期性下降趋势,平均增速将从过去高速增长期10%左右的高速增长下降到6.5%左右的较快增长,经济增速的波动介于5%到8%之间。

　　本书在理论上的创新之处主要有四点：一是从收入分布角度证明了经济增长周期的内生性，为内生增长周期理论提供了微观经济基础支持；二是阐明了经济增长的周期性波动与动态均衡增长状态的一致性，解决了凯恩斯主义与新古典主义的理论分歧；三是从理论上阐明了收入差距过大或过小均不利于消费需求的平稳较快增长，适度收入差距对经济平稳较快增长至关重要；四是阐明了技术进步和企业创新对经济增长与增长周期的影响机制。以中国耐用消费品需求和经济增长周期为例的实证分析，为理论研究提供了实证支持，这一实证研究仅是初步的，有待从产业结构和需求结构方面进行更为细化的深入研究。

　　受作者理论功底和学识所限，本书内容难免有谬误之处，期望读者能够不吝指正。也期望本书能够为有志从事经济增长周期研究的同行提供可资借鉴之处，为推动经济增长与经济周期理论研究作出一点贡献。

　　本书已于2017年3月由英国Routledge出版英文版，除中国大陆中文版之外的其他版权已授予Routledge。在翻译出版英文版过程中，得到剑桥大学皮特·诺兰教授、张瑾教授的指导与帮助，陶鑫博士、肖纯文博士、付振宇博士、何嫄博士在校译过程中给予重要支持，Peter Sowden先生和Routledge出版社的编辑人员对本书也提供了重要帮助，在此对他们的无私帮助表示衷心感谢！

　　在出版中文版之际，我要特别感谢我的导师刘国光教授，是他多年来的指导、支持和鼓励，让我能够潜心研究，薄有所获。我还要特别感谢国务院发展研究中心的各位领导和同事，本研究作为2013年中心副研以上研究人员招标课题，在招标与课题评审过程中各位评委对研究框架与研究内容均提出了重要的修改意见和建议。另外需要感谢的是倪旭君博士，他为梳理经济周期理论研究的历史资料提供了重要帮助。

李建伟

2017年12月1日

目　录

第一章　传统的经济周期理论及其局限性

经济周期的相关研究起源于 19 世纪,当时的西方经济学家发现经济发展过程中存在有规律的周期性波动现象,以英国经济总产值的绝对值波动最为显著。因此,早期对经济周期的研究围绕经济总量绝对值的波动展开,古典经济学家们据此将经济周期定义为经济总量的上升和下降的交替过程。20 世纪以后,随着经济增长理论与经济周期理论研究的不断深入,西方经济学家将哈耶克提出的经济周期定义作为研究经济周期的出发点,即经济周期指的是对经济均衡状态偏离的循环反复。① 经济周期的理论研究与经济增长理论研究日渐结合,逐步从古典周期理论研究转向增长周期理论研究,并以凯恩斯主义非均衡增长理论和新古典主义的均衡增长理论为基础分为两大学派,其中新古典主义学派认为经济增长周期是外生的,是经济运行对均衡增长状态的暂时偏离,政府政策干预是无效甚至有害的;而凯恩斯主义学派则肯定经济增长周期的内生性,政府政策干预对刺激经济增长是有效的。

一、古典经济周期理论

基于 1825 年英国第一次产能过剩引发的经济危机,经济周期理论的研究迎来了第一个高潮,产生的诸多学说被统称作"古典经济周期理论"。古典经

---

① Cf.Hayek Friedrich August: *Geldtheorieund Konjunkturtheorie*. No.1. Hölder-Pichler-Tempskyag, 1929.

济周期理论以研究经济总量的周期性波动为主,多数将经济周期归结为单一因素引致的外生性周期波动,缺乏系统严谨的理论基础。

(一)农业周期等外生经济周期理论

经济周期理论的相关研究起源于 19 世纪,早期古典经济周期理论以农业周期为基础展开,它们大多将经济周期看作外生的,即认为经济周期的根源在于经济之外因素的变动,它们并不受经济因素的影响。

农业周期理论的代表人物有杰文斯(Jevons)和穆尔(Moore)。该理论学派以谷物耕作周期为参照,研究经济周期受农业波动的影响。在此基础上繁衍出了太阳黑子理论,即认为太阳黑子的变化是农业生产和整体经济周期性波动的原因。农业周期理论作为研究经济周期理论的萌芽受到当时国家产业结构、经济环境的约束,将视角局限在了农业和环境气候波动方面,对经济周期的观测和成因分析缺乏系统深入的研究。

其他具有代表性的外生经济周期理论有非货币投资过度理论和政治性周期理论等。非货币投资过度理论认为新领土开拓、技术发明和人口增加及其伴随的投资波动导致了经济周期。政治性周期理论认为政府执政因素(如选举、对待通货膨胀和就业的政策等)的变动引起了经济周期。

(二)消费不足理论

19 世纪初,马尔萨斯(Malthus)和西斯蒙第(Sismondi)用劳动者贫困化所引起的消费不足来揭示产能过剩及其伴随的经济危机的必然性。该理论的核心观点在于,经济中出现萧条与危机是因为社会对消费品的需求赶不上消费品的增长。而消费品需求不足又引起对资本品需求不足,进而使整个经济出现生产过剩性危机。消费不足的根源则主要是由于国民收入分配不平等所造成的穷人购买力不足和富人储蓄过度。

西斯蒙第在《政治经济学新原理或论财富同人口的关系》一书中认为,一个社会消耗劳动从事生产的唯一目的是满足人们的需要。生产主要取决于非劳动者的需求,这将导致生产的无限扩大,同时降低了劳动者的消费能力,进而引发生产过剩危机和经济周期性波动。消费不足理论的创新性在于肯定了经济周期的内生性。

(三)长周期(长波)理论

长周期理论的代表人物有熊彼得(J.Schumpeter)、瓦斯(Pcrvus)和康德拉季耶夫(Kondratieff)。康德拉季耶夫提出了经济长波周期的经验观察结果,但大多基于价格的波动,缺乏理论基础。在此基础上,熊彼得提出了短期存货周期组成的长波模式。之后伯恩斯和米切尔发展了这一理论,对长波的理解更加深了一步。他们认为,长波是由一系列周期组合而成,主要可以分为产业阶段和投机阶段。[①]

长周期理论的局限性在于如下两个方面:

(1)以1929年经济大萧条为代表的实证挑战。长周期理论忽视了短期经济波动现象,而且以1929年经济大萧条为代表的经济衰退也与长周期理论的预测结果不符。

(2)以凯恩斯为代表的学者更关心更短期的周期,至多不超过100年的周期经济波动,而瓦斯等人提出的长周期理论主要受重大经济革新的影响,很难受到经济政策的左右,也就不存在政策调控的空间。

(四)投资与建筑周期理论

20世纪30年代库兹涅茨(S.Kuznets)结合数理分析观察各国经济周期波动,发现了一种为期15—25年、平均长度为20年左右的经济周期,库兹涅茨受长波(周期)理论影响,将这一周期划分为中周期。他认为建筑投资周期性波动是这一经济周期的主要驱动因素。由于中周期是以建筑业的兴衰为主要推动力加以划分的,所以也被称为"建筑周期"。

(五)人口周期理论

库兹涅茨在经济周期理论研究中还关注人口结构变动与经济周期的关

---

① Cf.Samuelson Paul A.:"Interactions between the Multiplier Analysisand the Principle of Acceleration",*The Review of Economicsand Statistics* 21.2(1939):75-78.

系。与建筑(中)周期理论不同的是,人口周期理论认为人口结构变动是长期经济周期波动的核心因素。人口增长会带动消费增长,进而刺激扩大再生产投资,促进经济发展。随着人口逐步进入劳动力市场,会压低收入水平进而导致消费需求的下降,导致经济进入衰退期。库兹涅茨将经济活动中的被动与相应的移民波动、人口增长率以及劳动力的增长联系起来,为后续关于人口与经济周期的研究提供了良好基础,但关于人口周期与经济周期的相对作用方式仍存在争议。[1]

(六)马克思主义经济危机论

针对 1825 年发生的世界范围内的经济危机,以马克思和恩格斯为代表的研究者提出了资产阶级的贪婪性是经济危机根源的观点。该理论代表作为《资本论》,其第一部出版于 1867 年,第二部和第三部的草稿由恩格斯在 1885 年、1894 年相继出版,第四部《剩余价值理论》由卡尔·考茨基在 1905—1910 年编辑出版。在《资本论》中,针对经济周期带来的繁荣与衰退,马克思认为,其根源在于资本主义生产力和生产关系间不可调和的矛盾,也即资本主义基本矛盾。因此,经济周期是资本主义社会不断遇到危机造成的,其内在机制的不合理是危机的根源。马克思主义认为经济危机的根本原因是私有制导致的分配不公,工人被资本家剥削,引发了社会两极分化的加深,要消除经济衰退带来的负面影响,首先需要消灭私有制。

(七)心理预期理论

以庇古(Pigou)为代表的经济学家强调非理性行为和心理因素对经济周期的影响。他在《工业波动》一书中认为,经济周期是由真实因素、心理因素及自主的经济因素联合导致的冲击造成的。乐观主义和悲观主义共同作用,引发了经济周期。另一方面,他认为破产很少毁灭资本,其核心危害在于造成恐慌。人们受到破产惨状的影响,对新的资本投资意愿会下降。

---

① 库兹涅茨认为人口是经济活动的主要决定因素,而经济活动可以表现为对人口增长的影响,即人口因素是内生的。而许多经济学家将人口看作外生变量,例如在考察单位成本产出时,人口即被视为外生变量。

庇古不认同"看不见的手"能使得陷入困境的经济恢复均衡。他认为经济周期中的价格变化以及商业计划所遭受的巨大破坏很难愈合。在价格刚性条件下,经济衰退会引发一系列问题,进而阻碍市场出清。

二、凯恩斯学派

1929—1933 年爆发的大萧条对当时经济周期理论提出了重大挑战,在此背景下,凯恩斯学派应运而生。凯恩斯学派的出现对经济周期理论的发展具有十分重要的意义,该学派以非均衡增长理论为核心对经济周期内生性的研究,为政府干预经济提供了理论基础,对现代经济发展产生了重要影响。

(一)传统凯恩斯理论

凯恩斯学派的代表作《就业、利息和货币通论》研究的核心问题在于如何分析就业与经济波动之间的关系,进而解决市场供求失衡的问题。凯恩斯批判了古典经济学的两个基本假设:萨伊的市场法则和完全就业,开创了全新的研究经济周期的理论框架和思维范式。凯恩斯认为经济波动和危机来源于有效需求不足,针对这一问题,国家干预是十分有效的。

凯恩斯在《就业、利息和货币通论》一书中对经济周期有深入的论述,打破了经济均衡增长的观点,将经济周期视为经济增长的内生现象进行研究。凯恩斯认为当时环境下经济波动一般以 5—10 年为周期。基于投资、消费和乘数的分析框架,凯恩斯学派认为经济周期波动背后的主要因素有两个方面:首先,资本的稀缺性导致了资本边际报酬的提高;其次,受存货的影响,随着资本边际效率上升,投资扩大并引发投机需求,经济进入新的周期。受当时环境影响,凯恩斯学派对经济周期的研究聚焦于经济危机的应对,凯恩斯学派认为经济衰退的核心原因在于市场对厂商预期的负面打击(例如流动性问题),应对经济危机可以依靠国家货币扩张,包括赤字财政政策、低利率政策和发行债券。通过募集资金用于国家支出,刺激有效需求,并缓解产能过剩。凯恩斯学派的经济政策将市场上的闲置资金聚集起来为国家和穷人服务,在刺激经济发展的同时也缓解了社会两极分化。

《就业、利息和货币通论》一书对经济周期理论的发展具有十分重要的意义。凯恩斯在该著作中提出的经济非均衡增长理论,引发了后续凯恩斯学派和新古典主义学派(以货币周期理论和实际经济周期理论为代表)之间的激烈争论。对储蓄、投资与经济增长之间关系的分析、货币政策的传导机制和效果衡量、货币供求与通货膨胀、利率的决定与信贷的作用机理,成为这一时期经济周期理论的研究重点。但传统凯恩斯理论对经济周期理论的诠释尚存在一些不足。首先传统凯恩斯主义对经济周期的诠释缺乏微观基础,在理论上难以同传统的微观经济学保持一致。另外,凯恩斯主义最为人诟病之处在于难以应对实际经济运行中出现的经济增长停滞与通货膨胀并存(滞胀)的问题。

(二)新凯恩斯理论

针对传统凯恩斯主义在诸多理论方面存在的问题,20 世纪 80 年代,新凯恩斯主义从微观出发,完善了凯恩斯学派的理论基础与政策主张,并针对经济周期研究建立了多马模型、蛛网模型、哈罗德模型、希克斯动态模型和混沌理论等研究框架,为凯恩斯学派解释经济周期波动提供了更加科学的理论基础。

20 世纪 70 年代,以格特勒(M.Gertler)、克拉里达(R.Clarida)和加利(J.Gali)等为代表的新凯恩斯主义学者坚持货币政策有效性的观点,从非市场出清、黏性工资和黏性价格等理论出发研究货币政策与经济周期波动之间的关系。[1] 新凯恩斯主义的核心观点认为货币变动会影响到真实的经济增长,有效的货币政策能稳定总产出和就业,政府应该通过调整短期利率以适应经济波动,弥补预期通货膨胀对经济波动造成的影响,最优货币政策是实行通货膨胀定标的货币政策。费尔普斯与泰勒发现,即使在理性预期条件下,宏观经济政策也是有效的。[2]

---

[1]　参见[西班牙]若迪·加利:《货币政策、通货膨胀与经济周期:新凯恩斯主义》,中国人民大学出版社 2013 年版,"引论"。

[2]　Cf.Phelps Edmund,S.and John B.Taylor:"Stabilizing powers of monetary policy under rational expectations",*The Journal of Political Economy* 85.1(1977):163.

新凯恩斯主义的代表人物有曼昆（G.Mankiw）、丁伯根（J.Tinbergen）、布兰查德（O.Blanchard）和萨缪尔森（P.Samuelson），相对于传统凯恩斯主义而言，新凯恩斯主义一方面保留了凯恩斯学派的核心观点，即不完全性是经济周期的主要原因；另一方面摒弃了传统凯恩斯主义频繁调控、反复干预从而平缓经济周期的政策。新凯恩斯主义关注点在于市场的不完美，以价格黏性代替传统的价格完全刚性，并突出了货币经济周期的重要性。因此在新凯恩斯主义看来，反周期政策对于平缓经济周期波动至关重要。

新凯恩斯学派对经济周期的研究形成了两种划分方式，分为收缩和扩张两个阶段，或者分为繁荣、衰退、萧条和复苏四个阶段。由于价格是逐渐调整的，因此总需求和总供给受到消费、投资支出和货币供给量波动的影响，成为经济周期波动的核心动力源。

随着对经济周期理论研究的不断深入，新凯恩斯主义延伸出了诸多理论分支，它们从基础假设出发，从不同角度丰富了新凯恩斯主义对经济周期理论的研究范畴。新凯恩斯主义的经济周期模型涵盖了工资、价格黏性与经济周期波动论，交错调整价格论，垄断竞争和总需求波动论，市场结构和宏观经济波动论，市场对策和协调失灵论，价格非稳定性与经济周期论等不同分支，从不同角度探讨了经济周期波动的原因及其与经济增长之间的关系。其中，萨缪尔森提出的乘数—加速数理论分析了投资和总产出之间的相互关系及其对经济周期的影响，丁伯根等提出的蛛网模型运用弹性理论来解释某些生产周期较长的商品在失去均衡时发生的波动情况，这两个理论模型对后续经济周期理论研究影响深远。

1. 乘数—加速数理论

20 世纪 30 年代末，以萨缪尔森为代表的新凯恩斯主义经济学家提出了乘数—加速数理论。该理论认为，经济周期是由投资和收入的变动共同决定的，由乘数和加速数共同作用决定。乘数—加速数模型的核心观点认为在经济中投资、国民收入、消费相互影响，相互调节。如果政府支出为既定（即政府不干预经济），仅靠经济本身的力量自发调节，就会形成经济周期。周期中各阶段的出现，正是乘数与加速原理相互作用的结果。而在这种自发调节中，投资是关键的，经济周期主要是投资引起的。产出的快速增长刺激了投资的增加,大规模的投资反过来刺激产出更快增长。这种正向激励一直持续,直到潜在经济能力完全被用尽,之后经济增长率开始放缓,放慢的增长反过来又减少投资,这将使经济进入衰退,直至到达谷底。

在乘数—加速数模型中,乘数原理重点强调自发性投资对国民收入的影响,加速数原理强调国民收入总量波动对投资的影响,萨缪尔森把乘数和加速数的作用结合起来解释经济波动,即收入或消费需求的增加会导致投资成倍数增加,而收入或消费需求的减少会带动投资成倍数减少。该理论的基本框架是:

(1)$Y_t = C_t + I_t + G_t$,其中 Y_t 表示总产出,C_t 表示总消费,I_t 表示总投资,G_t 表示总政府支出。

将消费定义为边际消费倾向(b)和前期收入(Y_{t-1})的乘积,即:

(2)$C_t = bY_{t-1}$。

将投资定义为加速系数(v)和消费变动相关的变量,即:

(3)$I_t = v(C_t - C_{t-1}) = v(bY_t - bY_{t-1}) = vb(Y_t - Y_{t-1})$。

在政府支出(G_t)固定的条件下,可以推导得到乘数加速数原理的核心表达式:

(4)$Y_t = b(1+v)Y_{t-1} - bvY_{t-2} + G_t$。

方程(4)是产出 Y_t 的二阶差分方程,从差分方程的性质可知,在边际消费倾向和加速数满足一定条件下,产出会出现有规律的周期性波动现象。乘数—加速数理论从理论角度揭示了经济周期波动中各经济变量的传导过程,计算了不同乘数因子和加速因子下的经济增长路径,揭示了经济周期的内生性。该理论的创新观点在于政府可通过干预经济的政策来影响经济周期的波动,通过调整政府投资可以减轻经济周期的破坏性,熨平周期,实现国民经济较为稳定的增长。萨缪尔森的理论为后续学者进一步分析研究提供了基础。

2. 蛛网模型

丁伯根、舒尔茨(H. Schultz)、莱斯(U. Ricel)和卡尔多(N. Kaldor)共同提出了蛛网模型,把时间引入均衡分析中,运用弹性理论来解释某些生产周期较长的商品在失去均衡时发生的波动情况。蛛网模型的三个基本假定为:商品从生产到产出需要一定时间,而且在这段时间内生产规模无法改变;本期产量决定本期价格;本期价格决定下期产量。

丁伯根以美国等国的经济周期为研究对象,分析不同变量间的波动关系进而预测国家经济周期波动。丁伯根1939年出版了《经济周期理论的统计检验》一书,使用方程组估计美国宏观经济问题,并创建了说明单个市场周期的蛛网模型,为后续研究经济周期理论提供了重要基础。蛛网模型解释了许多生产周期较长的商品的产量和价格的波动情况,具体可以分为发散型、稳定(封闭)型和收敛型蛛网模型。

根据蛛网模型的基本假设,线性的蛛网模型的数学模型为:

$$D_t = \alpha - \beta P_t$$
$$S_t = \delta + \gamma P_t$$
$$D_t = S_t$$

其中 α、β、δ、γ 均为正常数,D_t 为第 t 期的需求量,S_t 为第 t 期的供给量,P_t 为第 t 期的价格,P_{t+1} 为第 $t+1$ 期的价格。

当市场均衡时,均衡价格 $p_e = P_t = P_{t+1}$,计算得到均衡价格为:

$$P_t = (\alpha + \delta) / (\beta + \alpha)$$

假定在初期由于外界干扰,实际产量低于均衡水平。产量的不足导致了实际价格的上升。根据价格的变动,生产者会选择提高下一期的产量,第二期产量的提高会导致实际价格下降,进而导致第三期产量的下降,进而导致第四期实际价格的上升。如此循环下去,实际产量和实际价格波动的幅度越来越大(小),偏离均衡产量和均衡价格越来越远(近)。当供给的价格弹性大于需求的价格弹性,就会得到蛛网模型不稳定的结果,即发散型蛛网,当供给价格弹性小于需求的价格弹性时,即形成收敛型蛛网。

三、新古典学派

20世纪60年代以后,新古典学派对解释经济周期问题作出了重要的理论贡献,他们在凯恩斯理论的前提框架之外建立了另一套研究经济周期问题的理论分析体系。其中最具代表性的便是货币主义学派、理性预期学派和实际经济周期学派。

（一）货币主义学派

货币主义学派在经济周期的理论研究中扮演着重要角色,他们将一切经济波动的原因归于货币供给与需求的变动。其核心观点为:在经济周期中,个人、企业和国家三方受到货币供给的影响,在经济衰退期流动性紧张是造就衰退的核心原因。在货币数量论和劳动力市场充分就业的基础上,货币供给量的变化被当作经济周期波动的主要因素。因此,应对经济波动的关键在于合理地确定货币供给量和供给方式。

货币学派的代表人物有费雪(Fisher)、霍特里(Hawtrey)、哈耶克(Hayek)和弗里德曼(M.Friedman)。他们的货币因素论(霍特里)、货币过度投资理论(哈耶克)和货币周期理论[①]对从货币供给与需求视角解释经济波动问题作出了重要贡献。

费雪认为经济波动和经济危机的主要原因是企业债务沉积和央行的紧缩政策造成了社会信用丧失。哈耶克关于经济周期理论的基础在于货币政策的非中性(monetary non-neutrality),最先关注到了货币政策在经济周期波动中的重要作用:考虑到生产消费品的产业产量变动需要等待一定时间,而货币量的变动速度较快,随着货币供给的增加,相对稳定的储蓄水平会促进消费需求的上升;当消费品供给的增长速度赶不上消费品需求的增长时,产品价格就会上升;由于政府和银行对货币量和储蓄的控制,消费增长的放缓会导致产能过剩,进而造成工人失业,经济进入萧条期。哈耶克关于经济周期的理论模型受到弗里德曼经验结果的支持。[②] 弗里德曼运用货币数量理论解释经济周期波动,将货币当作外生变量,结合费雪方程式,解释了货币在经济周期波动中的重要地位。

（二）理性预期学派

针对凯恩斯学派无法解释的滞胀现象,对经济波动的研究进入了新阶段,理性预期学派应运而生。理性预期学派从外生角度,围绕治理滞胀问题提出

[①]　Cf.Friedman Milton:*The Counter-Revolutionin Monetary Theory*,London:Institute of Economic Affairs,1970,pp.22-26.

[②]　Cf.Friedman Milton:*The Counter-Revolutionin Monetary Theory*,London:Institute of Economic Affairs,1970,pp.22-26.

了应对经济周期的方法。

理性预期学派的代表人物巴罗(R.Barro)和萨金特(T.Sargent)认为,经济周期波动的基础在于理性预期。从信息角度,在信息不完全市场,相对价格和绝对价格的变动相互影响,产量和就业量的波动主要取决于生产者对于产品需求的预期,而产品需求又受到外部环境的影响。当价格产生波动时,厂商会将一般物价水平的上涨和消费品需求增加混淆,扩大生产。当一般价格水平下降时,厂商会反向操作。厂商的两种生产投资决策是经济周期波动的根本原因。

(三)实际周期学派

实际经济周期理论(Real Business Cycle Theory)起源于 20 世纪七八十年代,代表人物为卢卡斯(R.Lucas)、古德温(R.Goodwin)、凯兰德(F.Kydland)和普利斯科特(E.Prescott)等。[1] 该理论的核心观点在于将技术冲击作为经济周期的动力来源,认为即使较小的技术创新也可能产生巨大的经济波动效应。经济周期的波动可以被看作是理性个人对于外部冲击的最优选择结果,其整个理论框架建立在市场出清的一般均衡模型之上。

实际经济周期理论的基本假设为完全竞争市场和个体理性预期。早期实际经济周期理论未涉及市场失灵、货币冲击或政府干预造成的影响,实际经济周期学派的理论假设也因此受到了新凯恩斯学派的猛烈抨击。实际经济周期理论使用索罗残差表示技术进步(冲击)[2],许多研究者建立实际经济周期模型[3],研究全要素生产率(TFP)与经济周期波动率之间的关系,得到了显著的正相关结果。

实际经济周期理论源自古典经济学,其对技术冲击的刻画对现代宏观经济学研究经济周期波动产生了重要影响。随着经济周期理论的发展与完善,其理论框架融入了更多其他学派的观点,这也是实际冲击周期理论一直保持

---

[1]　参见杨立岩、王新丽:《实际周期理论研究新进展》,《经济学动态》2004 年第 2 期。

[2]　Cf.Hall.Robert E.:"The relation between price and marginal cost in US industry",*Journal of Political Economy* 96(1) (1988):921-947.

[3]　Cf.Arias Andres,Gary D.Hansen and Lee E.Ohanian:"Why have businesscycle fluctuations become lessvolatile?"*Economic theory* 32.1(2007):43-58.

生命力的关键。其代表人物卢卡斯认为,实际经济周期理论之所以能够较好地解释美国的经济周期波动,关键在于该理论科学地考察并运用了反周期政策。① 基于实际经济周期理论的动态随机一般均衡模型(Dynamic Stochastic General Equilibrium,DSGE 模型)已成为现代宏观经济分析的基本工具。

表1-1　古典主义学派、凯恩斯主义学派和新古典主义学派的简单比较

参　数	古典主义	凯恩斯主义		新古典主义
		传统凯恩斯主义	新凯恩斯主义	
1.基本假设	价格长期伸缩性市场连续出清	价格刚性市场不出清	价格黏性市场不出清	价格短期伸缩性和价格预期市场连续出清
2.适用的分析情况	长期	短期	短期和长期	短期和长期
3.模型特征	总量关系	总量关系	总量关系	从微观经济推导
4.总需求曲线	右下倾斜	右下倾斜	右下倾斜	右下倾斜
5.总供给曲线	垂直	水平	右上倾斜(短期)垂直(长期)	右上倾斜(短期)垂直(长期)
6.菲利普斯曲线	垂直	水平	右下倾斜(短期)垂直(长期)	右下倾斜(短期)垂直(长期)
7.对经济周期的解释	充分就业	货币因素和实际因素	货币因素和实际因素	实际因素
8.货币的作用	货币长期中性	货币非中性	货币非中性	货币短期中性
9.微观基础	无	无	说明价格黏性的原因	说明价格收缩性的原因
10.政策主张	政府少干预经济	政府干预经济	政府干预经济	政府少干预经济

四、经济周期理论研究的新发展

20 世纪末至 21 世纪初,随着数理模型与计量方法的快速发展,经济周期

---

① 参见翟志成:《经济周期理论与中国当前宏观经济走势》,《经济学家》2001 年第 2 期。

理论研究进入了空前繁荣的阶段。爆发于 2008 年的美国金融危机及全球性
经济危机使得经济周期的相关研究再次成为学界热点。

当前对经济周期研究的新特点在于,研究者不再将经济总量或其增长率
这些单一指标作为考量经济波动的标准,而是综合 GDP 增长率、通货膨胀率
和失业率一篮子指标,综合判断国家经济波动状况。近些年研究经济周期取
得突出进展的便是经验分析学派。经验分析学派以理论分析为主,通过计量
经济学手段研究经济周期波动背后的因素。代表人物有克莱因(L.Klein)和
费里希(R.Frisch)等。他们提出了包括克莱因模型和趋势化滤波模型在内的
诸多分析经济周期的模型方法,为研究经济周期理论作出了重要贡献。①

克莱因坚信"危机"是有周期的,他运用"克莱因模型""世界模型"等方
法估计经济周期波动。费里希在运用计量经济学方法研究经济波动方面作出
了突出贡献,他建立了描述经济周期波动的基本数学模型。费里希将经济周
期波动的原因归结为两个方面:外部环境的影响和内部系统的反应。其研究
经济周期的动态模型以微分方程为基础,将资本带动带入模型。

关于经济周期的理论研究一直焕发着蓬勃的生命力,不同学派对经济周
期的分歧大多集中于经济周期成因的解释,重点是经济周期是内生的还是外
生的。我们从居民收入分布的正态特征出发进行的研究表明,周期性波动是
经济运行的常态,任何时期经济增长均存在由居民收入分布正态特征所决定
的内生性增长周期,经济运行中还存在由供给滞后引致的价格调整周期、由产
品更新换代引致的更新需求与创新需求增长周期等多种内生性增长周期,实
际经济运行的周期性波动是由多种内生性增长周期共同决定的。② 同时,在
任何时期经济增速的周期性波动均存在其瞬时均衡增长状态,这一瞬时均衡
增长状态会随着经济结构的改变而呈动态发展状态,即经济增速的周期性波
动存在其动态均衡增长状态。③ 在将时间因素引入索罗模型之后,新古典主

---

① 参见王少平、胡进:《中国 GDP 的趋势周期分解与随机冲击的持久效应》,《经济研究》
2009 年第 4 期。

② 参见李建伟:《居民收入分布与经济增长周期的内生机制》,《经济研究》2015 年第 1 期。

③ 参见李建伟:《我国经济增长周期的动态均衡增长状态及其发展趋势》,《经济纵横》
2015 年第 10 期。

义学派的稳定均衡增长理论本身就是一个内生性增长周期理论模型,其稳定均衡增长状态实质上即是经济增长周期性波动的动态均衡增长状态。凯恩斯主义的非均衡增长理论与新古典主义的均衡增长理论,仅是分别强调了经济增长的周期性波动及其动态均衡增长状态的一个方面。

第二章　我国城乡居民收入分布的正态估计

居民收入分布结构及其演变特征是研究消费需求及其增长特点的基础。各国居民收入水平总是存在一定差距,不同收入水平居民人数或家庭户数在总人口或总家庭户数中的比重基本呈钟形分布,即低收入者和高收入者占比较低,多数居民收入集中在中等收入水平。钟形分布是正态分布的基本特征,各国居民收入分布也接近或服从正态分布,但因收入差距和收入水平不同,各国收入分布的近似正态分布曲线的特征有很大差别,即使在同一国家,因不同年度收入水平和收入差距的不同,居民收入分布的特征也存在很大差别。从能够获取的我国城乡抽样调查数据看,不同年度我国城乡居民的收入分布均呈钟形分布状态。对 1997 年到 2005 年农村居民收入分布和 2005 年到 2011 年城镇居民收入分布的正态模拟估计结果显示,我国城乡居民收入分布均服从以家庭户数占比最高收入组收入水平为期望值的正态分布,只是随着人均收入水平的提高,不同年度居民收入分布的模拟正态分布收入方差不断提高,模拟正态分布曲线趋于扁平化。收入方差的扩大主要由期望值提高和收入分布结构改变引致,1997 年以后农村居民收入标准差与人均收入比例不断下降,城镇居民收入标准差与家庭平均收入比例在 2005 年以后也不断下降,显示近年来城乡居民内部收入差距正在缩小。同时,对 1997 年到 2005 年农村居民平均收入分布和 2005 年到 2011 年期间城镇居民平均收入分布进行的模拟估计结果表明,跨年度城乡居民平均收入分布也服从以家庭户数平均占比最高的收入组中值为期望值的正态分布。

一、我国城乡居民收入分布的钟形特征

从国家统计局城乡抽样调查数据看,我国城乡居民按不同收入水平分组的家庭户数占总调查户数的比重基本呈钟形分布,即低收入组占比很低,随着收入分组收入值的提高,较高收入组家庭户数占比逐步提高,在收入组值接近城乡居民年度平均收入水平时收入组家庭户数占比达到峰值,此后逐步下降。

从农村居民收入分布情况看,1985 年不同收入组农村居民家庭户数占调查总户数比重在 100 元以下占比 0.96%,与 1985 年人均纯收入 397.6 元接近的 200 元到 300 元收入组和 300 元到 400 元收入组家庭户数占比分别为 25.61% 和 24.1%,人均收入水平在 1500 元到 2000 元的高收入组家庭户数占比只有 0.26%,人均收入超过 2000 元的家庭户数占比只有 0.16%。1990 年农村居民人均纯收入提高到 629.79 元,人均收入在 600 元到 800 元收入组的家庭户数占比 18.56%,是各收入组占比最高水平。1997 年农村居民人均纯收入提高到 2090.13 元,人均纯收入在 2000 元到 2500 元收入组的家庭户数占比最高,为 14.93%,人均收入低于 100 元的家庭占比只有 0.18%,高于 5000 元的家庭占比为 4.94%。其他各年度农村居民收入分布均表现出以年度人均收入均值为中心的钟形分布特征。1997 年以后农村居民收入分布在 5000 元以上出现明显翘尾,是因为农村居民收入水平提高后进入 5000 元以上收入组家庭户数增加,但 5000 元以上居民收入分布情况没有进一步细化分组。

从城镇居民收入分布情况看,2005 年到 2011 年城镇居民收入分布也大致呈钟形分布,如 2005 年家庭收入 1 万元以下的户数占比 4.85%,1 万—1.5 万元收入组家庭户数占比 10.1%,1.5 万—2 万元收入组家庭户数占比 13.61%,2 万—2.5 万元收入组家庭户数占比最高,为 14.09%,此后的更高收入组家庭户数占比逐步下降,到 6 万—6.5 万元收入组家庭户数占比已下降到 2% 以下。除了钟形分布的共同特征之外,各年度城镇居民收入分布的重要特点是,随着收入水平的不断提高,家庭户数占比最高的收入组收入水平不

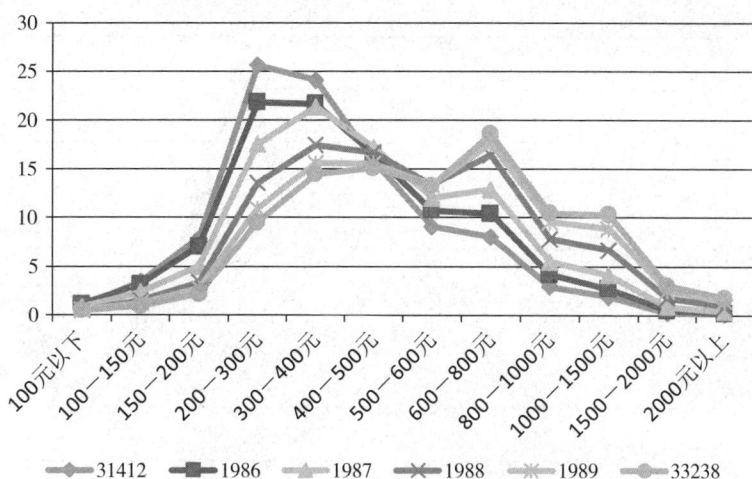

图 2-1 **1985 年到 1990 年我国农村居民不同人均纯收入组**
家庭户数占调查总户数比重变化情况(%)

数据来源:WIND 资讯中国宏观经济数据库。

断提高,但最高家庭户数占比呈逐年下降趋势,其中家庭户数占比最高的收入组从 2005 年和 2006 年的 2 万—2.5 万元收入组逐步转移到 2007 年的 2.5万—3 万元收入组、2008 年和 2009 年的 3 万—3.5 万元收入组、2010 年的3.5 万—4 万元收入组和 2011 年的 4 万—4.5 万元收入组,家庭户数占比最高水平也从 2005 年的 14.09% 逐步下降到 2006 年的 12.86%、2007 年的11.09%、2008 年的 9.31%、2009 年的 8.54%、2010 年的 8.06% 和 2011 年的6.88%。家庭户数占比最高水平持续下降意味着城镇居民收入分布曲线日渐扁平化,收入群体正在向分布曲线两端扩展。

二、我国农村居民收入分布的正态估计

农村居民收入的钟形分布是正态分布的基本特征。由于 1985 年到 1990年农村居民收入分布的分组数据较少,而 2006 年到 2010 年未分组的 5000 元以上家庭户数占比太高,会影响正态估计的准确性,因此我们选取 1997 年到

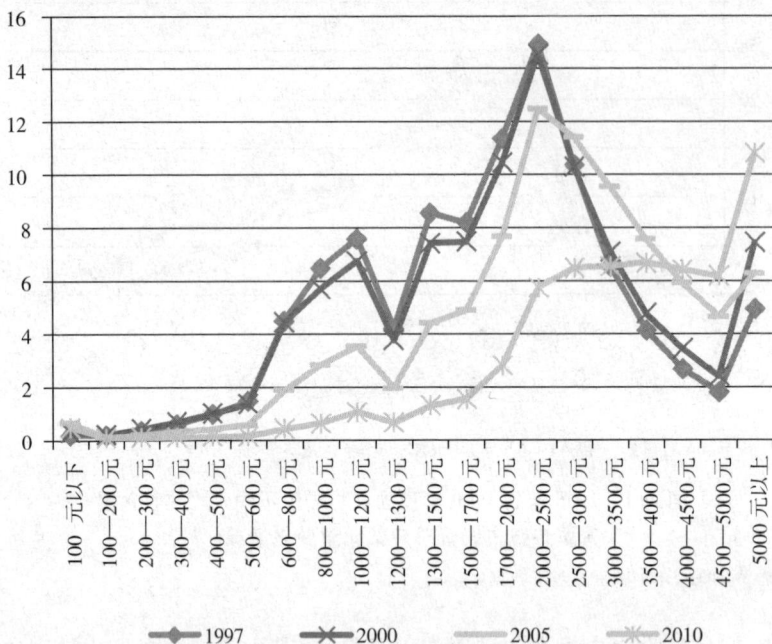

**图 2-2　1997 年到 2010 年我国农村居民不同人均纯收入组
家庭户数占调查总户数比重变化情况(%)**

数据来源:WIND 资讯中国宏观经济数据库。

2005 年农村居民收入分布为例进行正态模拟估计。模拟估计结果显示,1997
年和 2005 年我国农村居民收入分布均服从以家庭户数占比最高收入组中值
为期望值的正态分布。比较 1997 年到 2005 年各年度农村居民收入分布的密
度函数可以看到,各年度密度函数期望值均为 2.25,收入方差逐步扩大,模拟
正态曲线日渐扁平。但 1997 年以后农村居民收入标准差与人均收入比例趋
于下降,农村居民收入差距不断缩小,降低了农村居民收入分布的扁平化程
度。同时,1997 年到 2005 年农村居民跨年度平均收入分布也服从期望值为
2.25、方差为 1.07 的正态分布。

(一)1997 年农村居民收入分布的正态估计

估计抽样调查样本的正态分布函数首先需要估计样本的期望值和方差。

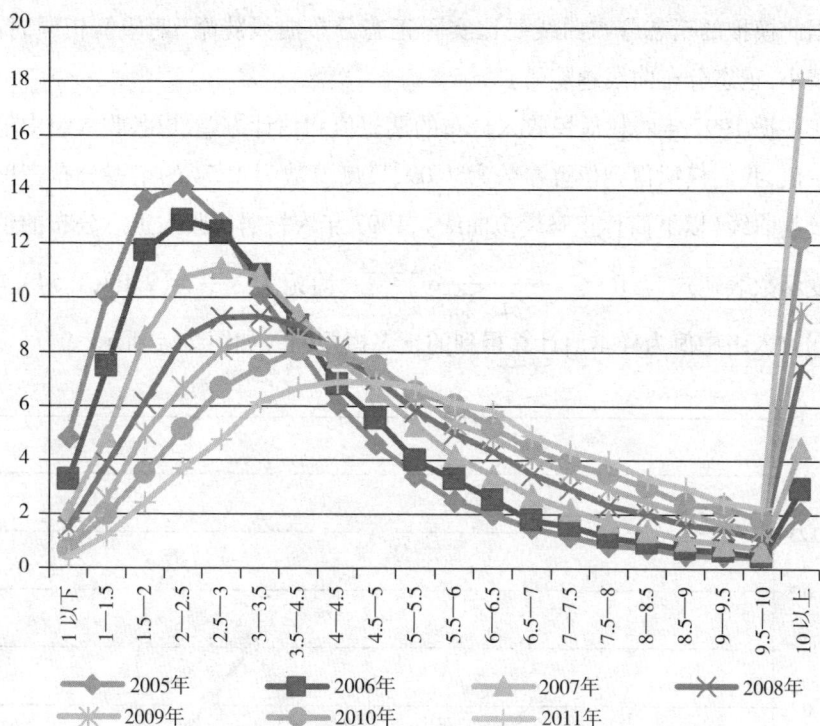

图 2-3　2005 年到 2011 年我国城镇居民不同人均收入组
家庭户数占调查总户数比重变化情况(％)

数据来源：CEIC 宏观经济数据库。

样本期望值即是样本均值,1997 年农村居民人均纯收入为 2.09013 千元,接近这一收入水平的 2000 元到 2500 元收入组家庭户数占比 14.93％,在各收入组家庭户数占比中最高,我们选择 2000 元到 2500 元收入组的中值作为 1997 年农村居民收入分布的期望值。① 由于只有分组家庭户数分布数据,没有各收入组分组区间内人均纯收入数据,我们在估计样本方差时只能选择收入组上下限的中值为该收入组的样本值,同时将每一收入组对应的家庭户数占比作为权重,进行近似方差估计(以下简称估计方差),据此得到 1997 年农村

————————

① 没有选择落入家庭户数占比最高收入组区间的人均收入作为期望值,是因为以人均收入为期望值的区间积分曲线与实际分布曲线的拟合优度只有 0.8398,大幅度低于以收入组中值为期望值的区间积分曲线与实际分布曲线的拟合优度。

居民收入分布的估计方差为 1. 5459。这一方差要小于样本的实际方差①,因此据此模拟的正态分布曲线要比实际正态分布曲线陡峭(期望值相同时,方差越小,正态分布曲线越陡峭)。

根据 1997 年农村居民收入分布的期望值和估计方差,以各收入组中值为样本值,我们模拟得到位置参数为 2. 09、尺度参数为 1. 54 的正态分布密度函数及其曲线(以下简称正态模拟曲线),1997 年农村居民收入正态分布的估计密度函数表达式为:$f(x) = \dfrac{1}{1. 24\sqrt{2\pi}}e^{-\frac{(x-2. 25)^2}{3. 09}}$,简记为 X—N(2. 09,1. 54)。以不同收入组中值为样本值计算得到的正态模拟曲线如图 2-4 所示。

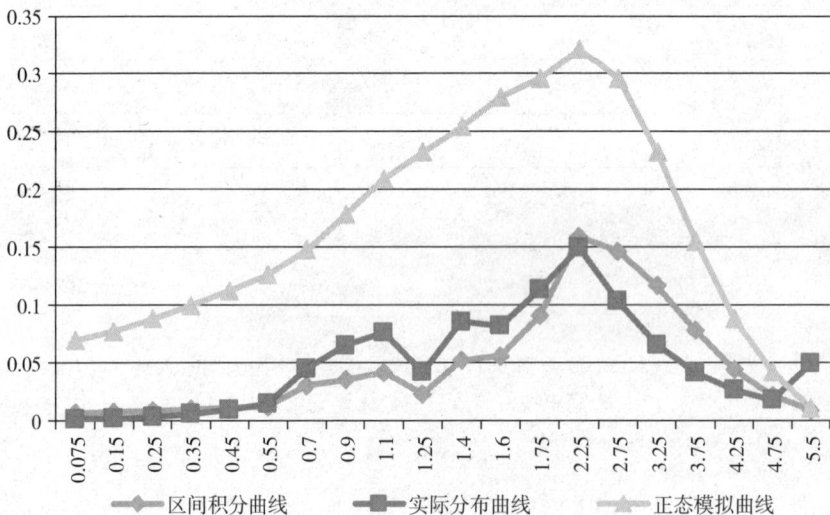

图 2-4　1997 年我国农村居民收入分布的正态模拟曲线

数据来源:根据 WIND 资讯中国宏观经济数据库提供数据计算得到。

不同收入组对应的家庭户数占比是收入组上下限区间内所有家庭占调查家庭总数的比例,如果我们假定的收入分布正态密度函数切合收入分布的实

---

① 以分组上下限中值或区间中间任一点为样本值计算得到的样本近似方差要小于样本的实际方差,且分组区间越大,近似估计方差偏离实际方差的幅度越大:设[a,b]为收入分组区间,假定分组区间内只有 a 和 b 两个样本值,样本均值为 A,则在收入组内的实际方差为 D = [(A-a)²+(A-b)²]/2,以中值计算的方差为 E = [A-(a+b)/2]²,D-E = (a-b)²/4>0,即 D>E,且 a 与 b 的差距越大,近似估计方差 E 与实际方差 D 的偏差越大。

际状况,以收入组上下限为区间的密度函数区间积分值应该等于该区间内家庭户数占比。据此,我们在模拟估计的密度函数基础上,以收入组上下限为区间对不同收入组的家庭户数占比进行区间定积分,得到不同收入组家庭户数占比的区间积分值。比较区间积分曲线和实际分布曲线可以看到,在密度函数期望值之前区间积分曲线略低于实际分布曲线,在期望值之后区间积分曲线略高于实际分布曲线,但区间积分曲线与实际分布曲线走势高度一致。回归分析结果显示,1997 年农村居民收入分布的区间积分曲线与实际分布曲线的拟合优度为 0.9126,据此可以断定,1997 年我国农村居民收入分布基本服从以家庭户数占比最高收入组中值为期望值、以估计方差为尺度参数的正态分布,即 $X \sim N(2.25, 1.54)$。

1997 年农村居民收入分布密度函数区间积分值(PFNL97)与抽样调查实际值(PAN97)的回归分析方程:

PAN97 = 0.93×PFNL971+0.0046+[AR(1) = 0.7272,MA(1) = 0.4049]

(,5.46)(0.24)(3.08)(1.39)

$R^2 = 0.912598$,调整后 $R^2 = 0.893869$,DW 统计值 = 1.74,AR(1)、MA(1)为方程残差一阶自回归项和移动平均项,变量下方括号内数值为变量显著性 T 统计值。

表 2–1　1997 年农村居民收入分布正态模拟曲线估计结果

收入组	收入组中值 (千元)	家庭户数 占比(%)	收入方差 (1.5459)	正态模拟曲线
100 元以下	0.075	0.18	0.0085	0.069
100 — 200 元	0.15	0.19	0.0084	0.077
200 — 300 元	0.25	0.34	0.0136	0.088
300 — 400 元	0.35	0.6	0.0217	0.100
400 — 500 元	0.45	0.97	0.0314	0.113
500 — 600 元	0.55	1.47	0.0425	0.126
600 — 800 元	0.7	4.49	0.1079	0.148
800 — 1000 元	0.9	6.49	0.1183	0.178
1000 — 1200 元	1.1	7.59	0.1004	0.209

收入组	收入组中值 （千元）	家庭户数 占比（%）	收入方差 （1.5459）	正态模拟曲线
1200—1300元	1.25	4.2	0.0420	0.232
1300—1500元	1.4	8.56	0.0618	0.254
1500—1700元	1.6	8.19	0.0346	0.280
1700—2000元	1.75	11.35	0.0284	0.296
2000—2500元	2.25	14.93	0.0000	0.321
2500—3000元	2.75	10.35	0.0259	0.296
3000—3500元	3.25	6.56	0.0656	0.232
3500—4000元	3.75	4.13	0.0929	0.155
4000—4500元	4.25	2.68	0.1072	0.088
4500—5000元	4.75	1.81	0.1131	0.043
5000元以上	5.5	4.94	0.5218	0.011

数据来源：根据 WIND 资讯提供农村居民收入分布抽样调查数据计算得到。下同。

表 2-2 1997 年农村居民收入分布正态模拟函数的区间积分计算结果

收入 组中值	x 值区间		Φ 值=(x-u)/ó		F(Φ)		F(X)=F(Φ)		区间 积分值
	下限	上限	下限	上限	下限	上限	下限	上限	
0.075	0	0.1	−1.810	−1.729	0.0352	0.0418	0.0352	0.0418	0.0067
0.15	0.1	0.2	−1.729	−1.649	0.0418	0.0495	0.0418	0.0495	0.0077
0.25	0.2	0.3	−1.649	−1.568	0.0495	0.0582	0.0495	0.0582	0.0087
0.35	0.3	0.4	−1.568	−1.488	0.0582	0.0681	0.0582	0.0681	0.0099
0.45	0.4	0.5	−1.488	−1.407	0.0681	0.0793	0.0681	0.0793	0.0112
0.55	0.5	0.6	−1.407	−1.327	0.0793	0.0918	0.0793	0.0918	0.0125
0.7	0.6	0.8	−1.327	−1.166	0.0918	0.1220	0.0918	0.1220	0.0302
0.9	0.8	1	−1.166	−1.005	0.1220	0.1575	0.1220	0.1575	0.0355
1.1	1	1.2	−1.005	−0.844	0.1575	0.1991	0.1575	0.1991	0.0417
1.25	1.2	1.3	−0.844	−0.764	0.1991	0.2221	0.1991	0.2221	0.0230
1.4	1.3	1.5	−0.764	−0.603	0.2221	0.2743	0.2221	0.2743	0.0522
1.6	1.5	1.7	−0.603	−0.442	0.2743	0.3300	0.2743	0.3300	0.0557
1.75	1.7	2	−0.442	−0.201	0.3300	0.4207	0.3300	0.4207	0.0907

续表

收入组中值	x 值区间		Φ 值 =(x-u)/ó		F(Φ)		F(X)= F(Φ)		区间积分值
	下限	上限	下限	上限	下限	上限	下限	上限	
2.25	2	2.5	-0.201	0.201	0.4207	0.5793	0.4207	0.5793	0.1586
2.75	2.5	3	0.201	0.603	0.5793	0.7257	0.5793	0.7257	0.1464
3.25	3	3.5	0.603	1.005	0.7257	0.8426	0.7257	0.8426	0.1169
3.75	3.5	4	1.005	1.407	0.8426	0.9207	0.8426	0.9207	0.0782
4.25	4	4.5	1.407	1.810	0.9207	0.9649	0.9207	0.9649	0.0441
4.75	4.5	5	1.810	2.212	0.9649	0.9865	0.9649	0.9865	0.0216
5.5	5	5.5	2.212	2.614	0.9865	0.9955	0.9865	0.9955	0.0090

注:F(Φ)为标准正态分布区间积分函数,F(Φ) =∫ₐᵇf(Φ) dΦ,其中 f(Φ)为标准正态分布密度函数,a、b 分别为 Φ 的上下限。F(x)是居民收入正态分布函数 f(x)的区间积分值,u、ó 分别为正态分布密度函数的期望值和标准差。下同。

(二)2005 年农村居民收入分布的正态估计

2005 年我国农村居民人均纯收入为 3254.93 元,但从各收入组家庭户数占比看,占比最高(12.69%)的收入组是 2000—2500 元收入组,处于人均收入水平的 3000—3500 元收入组家庭户数占比只有 9.55%,而正态分布期望值应是家庭户数占比最高的样本值,我们选取 2.25 千元作为 2005 年农村居民收入分布正态估计的期望值,同时以收入分组中值为样本值和各收入组家庭户数占比为权重,计算得到估计方差为 3.1448,由此得到 2005 年农村居民收入分布的正态分布密度函数,其表达式为:$f(x) = \dfrac{1}{1.77\sqrt{2\pi}}e^{-\frac{(x-2)^2}{6.29}}$,简记为 X—N(2.25,3.14)。在此基础上,我们以不同收入组上下限为区间对不同收入组的家庭户数占比进行定积分,得到 2005 年农村居民不同收入组家庭户数占比的区间积分值,如表 2-3 和表 2-4 所示。

比较 2005 年农村居民收入密度函数的区间积分曲线和抽样调查的实际分布曲线可以看到,密度函数的区间积分曲线与实际分布曲线走势高度吻合。回归分析结果显示,2005 年农村居民收入分布的区间积分曲线与实际分布曲线的拟合优度为 0.9936。据此可以断定,2005 年我国农村居民收入分布服从期望值 2.25、方差为 3.14 的正态分布,即 X—N(2.25,3.14)。

2005 年农村居民收入分布密度函数区间积分值(PFNL05)与抽样调查实际值(PAN05)的回归分析方程:

PAN05 = 0. 996×PFNL05+0. 0012+[AR(1) = 0. 7533, MA(1) = 0. 7531]

(,18. 28) (0. 17) (3. 75) (4. 46)

R^2 = 0. 993555,调整后 R^2 = 0. 992174, DW 统计值 = 2. 04, AR(1)、MA(1)为方程残差一阶自回归项和移动平均项,变量下方括号内数值为变量显著性 T 统计值。

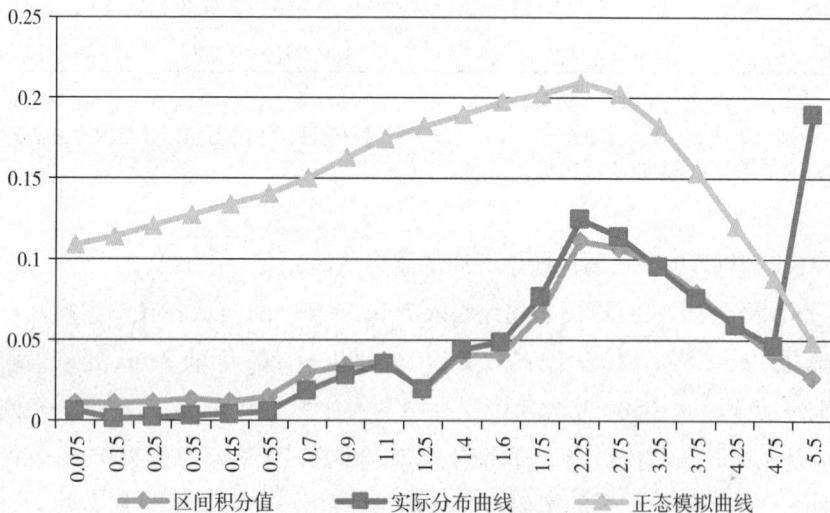

图 2-5　2005 年我国农村居民收入分布的正态模拟曲线

数据来源:根据 WIND 资讯中国宏观经济数据库提供数据计算得到。

表 2-3　2005 年农村居民收入分布正态模拟曲线估计结果

收入组	收入组中值 （千元）	家庭户数 占比（%）	收入方差 （3. 6265）	正态模拟曲线
100 元以下	0. 075	0. 65	0. 0241	0. 1091
100—200 元	0. 15	0. 11	0. 0038	0. 1141
200—300 元	0. 25	0. 2	0. 0061	0. 1207
300—400 元	0. 35	0. 31	0. 0084	0. 1274
400—500 元	0. 45	0. 41	0. 0099	0. 1340
500—600 元	0. 55	0. 57	0. 0120	0. 1406

续表

收入组	收入组中值 （千元）	家庭户数 占比（%）	收入方差 （3.6265）	正态模拟曲线
600—800 元	0.7	1.88	0.0318	0.1504
800—1000 元	0.9	2.84	0.0344	0.1629
1000—1200 元	1.1	3.53	0.0286	0.1746
1200—1300 元	1.25	1.97	0.0111	0.1825
1300—1500 元	1.4	4.4	0.0158	0.1896
1500—1700 元	1.6	4.89	0.0078	0.1976
1700—2000 元	1.75	7.67	0.0048	0.2024
2000—2500 元	2.25	12.49	0.0078	0.2095
2500—3000 元	2.75	11.42	0.0642	0.2024
3000—3500 元	3.25	9.55	0.1492	0.1825
3500—4000 元	3.75	7.57	0.2318	0.1536
4000—4500 元	4.25	5.93	0.3002	0.1207
4500—5000 元	4.75	4.64	0.3509	0.0885
5000 元以上	5.5	18.97	2.3238	0.0488

表 2-4　2005 年农村居民收入分布正态模拟函数的区间积分计算结果

收入 组中值	x 值区间		Φ 值＝(x−u)/δ		F(Φ)		F(X)＝F(Φ)		区间 积分值
	下限	上限	下限	上限	下限	上限	下限	上限	
0.075	0	0.1	−1.269	−1.212	0.102	0.113	0.102	0.113	0.011
0.15	0.1	0.2	−1.212	−1.156	0.113	0.124	0.113	0.124	0.011
0.25	0.2	0.3	−1.156	−1.100	0.124	0.136	0.124	0.136	0.012
0.35	0.3	0.4	−1.100	−1.043	0.136	0.149	0.136	0.149	0.014
0.45	0.4	0.5	−1.043	−0.987	0.149	0.161	0.149	0.161	0.012
0.55	0.5	0.6	−0.987	−0.930	0.161	0.176	0.161	0.176	0.015
0.7	0.6	0.8	−0.930	−0.818	0.176	0.206	0.176	0.206	0.030
0.9	0.8	1	−0.818	−0.705	0.206	0.240	0.206	0.240	0.034
1.1	1	1.2	−0.705	−0.592	0.240	0.278	0.240	0.278	0.037
1.25	1.2	1.3	−0.592	−0.536	0.278	0.296	0.278	0.296	0.019
1.4	1.3	1.5	−0.536	−0.423	0.296	0.337	0.296	0.337	0.041
1.6	1.5	1.7	−0.423	−0.310	0.337	0.378	0.337	0.378	0.041
1.75	1.7	2	−0.310	−0.141	0.378	0.444	0.378	0.444	0.066

续表

收入组中值	x 值区间		Φ 值=(x−u)/ó		F(Φ)		F(X)=F(Φ)		区间积分值
	下限	上限	下限	上限	下限	上限	下限	上限	
2.25	2	2.5	−0.141	0.141	0.444	0.556	0.444	0.556	0.111
2.75	2.5	3	0.141	0.423	0.556	0.663	0.556	0.663	0.107
3.25	3	3.5	0.423	0.705	0.663	0.760	0.663	0.760	0.097
3.75	3.5	4	0.705	0.987	0.760	0.839	0.760	0.839	0.079
4.25	4	4.5	0.987	1.269	0.839	0.898	0.839	0.898	0.059
4.75	4.5	5	1.269	1.551	0.898	0.939	0.898	0.939	0.041
5.5	5	5.5	1.551	1.833	0.939	0.966	0.939	0.966	0.027

（三）1995 年到 2005 年农村居民收入分布正态估计的比较

1995 年到 2010 年我国农村居民收入分布均呈钟形分布,根据 1997 年和 2005 年农村居民收入分布正态估计的结果,其他年度居民收入分布也必然服从以各年度家庭户数占比最高收入组中值为期望值的正态分布,只是 2006 年到 2010 年 5000 元以上收入组家庭户数占比逐步提高,分别提高到 23.62%、30.94%、39.29%、43.8%和 52.4%,大量家庭户数归类于 5000 元以上收入组而未进一步细化分组,这会直接影响到收入方差估计的准确性,如随着人均收入水平的提高,收入方差应该逐步提高,但 2006 年到 2010 年收入方差却出现较大幅度波动,而估计收入方差与实际收入方差偏离过大,会导致模拟正态曲线严重偏离实际分布曲线。因此我们仅能比较分析 1995 年到 2005 年农村居民收入分布的正态分布演变特点。

从 1995 年到 2005 年农村居民收入分布的抽样调查数据可以看到,除 1995 年家庭户数占比最高收入组为 1000 元到 1200 元收入组外,1997 年到 2005 年各年度居民收入分布中家庭户数占比最高的收入组均为 2000 元到 2500 元收入组。因此,我们选取 2.25 千元作为 1997 年到 2005 年各年度农村居民收入分布的期望值,以收入组中值为样本值,以各收入组家庭户数占比为权重,计算得到各年度农村居民收入分布的估计方差。根据期望值和估计方差得到各年度农村居民收入分布的模拟正态分布密度函数,如表 2-5 所示。

表 2-5 1995 年到 2010 年我国农村居民收入分布正态估计结果

年 度	人均纯收入（千元）	期望值（千元）	权重方差	标准差与人均收入比例	正态分布密度函数
1995	1.5777	1.1000	1.4097	0.7525	$f(x)=\dfrac{1}{1.19\sqrt{2\pi}}e^{-\frac{(x-1.1)^2}{2.82}}$
1997	2.0901	2.2500	1.5459	0.5949	$f(x)=\dfrac{1}{1.24\sqrt{2\pi}}e^{-\frac{(x-2.09)^2}{3.09}}$
1998	2.1620	2.2500	1.5986	0.5848	$f(x)=\dfrac{1}{1.24\sqrt{2\pi}}e^{-\frac{(x-2.16)^2}{3.2}}$
1999	2.2103	2.2500	1.6925	0.5886	$f(x)=\dfrac{1}{1.3\sqrt{2\pi}}e^{-\frac{(x-2.21)^2}{3.4}}$
2000	2.2534	2.2500	1.8654	0.6061	$f(x)=\dfrac{1}{1.37\sqrt{2\pi}}e^{-\frac{(x-2.25)^2}{3.73}}$
2001	2.3664	2.2500	2.0124	0.5995	$f(x)=\dfrac{1}{1.42\sqrt{2\pi}}e^{-\frac{(x-2.37)^2}{4.02}}$
2002	2.4756	2.2500	2.1403	0.5909	$f(x)=\dfrac{1}{1.46\sqrt{2\pi}}e^{-\frac{(x-2.25)^2}{4.28}}$
2003	2.6222	2.2500	2.3442	0.5839	$f(x)=\dfrac{1}{1.53\sqrt{2\pi}}e^{-\frac{(x-2.25)^2}{4.69}}$
2004	2.9364	2.2500	2.6905	0.5586	$f(x)=\dfrac{1}{1.64\sqrt{2\pi}}e^{-\frac{(x-2.25)^2}{5.38.}}$
2005	3.2549	2.2500	3.1448	0.5448	$f(x)=\dfrac{1}{1.77\sqrt{2\pi}}e^{-\frac{(x-2)^2}{6.29}}$
2006	3.5870	2.2500	3.6493	0.5326	$f(x)=\dfrac{1}{1.91\sqrt{2\pi}}e^{-\frac{(x-2.25)^2}{7.3}}$
2007	4.1404	2.7500	3.2911	0.4382	$f(x)=\dfrac{1}{1.81\sqrt{2\pi}}e^{-\frac{(x-2.75)^2}{6.58}}$
2008	4.7602	2.7500	3.8448	0.4119	$f(x)=\dfrac{1}{1.96\sqrt{2\pi}}e^{-\frac{(x-2.75)^2}{7.68}}$
2009	5.1532	3.2500	3.0801	0.3406	$f(x)=\dfrac{1}{1.76\sqrt{2\pi}}e^{-\frac{(x-3.25)^2}{6.16}}$
2010	5.9190	3.7500	2.4886	0.2665	$f(x)=\dfrac{1}{1.58\sqrt{2\pi}}e^{-\frac{(x-3.75)^2}{4.98}}$

比较 1995 年到 2005 年度农村居民收入分布的模拟正态分布密度

函数可以看到,1997 年到 2005 年期间农村居民收入分布的期望值相同,但由于各年度收入分布不同,收入方差从 1997 年的 1.54 逐步提升到 2005 年的 3.14,即从 1997 年到 2005 年农村居民收入分布的模拟正态曲线日渐扁平。同时,收入方差是由收入分布期望值、收入差距和收入分布结构共同决定的,我们以收入标准差与人均收入的比例作为反映收入差距的指标,比例越大,说明收入分布偏离人均收入的幅度越大。依据这一标准,1997 年以后我国农村居民的收入差距总体上趋于下降,收入差距从 1997 年的 0.59 下降到 2005 年的 0.54。因此,1997 年到 2005 年收入方差的不断扩大,是由收入分布结构变化决定的,收入差距不断缩小抑制了农村居民收入分布的扁平化程度。

(四)1997 年到 2005 年农村居民平均收入分布的正态估计

既然 1997 年到 2005 年各年度农村居民收入分布均服从正态分布,那么跨年度的农村居民收入分布也应服从正态分布。为了验证跨年度农村居民收入分布的正态特点,我们将 1997 年到 2005 年期间不同收入组家庭户数占比简单加总后再平均,得到 9 年间农村居民家庭在不同收入组的平均分布数据,其分布仍符合钟形分布的正态分布特征,其中平均家庭户数占比最高的收入组为 2000 元到 2500 元收入组。据此,我们选择 2000 元到 2500 元收入组中值作为正态估计的期望值,以各收入组中值作为样本值和各收入组家庭户数平均占比为权重,去掉 5000 元以上收入组方差(因其占比太高,会大幅度高估方差)后,计算得到 1997 年到 2005 年居民平均收入分布的方差为 1.0688。假定 1997 年到 2005 年农村居民平均收入分布服从期望值为 2.25、方差为 1.07 的正态分布[其密度函数表达式为 $f(x) = \dfrac{1}{3.24\sqrt{2\pi}} e^{-\frac{(x-2.25)^2}{2.14}}$,简记为 $X \sim N(2.25, 1.07)$],并利用农村居民平均收入分布的估计正态分布密度函数,对不同收入组的家庭户数占比进行定积分,得到 1997 年到 2005 年农村居民不同收入组家庭户数平均占比的区间积分值,如表 2-6 和表 2-7 所示。

比较农村居民平均收入分布密度函数的区间积分曲线和实际分布曲线可

以看到,密度函数的区间积分曲线与实际分布曲线走势高度吻合,部分区间积分值小幅度偏离实际分布曲线值。回归分析结果显示,1997 年到 2005 年农村居民平均收入分布的区间积分曲线与实际分布曲线的拟合优度为 0.9468,说明平均收入分布的正态估计密度函数能够准确模拟 1997 年到 2005 年我国农村居民平均收入分布的走势。据此可认定,1997 年到 2005 年我国城镇居民平均收入分布服从期望值 2.25、方差为 1.07 的正态分布,即 X—N(2.25,1.07)。

1997 年到 2005 年农村居民平均收入分布密度函数区间积分值(PFN9705)与抽样调查实际值(PAN9705)的回归分析方程:

PAN9705 = 0.6218×PFN9705 + 0.0197 + [AR(1) = 0.73041, MA(2) = -0.1629]

(6.73)(1.81)(3.36)(-488.39)

R^2 = 0.946813,调整后 R^2 = 0.935416,DW 统计值 = 1.79,AR(1)、MA(2)为方程残差一阶自回归项和二阶移动平均项,变量下方括号内数值为变量显著性 T 统计值。

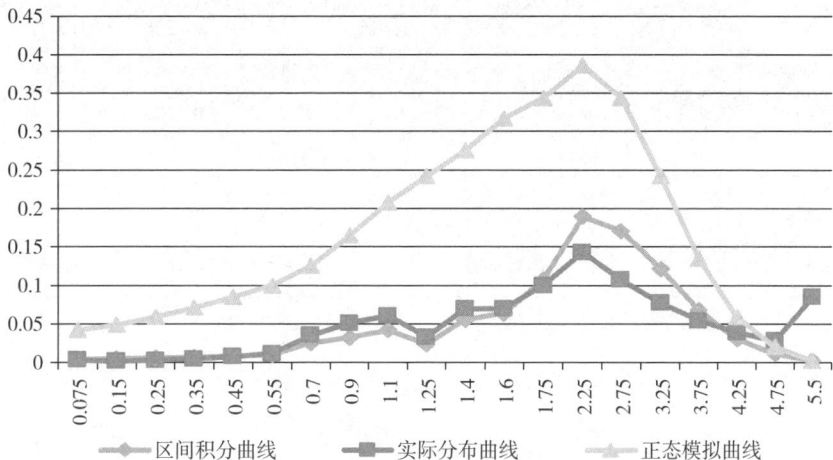

图 2-6 1997 年到 2005 年我国农村居民平均收入分布的正态模拟情况

数据来源:根据 WIND 资讯中国宏观经济数据库提供数据计算得到。

表 2-6 1997 年到 2005 年农村居民平均收入分布正态模拟曲线估计结果

收入组	收入组中值（千元）	家庭户数占比合计	家庭户数平均占比	收入方差	正态模拟曲线
100 元以下	0.075	3.22	0.3578	0.0169	0.042
100—200 元	0.15	1.48	0.1644	0.0073	0.049
200—300 元	0.25	2.57	0.2856	0.0114	0.059
300—400 元	0.35	4.45	0.4944	0.0178	0.071
400—500 元	0.45	6.99	0.7767	0.0252	0.085
500—600 元	0.55	10.58	1.1756	0.0340	0.100
600—800 元	0.7	31.74	3.5267	0.0847	0.125
800—1000 元	0.9	45.82	5.0911	0.0928	0.165
1000—1200 元	1.1	54.56	6.0622	0.0802	0.208
1200—1300 元	1.25	29.85	3.3167	0.0332	0.242
1300—1500 元	1.4	62.41	6.9344	0.0501	0.275
1500—1700 元	1.6	63.04	7.0044	0.0296	0.317
1700—2000 元	1.75	90.03	10.0033	0.0250	0.343
2000—2500 元	2.25	128.42	14.2689	0.0000	0.386
2500—3000 元	2.75	96.49	10.7211	0.0268	0.343
3000—3500 元	3.25	69.42	7.7133	0.0771	0.242
3500—4000 元	3.75	49.11	5.4567	0.1228	0.135
4000—4500 元	4.25	35.2	3.9111	0.1564	0.059
4500—5000 元	4.75	25.56	2.8400	0.1775	0.021
5000 元以上	5.5	76.47	8.4967	0.8975	0.003

表 2-7 1997 年到 2005 年农村居民平均收入分布正态函数的区间积分计算结果

收入组中值	x 值区间		Φ 值 =（x-u）/ό		F（Φ）		F（X）=F（Φ）		区间积分值
	下限	上限	下限	上限	下限	上限	下限	上限	
0.075	0	0.1	-2.1764	-2.0796	0.0150	0.0188	0.0150	0.0188	0.0038
0.15	0.1	0.2	-2.0796	-1.9829	0.0188	0.0239	0.0188	0.0239	0.0051
0.25	0.2	0.3	-1.9829	-1.8862	0.0239	0.0297	0.0239	0.0297	0.0059
0.35	0.3	0.4	-1.8862	-1.7895	0.0297	0.0367	0.0297	0.0367	0.0070

收入组中值	x 值区间		Φ 值 = (x−u)/ó		F(Φ)		F(X) = F(Φ)		区间积分值
	下限	上限	下限	上限	下限	上限	下限	上限	
0.45	0.4	0.5	−1.7895	−1.6927	0.0367	0.0455	0.0367	0.0455	0.0088
0.55	0.5	0.6	−1.6927	−1.5960	0.0455	0.0554	0.0455	0.0554	0.0099
0.7	0.6	0.8	−1.5960	−1.4026	0.0554	0.0808	0.0554	0.0808	0.0254
0.9	0.8	1	−1.4026	−1.2091	0.0808	0.1131	0.0808	0.1131	0.0323
1.1	1	1.2	−1.2091	−1.0156	0.1131	0.1551	0.1131	0.1551	0.0420
1.25	1.2	1.3	−1.0156	−0.9189	0.1551	0.1788	0.1551	0.1788	0.0238
1.4	1.3	1.5	−0.9189	−0.7255	0.1788	0.2343	0.1788	0.2343	0.0555
1.6	1.5	1.7	−0.7255	−0.5320	0.2343	0.2981	0.2343	0.2981	0.0639
1.75	1.7	2	−0.5320	−0.2418	0.2981	0.4052	0.2981	0.4052	0.1071
2.25	2	2.5	−0.2418	0.2418	0.4052	0.5948	0.4052	0.5948	0.1896
2.75	2.5	3	0.2418	0.7255	0.5948	0.7658	0.5948	0.7658	0.1710
3.25	3	3.5	0.7255	1.2091	0.7658	0.8869	0.7658	0.8869	0.1212
3.75	3.5	4	1.2091	1.6927	0.8869	0.9545	0.8869	0.9545	0.0676
4.25	4	4.5	1.6927	2.1764	0.9545	0.9850	0.9545	0.9850	0.0305
4.75	4.5	5	2.1764	2.6600	0.9850	0.9961	0.9850	0.9961	0.0111
5.5	5	5.5	2.6600	3.1437	0.9961	0.9992	0.9961	0.9992	0.0031

三、我国城镇居民收入分布的正态估计

　　CEIC 数据库提供了 2005 年到 2011 年我国城镇居民不同收入组家庭户数占比的数据,各年度分组数据均呈钟形分布,都满足正态分布的基本特征。我们分别对 2005 年到 2011 年城镇居民收入分布数据进行正态估计,结果表明,各年度城镇居民收入分布均服从以家庭户数占比最高的收入组中值为期望值的正态分布,只是因为城镇居民收入分布分组数据不够细致,估计方差与实际方差存在一定程度的偏离,导致利用模拟正态分布函数的区间积分曲线与实际分布曲线存在一定偏差。比较各年度城镇居民收入分布的正态估计结果可以看到,随着城镇居民收入水平的提高,从 2005 年到 2011 年各年度正态估计的期望值不断右移,收入方差不断扩大,模拟正态分布曲线日渐扁平,但城镇居民收入差距趋于缩小,对 2005 年以后城镇居民收入分布的扁平化趋向起到了一定程度的抑制作用。同时,2005 年到 2011 年期间城镇居民平均收入分布也服从以家庭户数平均占比最高的收入组中值为期望值的正态分布。

(一)2005 年城镇居民收入分布的正态估计

2005 年我国城镇居民人均总收入为 11320.77 元,户均人口 2.96 人,家庭平均年总收入为 33509.48 元,但从 2005 年各收入组家庭户数占比看,家庭户数占比最高的收入组是 20000—25000 元收入组,根据正态分布的期望值必定是家庭户数占比最高的样本值,我们选取 20000—25000 元收入组的中值 2.25 万元作为 2005 年城镇居民收入分布正态估计的期望值,同时以收入分组中值为样本值和各收入组家庭户数占比为权重,计算得到估计方差为 5.1817。在此基础上我们模拟得到 2005 年城镇居民收入分布的正态分布密度函数及其正态模拟曲线,其表达式为:$f(x) = \dfrac{1}{2.28\sqrt{2\pi}} e^{-\frac{(x-2.25)^2}{10.36}}$,简记为 X—N(2.25,5.18)。利用正态分布密度函数,我们以不同收入组上下限为区间对不同收入组的家庭户数占比进行定积分,得到 2005 年城镇居民不同收入组家庭户数占比的区间积分值,如表 2-8 和表 2-9 所示。

比较 2005 年城镇居民收入密度函数的区间积分曲线和抽样调查的实际分布曲线可以看到,密度函数的区间积分曲线与实际分布曲线走势高度吻合,但在期望值附近的区间积分值明显低于实际分布曲线值,这说明我们模拟估计的正态分布函数方差明显大于实际分布的收入方差,估计方差的提高导致区间积分曲线比实际分布曲线平缓。回归分析结果显示,2005 年城镇居民收入分布的区间积分曲线与实际分布曲线的拟合优度为 0.9714。据此可以断定,2005 年我国城镇居民收入分布基本服从期望值 2.25、方差为 5.22 的正态分布,即 X—N(2.25,5.22)。

2005 年城镇居民收入分布密度函数区间积分值(PFCL05)与抽样调查实际值(PAC05)的回归分析方程:

PAC05 = 1.3599×PFCL05 − 0.0011 + [AR(1) = 0.7265]

(8.79)(−0.11)(3.85)

R^2 = 0.971399,调整后 R^2 = 0.967585,DW 统计值 = 1.34,方程通过 Q 检验,AR(1)为方程残差一阶自回归项,变量下方括号内数值为变量显著性 T 统计值。

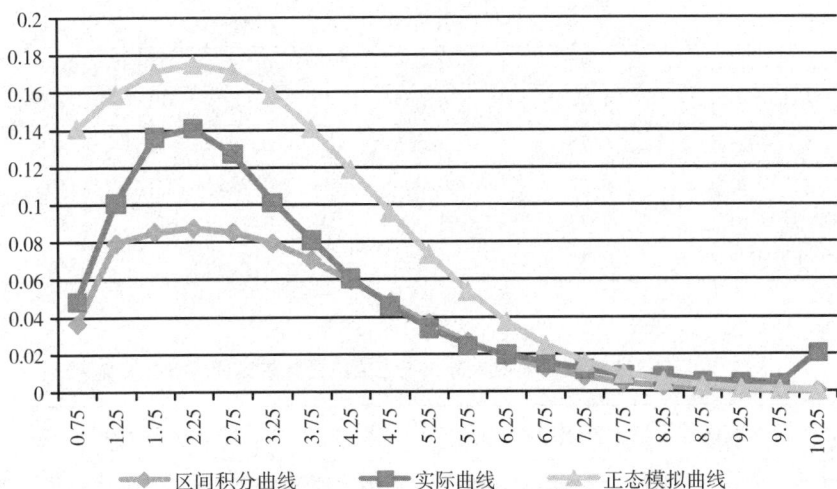

图 2-7 2005 年我国城镇居民收入分布的正态模拟曲线

数据来源:根据 CEIC 中国宏观经济数据库提供数据计算得到。下同。

表 2-8 2005 年城镇居民收入分布正态模拟曲线估计结果

收入组 （元）	收入组中值 （万元）	家庭户数占比 （%）	收入方差 （5.18）	正态模拟曲线
1 万以下	0.75	0.0485	0.1091	0.1411
1 万—1.5 万	1.25	0.101	0.1010	0.1591
1.5 万—2 万	1.75	0.1361	0.0340	0.1711
2 万—2.5 万	2.25	0.1409	0.0000	0.1753
2.5 万—3 万	2.75	0.1275	0.0319	0.1711
3 万—3.5 万	3.25	0.1014	0.1014	0.1591
3.5 万—4 万	3.75	0.0811	0.1825	0.1411
4 万—4.5 万	4.25	0.0607	0.2428	0.1191
4.5 万—5 万	4.75	0.046	0.2875	0.0959

续表

收入组 （元）	收入组中值 （万元）	家庭户数占比 （%）	收入方差 （5.18）	正态模拟曲线
5万—5.5万	5.25	0.0341	0.3069	0.0735
5.5万—6万	5.75	0.0248	0.3038	0.0537
6万—6.5万	6.25	0.0199	0.3184	0.0374
6.5万—7万	6.75	0.015	0.3038	0.0248
7万—7.5万	7.25	0.0118	0.2950	0.0157
7.5万—8万	7.75	0.0085	0.2571	0.0095
8万—8.5万	8.25	0.0078	0.2808	0.0054
8.5万—9万	8.75	0.0053	0.2239	0.0030
9万—9.5万	9.25	0.0048	0.2352	0.0015
9.5万—10万	9.75	0.0043	0.2419	0.0008
10万以上	10.25	0.0207	1.3248	0.0004

表2-9　2005年城镇居民收入分布正态模拟函数的区间积分计算结果

收入 组中值	x值区间		Φ值=(x-u)/ó		F(Φ)		F(X)=F(Φ)		区间 积分值
	下限	上限	下限	上限	下限	上限	下限	上限	
0.75	0.75	1	−0.6589	−0.5491	0.2546	0.2912	0.2546	0.2912	0.0366
1.25	1	1.5	−0.5491	−0.3295	0.2912	0.3707	0.2912	0.3707	0.0795
1.75	1.5	2	−0.3295	−0.1098	0.3707	0.4562	0.3707	0.4562	0.0855
2.25	2	2.5	−0.1098	0.1098	0.4562	0.5438	0.4562	0.5438	0.0876
2.75	2.5	3	0.1098	0.3295	0.5438	0.6293	0.5438	0.6293	0.0855
3.25	3	3.5	0.3295	0.5491	0.6293	0.7088	0.6293	0.7088	0.0795
3.75	3.5	4	0.5491	0.7688	0.7088	0.7794	0.7088	0.7794	0.0706
4.25	4	4.5	0.7688	0.9884	0.7794	0.8389	0.7794	0.8389	0.0595
4.75	4.5	5	0.9884	1.2081	0.8389	0.8869	0.8389	0.8869	0.0480
5.25	5	5.5	1.2081	1.4277	0.8869	0.9236	0.8869	0.9236	0.0367
5.75	5.5	6	1.4277	1.6474	0.9236	0.9505	0.9236	0.9505	0.0269
6.25	6	6.5	1.6474	1.8670	0.9505	0.9689	0.9505	0.9689	0.0184
6.75	6.5	7	1.8670	2.0867	0.9689	0.9815	0.9689	0.9815	0.0126
7.25	7	7.5	2.0867	2.3063	0.9815	0.9894	0.9815	0.9894	0.0080
7.75	7.5	8	2.3063	2.5260	0.9894	0.9942	0.9894	0.9942	0.0048

续表

收入组中值	x 值区间		Φ 值 =（x-u）/ó		F（Φ）		F（X）= F（Φ）		区间积分值
	下限	上限	下限	上限	下限	上限	下限	上限	
8.25	8	8.5	2.5260	2.7456	0.9942	0.9970	0.9942	0.9970	0.0028
8.75	8.5	9	2.7456	2.9653	0.9970	0.9985	0.9970	0.9985	0.0015
9.25	9	9.5	2.9653	3.1849	0.9985	0.9993	0.9985	0.9993	0.0008
9.75	9.5	10	3.1849	3.4046	0.9993	0.9997	0.9993	0.9997	0.0004
10.25	10	10.5	3.4046	3.6242	0.9997	0.9999	0.9997	0.9999	0.0002

（二）2010 年城镇居民收入分布的正态估计

2010 年我国城镇居民家庭平均年总收入为 60576.25 元,但 2010 年各收入组家庭户数占比最高的收入组是 35000—40000 元收入组,根据正态分布的期望值必定是家庭户数占比最高的样本值,我们选取 35000—40000 元收入组的中值 3.75 万元作为 2010 年城镇居民收入分布正态估计的期望值,同时以收入分组中值为样本值和各收入组家庭户数占比为权重,计算得到 2010 年城镇居民家庭收入估计方差为 10.4764,即假定 2010 年城镇居民收入分布服从期望值为 3.75、方差为 10.48 的正态分布,其密度函数表达式为 $f(x) = \dfrac{1}{3.24\sqrt{2\pi}}e^{-\frac{(x-3.75)^2}{20.95}}$,简记为 X—N(3.75,10.48)。

利用正态分布密度函数,对不同收入组的家庭户数占比进行定积分,得到 2010 年城镇居民不同收入组家庭户数占比的区间积分值,如表 2-10 和表 2-11 所示。比较 2010 年城镇居民收入分布密度函数的区间积分曲线和抽样调查的实际分布曲线可以看到,密度函数的区间积分曲线与实际分布曲线走势基本吻合,但大部分区间积分值略低于实际分布曲线值,这说明估计方差要明显大于实际分布方差。回归分析结果显示,2010 年城镇居民收入分布的区间积分曲线(PFCL10)与实际分布曲线(PAC10)的拟合优度为 0.9873,说明模拟正态估计的密度函数准确揭示了 2010 年城镇居民收入分布的走势,但由于估计方差与实际分布方差存在较大差距(方差出现较大偏差的重要原因是实际收入分布中有超过 12% 的家庭全部归类于 10 万元以上收入组,未做进一步细化分组),导致模拟估计的收入分布曲线(区间积分曲线)低于实际分布曲线①。总体看,2010 年我国城镇居民收入分布近似服从期望值为 3.75、方差为 10.48 的正态分布,即 X—N(3.75,10.48)。

2010 年城镇居民收入分布密度函数区间积分值(PFCL10)与抽样调查实际值(PAC10)的回归分析方程:

PAC10 = 1.0891×PFCL10+0.0054+[AR(1)= 0.9548, AR(2)= -0.3505]

(11.54)(1.37)(8.61)(-3.21)

R^2 = 0.987354,调整后 R^2 = 0.984436,DW 统计值 = 2.48,AR(1)、AR(2)为方程残差一阶和二阶自回归项,变量下方括号内数值为变量显著性 T 统计值。

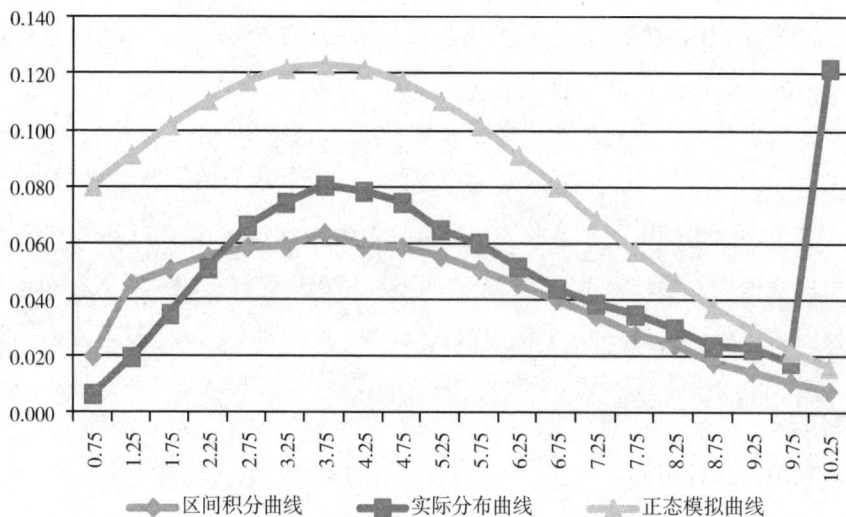

图 2-8 2010 年我国城镇居民收入分布的正态模拟曲线

表 2-10 2010 年城镇居民收入分布正态模拟曲线估计结果

收入组 (元)	收入组中值 (万元)	家庭户数 占比(%)	收入方差 (10.48)	正态模拟曲线
1 万以下	0.75	0.0068	0.0612	0.0802

① 根据正态分布方差决定密度函数陡峭程度的特点,当方差低估时,正态分布密度函数曲线变得更为陡峭,同一分组区间将包含更多样本值,从而导致区间积分值提高,即将正态分布转化为标准正态分布后,方差变小意味着积分区间扩大、区间积分值提高。

收入组（元）	收入组中值（万元）	家庭户数占比（%）	收入方差（10.48）	正态模拟曲线
1万—1.5万	1.25	0.0198	0.1238	0.0915
1.5万—2万	1.75	0.0350	0.1400	0.1018
2万—2.5万	2.25	0.0513	0.1154	0.1107
2.5万—3万	2.75	0.0664	0.0664	0.1175
3万—3.5万	3.25	0.0745	0.0186	0.1218
3.5万—4万	3.75	0.0806	0.0000	0.1233
4万—4.5万	4.25	0.0785	0.0196	0.1218
4.5万—5万	4.75	0.0746	0.0746	0.1175
5万—5.5万	5.25	0.0650	0.1463	0.1107
5.5万—6万	5.75	0.0603	0.2412	0.1018
6万—6.5万	6.25	0.0519	0.3244	0.0915
6.5万—7万	6.75	0.0442	0.3978	0.0802
7万—7.5万	7.25	0.0388	0.4753	0.0687
7.5万—8万	7.75	0.0350	0.5600	0.0574
8万—8.5万	8.25	0.0301	0.6095	0.0469
8.5万—9万	8.75	0.0238	0.5950	0.0374
9万—9.5万	9.25	0.0229	0.6927	0.0291
9.5万—10万	9.75	0.0181	0.6516	0.0221
10万以上	10.25	0.1222	5.1630	0.0164

表2-11 2010年城镇居民收入分布正态模拟函数的区间积分计算结果

收入组中值	x值区间		Φ值=(x-u)/ó		F(Φ)		F(X)=F(Φ)		区间积分值
	下限	上限	下限	上限	下限	上限	下限	上限	
0.75	0.75	1	-0.927	-0.850	0.178	0.198	0.178	0.198	0.020
1.25	1	1.5	-0.850	-0.695	0.198	0.244	0.198	0.244	0.046
1.75	1.5	2	-0.695	-0.541	0.244	0.295	0.244	0.295	0.051
2.25	2	2.5	-0.541	-0.386	0.295	0.350	0.295	0.350	0.056
2.75	2.5	3	-0.386	-0.232	0.350	0.409	0.350	0.409	0.059

收入组中值	x 值区间		Φ 值=(x-u)/ó		F(Φ)		F(X)=F(Φ)		区间积分值
	下限	上限	下限	上限	下限	上限	下限	上限	
3.25	3	3.5	−0.232	−0.077	0.409	0.468	0.409	0.468	0.059
3.75	3.5	4	−0.077	0.077	0.468	0.532	0.468	0.532	0.064
4.25	4	4.5	0.077	0.232	0.532	0.591	0.532	0.591	0.059
4.75	4.5	5	0.232	0.386	0.591	0.650	0.591	0.650	0.059
5.25	5	5.5	0.386	0.541	0.650	0.705	0.650	0.705	0.056
5.75	5.5	6	0.541	0.695	0.705	0.756	0.705	0.756	0.051
6.25	6	6.5	0.695	0.850	0.756	0.802	0.756	0.802	0.046
6.75	6.5	7	0.850	1.004	0.802	0.843	0.802	0.843	0.040
7.25	7	7.5	1.004	1.159	0.843	0.877	0.843	0.877	0.034
7.75	7.5	8	1.159	1.313	0.877	0.905	0.877	0.905	0.028
8.25	8	8.5	1.313	1.468	0.905	0.929	0.905	0.929	0.024
8.75	8.5	9	1.468	1.622	0.929	0.947	0.929	0.947	0.018
9.25	9	9.5	1.622	1.776	0.947	0.962	0.947	0.962	0.015
9.75	9.5	10	1.776	1.931	0.962	0.973	0.962	0.973	0.011
10.25	10	10.5	1.931	2.085	0.973	0.981	0.973	0.981	0.008

(三)2005 年到 2011 年城镇居民家庭收入分布正态估计的比较

2005 年到 2011 年我国城镇居民家庭收入分布均呈钟形分布,根据 2005 年和 2010 年城镇居民收入分布正态估计的结果,其他年度居民收入分布也必然服从相应的正态分布,我们将各年度居民收入分布中家庭户数占比最高收入组的中值作为相应年度收入分布正态估计的期望值,以收入组中值为样本值,以各收入组家庭户数占比为权重,对各年度城镇居民家庭收入分布进行正态估计,得到各年度收入分布的模拟正态分布函数,分别是 2005 年 X—N (2.25,5.18)、2006 年 X—N(2.25,6.53)、2007 年 X—N(2.75,7.38)、2008

年 X—N(3.25,8.71)、2009 年 X—N(3.25,10.42)、2010 年 X—N(3.75,10.48)和 2011 年 X—N(4.25,11.22),根据收入组中值计算得到的各年度模拟正态分布曲线,如表 2-12 和图 2-9 所示。

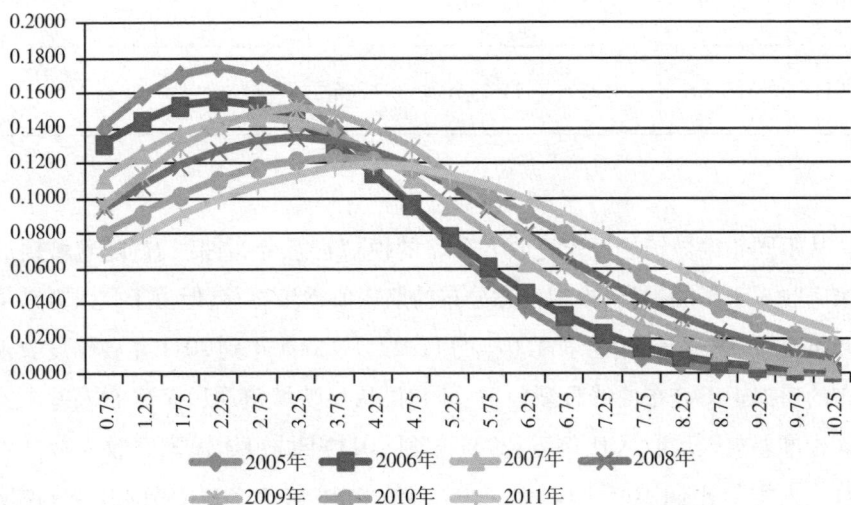

图 2-9　2010 年我国城镇居民收入分布的正态模拟曲线

表 2-12　2005 年到 2011 年城镇居民家庭收入分布正态估计结果

年　度	家庭平均收入（万元）	期望值	权重方差	标准差与平均收入比例	正态分布密度函数
2005	3.3509	2.25	5.1818	0.6793	$f(x) = \dfrac{1}{2.28\sqrt{2\pi}}e^{\frac{(x-2.25)^2}{10.36}}$
2006	3.7522	2.25	6.5333	0.6812	$f(x) = \dfrac{1}{2.56\sqrt{2\pi}}e^{\frac{(x-2.25)^2}{13.06}}$
2007	4.3384	2.75	7.3800	0.6262	$f(x) = \dfrac{1}{2.72\sqrt{2\pi}}e^{\frac{(x-2.75)^2}{14.76}}$
2008	4.9667	3.25	8.7071	0.5941	$f(x) = \dfrac{1}{2.95\sqrt{2\pi}}e^{\frac{(x-3.25)^2}{17.41}}$
2009	5.4500	3.25	10.4180	0.5922	$f(x) = \dfrac{1}{3.25\sqrt{2\pi}}e^{\frac{(x-3.25)^2}{20.84}}$

年　度	家庭平均收入（万元）	期望值	权重方差	标准差与平均收入比例	正态分布密度函数
2010	6.0576	3.75	10.4764	0.5343	$f(x) = \dfrac{1}{3.24\sqrt{2\pi}}e^{-\frac{(x-3.75)^2}{20.95}}$
2011	6.8820	4.25	11.2161	0.4866	$f(x) = \dfrac{1}{3.35\sqrt{2\pi}}e^{-\frac{(x-4.25)^2}{22.43}}$

从不同年度城镇居民家庭收入分布的模拟正态分布曲线看,随着城镇居民家庭收入水平的提高,模拟正态分布的期望值逐步右移,但由于收入方差从 2005 年的 5.18 逐年扩大到 2011 年的 11.22,从 2005 年到 2011 年各年度收入分布的模拟正态分布曲线日渐扁平。同时,从反映城镇居民家庭收入差距的收入标准差与人均收入比例看,2005 年到 2011 年城镇居民家庭收入标准差与收入人均值比例不断下降,从 2005 年的 0.68 降为 2011 年的 0.49,说明 2005 年到 2011 年我国城镇居民家庭收入差距趋于缩小,收入方差的扩大主要是由收入人均值提高引致的,收入差距的缩小抑制了收入方差扩大趋势和收入分布曲线的扁平化程度。

(四)2005 年到 2011 年城镇居民平均收入分布的正态估计

各年度城镇居民家庭收入分布的情况反映年度内居民家庭收入分布的正态特征,那么跨年度的城镇居民家庭收入分布是否同样服从正态分布? 我们将 2005 年到 2011 年期间不同收入组家庭户数占比简单加总后再平均,得到 7 年间城镇居民家庭在不同收入组的平均分布状况,这一跨年度平均收入分布也呈钟形分布,仍符合正态分布的基本特征,其中平均家庭户数占比最高的收入组为 2.5 万元到 3 万元收入组。根据城镇居民平均收入分布的特点,我们选择 2.5 万到 3.5 万元收入组中值作为正态估计的期望值,以各收入组中值作为样本值和各收入组家庭户数平均占比为权重,去掉 10 万元以上收入组方差(因其占比太高,会大幅度高估方差)后,计算得到 2005 年到 2011 年居民平均收入分布的方差为 6.1,并假定 2005 年到 2011 年城镇居民平均收入分布服从期望值为 2.75、方差为 6.1 的正态分布,其密度函数表达式为 $f(x) = \dfrac{1}{3.24\sqrt{2\pi}}e^{-\frac{(x-2.75)^2}{12.2}}$,简记为 X—N(2.75,6.1)。利用估计正态分布密度函数,对不同收入组的家庭户数占比进行定积分,得到 2005 年到 2011 年城镇居民不同收入组家庭户数平均占比的区间积分值,如表 2-13 和表 2-14 所示。

比较 2005 年到 2011 年城镇居民平均收入分布密度函数的区间积分曲线和实际分布曲线可以看到,密度函数的区间积分曲线与实际分布曲线走势高度吻合,只是大部分区间积分值略低于实际分布曲线值。回归分析结果显示,2005 年到 2011 年城镇居民平均收入分布的区间积分曲线(PFCL0511)与实际分布曲线(PAC0511)的拟合优度为 0.998237,说明模拟正态估计的密度函数准确揭示了 2005 年到 2011 年城镇居民平均收入分布的走势。总体看,2005 年到 2011 年我国城镇居民平均收入分布服从期望值为 2.75、方差为 6.1 的正态分布,即 X—N(2.75,6.1)。

2005 年到 2011 年城镇居民平均收入分布密度函数区间积分值(PFC0511)与抽样调查实际值(PAC0511)的回归分析方程:

PAC0511 = 0.9444 × PFC0511 + 0.0119 + [AR (1) = 0.5901,AR (2) = −0.3115]

(53.77)(14.93)(9.55)(−5.44)

$R^2 = 0.998237$,调整后 $R^2 = 0.997831$,DW 统计值 = 1.6,AR(1)、AR(2)为方程残差一阶和二阶自回归项,变量下方括号内数值为变量显著性 T 统计值。

表 2-13　2005 年到 2011 年城镇居民平均收入分布正态模拟曲线估计结果

收入组（元）	收入组中值（万元）	家庭户数占比合计	家庭户数平均占比	收入方差（6.1）	正态模拟曲线
1 万以下	0.75	13.63	1.9471	0.0779	0.116
1 万—1.5 万	1.25	32.02	4.5743	0.1029	0.134
1.5 万—2 万	1.75	50.88	7.2686	0.0727	0.149

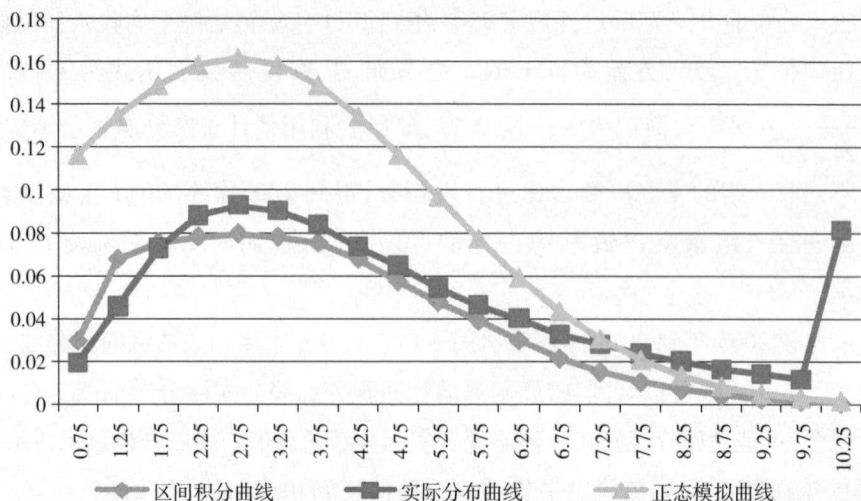

图 2-10　2005 年到 2011 年我国城镇居民平均收入分布的正态模拟曲线

数据来源:根据 WIND 资讯中国宏观经济数据库提供数据计算得到。

续表

收入组（元）	收入组中值（万元）	家庭户数占比合计	家庭户数平均占比	收入方差（6.1）	正态模拟曲线
2万—2.5万	2.25	61.68	8.8114	0.0220	0.158
2.5万—3万	2.75	65.02	9.2886	0.0000	0.162
3万—3.5万	3.25	63.19	9.0271	0.0226	0.158
3.5万—4万	3.75	58.67	8.3814	0.0838	0.149
4万—4.5万	4.25	51.53	7.3614	0.1656	0.134
4.5万—5万	4.75	45.36	6.4800	0.2592	0.116
5万—5.5万	5.25	38.08	5.4400	0.3400	0.097
5.5万—6万	5.75	32.44	4.6343	0.4171	0.077
6万—6.5万	6.25	28.14	4.0200	0.4925	0.059
6.5万—7万	6.75	22.86	3.2657	0.5225	0.044
7万—7.5万	7.25	19.6	2.8000	0.5670	0.031
7.5万—8万	7.75	16.51	2.3586	0.5896	0.021
8万—8.5万	8.25	14	2.0000	0.6050	0.014
8.5万—9万	8.75	11.39	1.6271	0.5858	0.008
9万—9.5万	9.25	9.94	1.4200	0.6000	0.005

续表

收入组（元）	收入组中值（万元）	家庭户数占比合计	家庭户数平均占比	收入方差（6.1）	正态模拟曲线
9.5万—10万	9.75	8.21	1.1729	0.5747	0.003
10万以上	10.25	56.78	8.1114	4.5627	0.002

表 2-14　2005 年到 2011 年城镇居民家庭平均收入分布的区间积分计算结果

收入组中值	x 值区间		Φ 值＝(x-u)/ό		F(Φ)		F(X)=F(Φ)		区间积分值
	下限	上限	下限	上限	下限	上限	下限	上限	
0.75	0.75	1	-0.6125	-0.5359	0.2709	0.2964	0.2709	0.2964	0.0299
1.25	1	1.5	-0.5359	-0.3828	0.2964	0.3520	0.2964	0.3520	0.0679
1.75	1.5	2	-0.3828	-0.2297	0.3520	0.4090	0.3520	0.4090	0.0754
2.25	2	2.5	-0.2297	-0.0766	0.4090	0.4701	0.4090	0.4701	0.0781
2.75	2.5	3	-0.0766	0.0766	0.4701	0.5299	0.4701	0.5299	0.0796
3.25	3	3.5	0.0766	0.2297	0.5299	0.5910	0.5299	0.5910	0.0781
3.75	3.5	4	0.2297	0.3828	0.5910	0.6480	0.5910	0.6480	0.0754
4.25	4	4.5	0.3828	0.5359	0.6480	0.7037	0.6480	0.7037	0.0679
4.75	4.5	5	0.5359	0.6890	0.7037	0.7486	0.7037	0.7486	0.0575
5.25	5	5.5	0.6890	0.8421	0.7486	0.7995	0.7486	0.7995	0.0479
5.75	5.5	6	0.8421	0.9953	0.7995	0.8401	0.7995	0.8401	0.0392
6.25	6	6.5	0.9953	1.1484	0.8401	0.8749	0.8401	0.8749	0.0300
6.75	6.5	7	1.1484	1.3015	0.8749	0.9032	0.8749	0.9032	0.0215
7.25	7	7.5	1.3015	1.4546	0.9032	0.9272	0.9032	0.9272	0.0153
7.75	7.5	8	1.4546	1.6077	0.9272	0.9463	0.9272	0.9463	0.0106
8.25	8	8.5	1.6077	1.7608	0.9463	0.9608	0.9463	0.9608	0.0069
8.75	8.5	9	1.7608	1.9139	0.9608	0.9719	0.9608	0.9719	0.0042
9.25	9	9.5	1.9139	2.0671	0.9719	0.9808	0.9719	0.9808	0.0025
9.75	9.5	10	2.0671	2.2202	0.9808	0.9867	0.9808	0.9867	0.0015
10.25	10	10.5	2.2202	2.3733	0.9867	0.9911	0.9867	0.9911	0.0009

第三章　居民收入分布的正态特征与
经济增长周期的内生机制

自 19 世纪西方经济学家发现了经济活动中多种有规律的周期波动现象以来,经济学家们就试图解释经济周期的两大问题:一是经济周期产生的原因,即经济周期是内生的还是外生的;二是经济周期波动不规则的原因,即是什么因素导致不同经济周期的波长和波幅出现巨大差异。

受古典主义学派关于供给创造需求(萨伊定律)和充分就业等理论观点制约,早期的经济周期研究将经济周期视为孤立的经济现象,多数研究将经济周期归因于单一因素引致的经济波动现象,如农业周期是由太阳黑子周期运动①或天气变化②引致的谷物周期,短周期是由心理因素或纯货币因素变化引致的存货波动,中周期是由设备更新引致的固定资产投资周期性波动,中长周期则是房屋建筑的周期性波动引致的,长周期是由技术进步引致的。这一时期的研究有很多理论对后期经济周期研究有重要影响,如基钦对存货周期的研究、熊彼得的技术创新理论、哈耶克的过度投资理论、约翰·A.霍布森的消费不足理论等。

凯恩斯主义的出现打破了经济均衡增长的观点,经济周期被作为经济增长的内生现象进行了系统研究,特别是萨缪尔森提出的乘数—加速数相互作用模型,证明了经济存在内生性经济周期。凯恩斯主义和新凯恩斯主义学者认为经济周期是由多方面因素造成的,这些因素部分是内生的、部分是外生的。20 世纪 60 年代以后,包括承认经济存在理性经济周期的理性预期学派

---

① 参见 W.S.杰文斯:《太阳周期与谷物价格》。
② 参见 H.L.穆尔:《经济周期:其法则和原因》。

在内的新古典主义兴起,同古典主义一样,新古典主义认为经济波动是经济对均衡增长状态的暂时偏离,经济会自动回归均衡增长或潜在增长状态。鉴于经济学界至今未能提出关于经济周期的内生性及其生成机制的完善理论,目前关于经济周期是内生还是外生的争议,依然是新凯恩斯主义与新古典主义争论的焦点。这一争议直接关系到政府经济政策的有效性及其取向。因此,探明经济周期是否具有内生性及其波动的生成机制,依然是当前宏观经济研究的重要课题。本章拟从居民收入分布的正态特征着手,对经济增长周期的内生性、经济波动幅度的影响因素及其生成机制进行探讨。

一、居民收入正态分布与耐用 消费品增长周期的内生性

我们对中国、美国和日本居民收入分布的研究结果表明,各国居民收入分布均服从正态分布。在居民收入分布服从正态分布的情况下,耐用消费品需求量也呈正态分布特征,耐用消费需求增速必然呈周期性波动发展。耐用消费品增速有三个拐点和两个极值,据此可以将耐用消费品的生命周期划分为初始阶段、成长期、成熟期、衰减期、夕阳阶段和终结期六个不同发展阶段。耐用消费品均有固定使用期限,前期购买者的更新需求将引致耐用消费品需求增速呈内生性周期波动发展,如果更新需求发生在原始需求极大值之后,更新需求增长周期的谷值将延后、波长将加长。

(一)居民收入分布与耐用消费品的内生性增长周期及其发展阶段划分

假定耐用消费品 A 为普通商品,其产出取决于消费需求,每一消费者对该耐用消费品的需求存在饱和状态,消费者购买该商品取决于其收入水平和商品价格,即只有商品价格下降到消费者收入能够承担的水平时,消费者才会购买该产品。在居民收入分布呈正态分布情况下,消费品 A 的需求量也将呈正态分布:在消费品 A 生产初期,产品价格很高,此时只有高收入者能够购买这一产品。随着居民收入水平的提高,中高收入者也开始购买,由于中高收入

群体大于高收入群体,产品生产规模扩大。在规模经济效应刺激下,生产成本下降,产品价格回落,此时会有更多消费者实现对消费品 A 的消费需求。这一循环过程直到所有消费者实现对消费品 A 的需求为止。由于居民收入和耐用消费品需求分布的正态特征,消费者对该产品的需求分布也是一条服从正态分布的需求曲线,其需求量存在一个最高水平,即当消费品 A 价格下降到消费者占比最高的收入组收入水平时,消费品 A 的需求量将达到最高水平,此后需求量将随着收入群体占比的下降而下降。根据耐用消费品需求分布的正态特征,我们可以将其发展过程分为六个阶段,且在六个发展阶段中,需求增速是一个完整的周期性波动过程。

1. 居民收入分布与耐用消费品的增长周期

我们假定居民收入服从期望值为 u、标准差为 б 的正态分布,每一消费者对该商品的饱和需求为 1,则消费品 A 的需求量 Q(x) 也服从期望值为 u、标准差为 б 的正态分布,即 $Q(x) = \dfrac{1}{\sigma\sqrt{2\pi}} e^{-\frac{(x-u)^2}{2\sigma^2}}$,简记为 $Q(x) - N(u,б)$,其中 x 为居民收入水平 y 与产品价格 p 的比率 y/p(以下简称收入价格比率)。

我们对消费品 A 的需求函数进行求导,分别得到需求函数的一阶导数和二阶导数,即 $Q'(x) = \dfrac{1}{\sigma\sqrt{2\pi}} e^{-\frac{(x-u)^2}{2\sigma^2}} \times \dfrac{(u-x)}{\delta^2}$,$Q''(x) = \dfrac{1}{\sigma^3\sqrt{2\pi}} e^{-\frac{(x-u)^2}{2\sigma^2}} \times \left[\dfrac{(x-u)^2}{\delta^2} - 1\right]$。从导数的性质可知,需求函数 Q(x) 的一阶导数 Q'(x) 即为需求增速,需求函数的二阶导数反映需求曲线的凹凸性、需求量的拐点和需求增速的极值。

令 Q'(x) = 0,有 x = u,即在收入价格比率为 u 时耐用消费品 A 的需求量 Q(x) 取得最大值。当 x < u 时,Q'(x) > 0,即当收入价格比率低于期望值 u 时,消费品 A 的需求增速为正。反之,当 x > u 时,Q'(x) < 0,即当收入价格比率大于期望值时,消费品 A 的需求增速为负。

令 Q''(X) = 0,则有 Q(x) 的两个拐点,分别是 x = u + δ 和 x = u − δ。需求函数的拐点反映了需求增速的周期性波动特点,具体如下:

(1)当 x < (u−б) 时需求量的二阶导数 Q''(x) > 0,且一阶导数 Q'(x) > 0,即需求量及其增速 Q'(x) 不断提高,需求曲线是下凹的。

（2）当 $x=(u-\delta)$ 时需求量的二阶导数 $Q''(x)=0$，且一阶导数 $Q'(x)>0$，即需求量不断上升，但需求增速 $Q'(x)$ 在 $x=(u-\delta)$ 处达到最大值，$\dfrac{1}{\delta^2\sqrt{2\pi}}e^{-\frac{1}{2}}$。

（3）当 $(u-\delta)<x<u$ 时，需求量的二阶导数 $Q''(x)<0$，一阶导数 $Q'(x)>0$，即需求量继续上升，需求增速 $Q'(x)$ 为正，但不断下降，需求曲线是上凸的。

（4）当 $x=u$ 时，需求量的一阶导数 $Q'(x)=0$，需求量达到最大值时增速为 0。

（5）当 $u<x<(u+\delta)$ 时，需求量的二阶导数 $Q''(x)<0$，且一阶导数 $Q'(x)<0$，即需求量及其增速 $Q'(x)$ 为负，且不断下降，此时需求曲线是上凸的。

（6）当 $x=(u+\delta)$ 时需求量的二阶导数 $Q''(x)=0$，且一阶导数 $Q'(x)<0$，即需求量增速 $Q'(x)$ 达到最小值，$-\dfrac{1}{\delta^2\sqrt{2\pi}}e^{-\frac{1}{2}}$。

（7）当 $x>(u+\delta)$ 时，需求量的二阶导数 $Q''(x)>0$，一阶导数 $Q'(x)<0$，即需求量继续下降，需求增速 $Q'(x)$ 为负，但不断回升。

总之，在居民收入服从正态分布的情况下，收入价格比率的不断提高将逐步实现不同收入阶层消费者对耐用消费品 A 的需求，其需求量将是从低到高、达到最大值后逐步下降的过程，而消费需求增速会呈现出由收入分布决定的周期性波动现象。

2. 耐用消费品的不同发展阶段及其阶段性发展特征

我们对需求增速函数求二阶导数，得到 $Q'''(x)=\dfrac{1}{\sqrt{2\pi}\delta^5}\times e^{-\frac{(x-u)^2}{2\delta^2}}\times(u-x)\times\left(\dfrac{(x-u)^2}{\delta^2}-3\right)$，令需求增速的二阶导数等于 0，可以得到需求增速的三个拐点，分别是 $x=u-\sqrt{3}\delta$、$x=u$、$x=u+\sqrt{3}\delta$。根据需求增速的三个拐点加上需求增速在 $x=u-\delta$ 和 $x=u+\delta$ 处的两个极值点，我们将消费品 A 的发展时期分为六个阶段：

（1）初始发展阶段，区间为 $[0,u-\sqrt{3}\delta]$，即从开始生产到需求增速的第一个拐点时期。这一时期收入价格比率很低，只有最高收入者能够购买耐用消费品 A。在此时期，需求函数的三阶导数大于 0，即 $Q'''(x)>0$，且 $Q''(x)>0$，即需求增速的加速度 $Q''(x)$ 不断提高，需求量与需求增速处于加速提升状态。

（2）成长期，从需求增速的第一个拐点到极大值的成长阶段，区间为 $[u-\sqrt{3}\delta,u-\delta]$，这一时期收入价格比率提高，高收入和中等偏高收入阶层加入需求队伍,需求量迅速扩大。在此时期,需求函数的三阶导数小于 0,即 $Q'''(x)<0$,但二介导数大于 0,即 $Q''(x)>0$,即需求增速不断提高,但其加速度 $Q''(x)$ 不断下降,需求增速不断提高并逐步达到极大值。

(3)成熟期,需求增速从极大值逐步降为 0 的成熟发展阶段,区间为 $[u-\delta,u]$,这一时期家庭户数占比最高的中等收入阶层加入需求队伍,需求量不断提高并逐步达到最大需求量,需求函数的一阶导数或需求增速大于 0,但需求函数的二阶导数和三阶导数均小于 0,即 $Q'''(x)<0,Q''(x)<0$,需求增速处于加速下滑阶段,并在需求量达到极大值时增速降为 0。

(4)衰减期,需求增速从 0 下降到最小值的衰减阶段,区间为 $[u,u+\delta]$,这一时期中等偏低收入阶层逐步加入需求队伍,需求函数的一阶导数和二阶导数小于 0,三阶导数大于 0,需求量进入不断下降阶段,需求增速由正转负并逐步达到极小值,但需求增速的降幅是逐步缩小的。

(5)夕阳阶段,区间为 $[u+\delta,u+\sqrt{3}\delta]$,这一时期收入价格比率提高到低收入阶层加入需求队伍,需求量继续下降但降幅缩小,需求增速从极小值逐步回升,但仍为负。

(6)终结期,收入价格比率大于 $u+\sqrt{3}\delta$ 的时期,消费品 A 的价格下降到或居民收入水平提高到最低收入阶层也步入需求队伍,即所有消费者均实现其对耐用消费品 A 的消费需求。在此区间内,消费需求函数的一阶导数和三阶导数均小于 0,二阶导数大于 0,即需求增速会继续回升,但回升的加速度不断下降,需求增速最终将回升到 0。在没有更新需求或新增需求的情况下,包括最低收入阶层在内的全体居民消费需求均得到满足,消费品 A 的需求量逐步趋于 0,消费品 A 的生命周期结束。

3. 不同发展阶段的需求分布量

我们知道,任何正态分布都可以转换为标准正态分布,从标准正态分布看,耐用消费品 A 的六个发展阶段区间分别为:初始阶段 $[0,-1.73]$、成长期 $[-1.73,-1]$、成熟期 $[-1,0]$、衰减期 $[0,1]$、夕阳期 $[1,1.73]$、终结期 $[1.73,+\infty]$。在标准正态分布情况下,按累计需求量计算,六个发展阶段分别为:初始阶段为 0 到 4.18%,成长期为 4.18% 到 15.87%,成熟期为 15.87% 到 50%,衰减期为 50% 到 84.13%,夕阳期为 84.13% 到 95.82%,终结期为

95.82%到100%。因为我们假定每个家庭的饱和需求为1个单位消费品,每个发展阶段的累计需求量可视为该阶段不同收入水平的家庭户数占比。例如,初始阶段累计需求量为4.18%,可视为在初始阶段只有占总人口4.18%的最高收入家庭能够实现其对耐用消费品A的消费需求,成长期则是收入水平介于4.18%到15.87%的高收入家庭实现了消费需求,其他阶段依次类推,到终结期所有家庭均实现消费需求。

4. 耐用消费品需求增长周期的例证说明

为了更为形象地说明居民收入正态分布引致的耐用消费品增长期,我们以居民收入分布或耐用品需求函数服从期望值为4、方差为1的正态分布为例,对耐用消费品A的需求增长周期予以例证。根据消费品A需求量的正态分布密度函数$Q(x) = \frac{1}{\sqrt{2\pi}}e^{-\frac{(x-4)^2}{2}}$,我们模拟计算得到消费品A的需求曲线和需求增长率曲线,如图3-1所示。

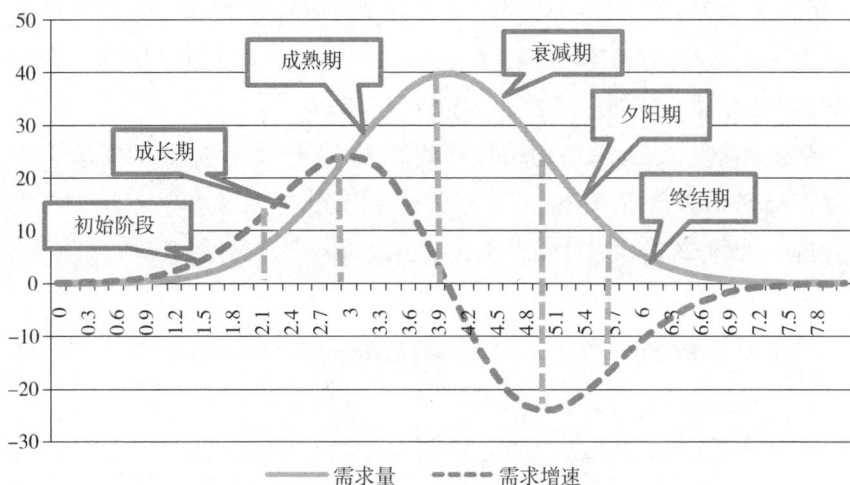

图3-1　居民收入正态分布引致耐用消费品增长周期模拟结果

注:图中需求量模拟值为正态分布计算值的1000倍。

根据需求函数,在此情境下耐用消费品A六个发展阶段的区间分别为$[0, 2.27]$、$[2.27, 3]$、$[3, 4]$、$[4, 5]$、$[5, 5.73]$、$[5.73, +\infty]$。在不同发展阶段,消费品A的需求量及其增速的波动特点如下:

在初始阶段,随着收入价格比率从 0 提高到 2.27,每个时点的需求量将从 0.01 提高到 8.63,需求增速(需求函数的一阶导数)将从 0.05% 提高到 15.1%。但需要记住的是,无论需求分布是何种形态,在初始阶段的累计需求量仅占总需求的 4.18%。

在成长阶段,收入价格比率从 2.27 提高到 3,每个时点的需求量将从 8.63 提高到 24.2,需求增速将从 15.1% 提高到 24.2% 的周期性波动的极大值,在此阶段的累计需求量占比的区间为 4.18% 到 15.87%。

在成熟阶段,收入价格比率从 3 提高到 4,每个时点的需求量将从 24.2 提高到 39.7 的需求量极大值,但需求增速将从 24.2% 的极大值下降到 0。在此阶段的累计需求量占比的区间为 15.87% 到 50%。

收入价格比率提高到 4 以后将进入衰退阶段,随着收入价格比率由 4 提高到 5,每个时点的需求量将从 39.7 的极大值下降到 24.2,需求增速将从 0 下降到 -24.2% 的极小值。在此阶段的累计需求量占比的区间为 50% 到 84.13%。

在夕阳阶段,收入价格比率从 5 提高到 5.73,每个时点的需求量将从 24.2 下降到 8.63,但需求增速将从 -24.2% 的极小值回升到 -15.1%。在此阶段的累计需求量占比的区间为 84.13% 到 95.82%。

在终结阶段,收入价格比率提高到 5.73 以上,每个时点的需求量将从 8.63 下降到 0,即所有消费者均实现其消费需求,需求增速将从 -15.1% 继续回升到 0。在此阶段的累计需求量占比的区间为 95.82% 到 100%。

(二)消费者的更新需求对耐用消费品增长周期的影响

耐用消费品均具有固定的使用年限,前期购买者在耐用消费品达到使用年限后会进行更新而重新加入需求队伍,此时的实际需求量为低收入者的初次购买需求和前期购买者的更新需求之和,需求增速及其波动周期也会因更新需求的加入,从原来的单一波动周期转变为持续的周期性波动。

假定前期购买者进行耐用消费品 A 更新的时点发生在收入价格比率为 5 的衰减期末期,在居民收入分布不变的情况下,更新需求加入后实际需求量的下降幅度会比原始需求的降幅减小,实际需求增速回升幅度也比原始需求增速回升幅度加大,并从更新需求增量大于原始需求降幅时(本例约发生在收入价格比率提高到 6.5 时)需求增速再度恢复正增长,进入下一个由更新需求决定的增长周期,我们简称其为更新需求增长周期。

由于我们假定更新需求出现在最大需求量之后,更新需求增长周期实际需求量的峰值将比原始需求的峰值延后出现,如本例中,更新需求的峰值将发生在收入价格比为 9 时,而实际需求的峰值延后发生在收入价格比为 9.9 时。更新需求增长周期的波峰与波谷也因此延后,其波长将取决于耐用消费品的使用年限或更新需求发生的频度,如图 3-2 所示。

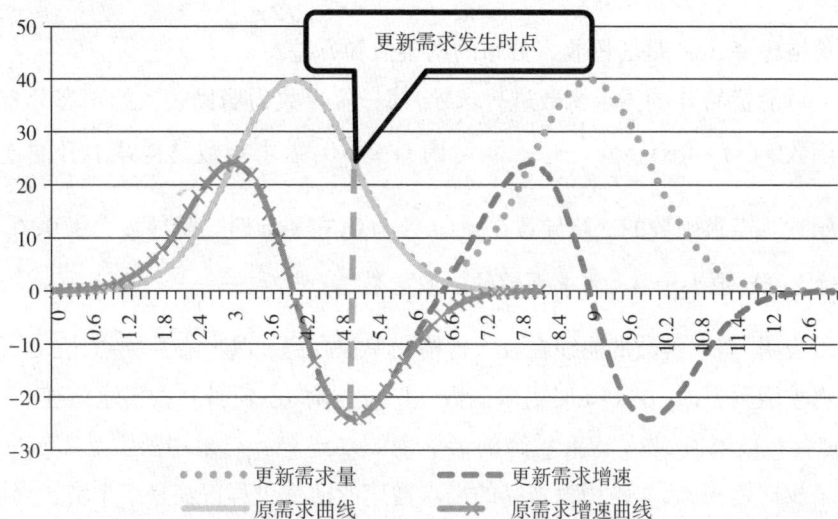

图 3-2　更新需求增长周期的模拟结果

二、居民收入正态分布与非耐用
消费品的半增长周期

非耐用消费品使用期限很短,消费者对非耐用消费品的需求是连续性需求,在一次性需求得到满足后会继续购买。在居民收入分布呈正态分布情况下,非耐用消费品的需求函数是正态分布密度函数的积分,其一阶导数或需求增速正是由收入分布决定的正态分布,即非耐用消费品的需求增长周期是一个半增长周期。

假定消费品 B 为非耐用消费品,消费者需经常购买,但存在饱和需求约束,其需求量同样取决于消费者收入水平或收入价格比率。在居民收入呈正态分布情况下,当消费品 B 价格很高时,只有高收入者能够购买。随着价格水平的逐步下降或居民收入水平的提高,中等收入、低收入居民将逐步加入购买者队伍。由于消费品 B 是非耐用消费品,前期购买者不会退出购买者队伍,在假定消费者一次性饱和需求为一个单位的情况下,消费品 B 的需求量将是居民收入正态分布函数的积分,即 $Q(x) = \dfrac{1}{\sigma\sqrt{2\pi}}\int_0^x e^{-\frac{(x-u)^2}{2\sigma^2}}dx$,其中 x 为收入价格比率,u、δ 是居民收入分布的期望值和方差。

对消费品 B 的需求函数进行求导,其一阶导数为居民收入的正态分布密度函数 $Q'(x) = f(x) = \dfrac{1}{\sigma\sqrt{2\pi}}e^{-\frac{(x-u)^2}{2\sigma^2}}$。因 f(x)>0,需求函数是持续上升的连续升函数。需求函数的二阶导数在 x=u 处为 0,在 x<u 时二阶导数大于 0,在 x>u 时二阶导数小于 0。需求函数的二阶导数为 $Q''^{(x)} = \dfrac{1}{\sigma\sqrt{2\pi}}e^{-\frac{(x-u)^2}{2\sigma^2}}\times\dfrac{(u-x)}{\delta^2}$,其性质表明,需求函数的曲线在收入价格比率提高到 u 处时存在拐点,在 0<x<u 时需求函数下凹,在 x>u 时需求函数上凹。同时,还表明 B 的需求增速在 x=u 处存在极限值,并呈先升后降的半周期波动走势。与耐用消费品需求完整的增长周期相比,非耐用消费品的需求增速的演变过程仅仅是半个增长周期。

通过需求函数的三阶导数,$Q'''^{(x)} = \dfrac{1}{\sigma^3\sqrt{2\pi}}e^{-\frac{(x-u)^2}{2\sigma^2}}\times\left[\dfrac{(x-u)^2}{\delta^2}-1\right]$,我们可以得到需求增速的两个拐点,这两个拐点分别在收入价格比率为 u−δ 和 u+δ 时。利用需求增速的两个拐点和极大值,我们可以将非耐用消费品的发展过程分为四个阶段:(1)起始阶段。收入价格比率介于 0 到 u−δ 之间,非耐用消费品的需求增速较低,但呈加速提升状态。这一时期需求量的分布值将从 0 提高到 15.87%,或者说在初始阶段最终将有 15.87% 的高收入家庭实现对非耐用消费品 B 的需求。(2)繁荣阶段。收入价格比率介于 u−δ 到 u 之间,非耐用消费品的需求增速持续提高,但加速增长势头逐步减弱,最终在收入价格比率提高到 u 时,达到消费需求增速的极大值。在扩张阶段,需求分布值将从 15.87% 提高到 50%。(3)收缩阶段。收入价格比率介于 u 到 u+δ 之间,非耐用消费品的需求增速仍然保持在很高水平,但开始进入持续下降状态,最终在收入价格比率提高到 u 时,达到消费需求增速的极大值。在扩张阶段,需求分布值将从 50% 提高到 84.13%。(4)饱和阶段。收入价格比率大于 u+δ 且不断提高,非耐用消费品的需求增速进入加速下降状态,需求分布值将从 84.13% 开始继续提升,直到 100%,即最终所有家庭都实现对非耐用消费品 B 的需求,或者耐用消费品 B 进入饱和需求状态。

为了更为形象地说明居民收入正态分布与非耐用消费品半增长周期的关系,我们依然以居民收入分布服从期望值为 4、方差为 1 的正态分布为例进行例证分析。根据居民收入正态分布的密度函数,非耐用消费品 B 的需求函数为 $Q(x) = \dfrac{1}{\sqrt{2\pi}} \int_0^x e^{-\frac{(x-4)^2}{2}} dx$,据此我们模拟计算得到消费品 B 的需求曲线和需求增长率曲线,如图 3-3 所示:当收入价格比率低于 4 时,随着收入价格比率的提高,消费品 B 的需求量和需求增速均不断提高。当收入价格比率达到 4 时,需求量提高到 39.89 个单位,需求增速达到 39.89% 的最高值。此后随着收入价格比率的提高,需求量继续提高,最终将达到 100 个单位的极值;但需求增速将不断下降,最终将下降到 0。即在居民收入分布呈正态分布情况下,非耐用消费品 B 的需求增速仅存在半个内生性增长周期。

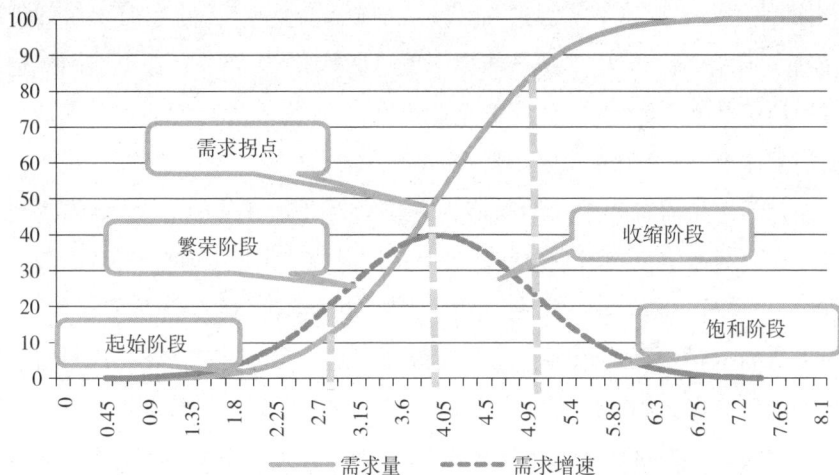

图 3-3　居民收入正态分布引致非耐用消费品半增长周期的模拟结果

注:图中产量与增速模拟值均为正态分布计算值的 100 倍。

三、企业创新行为对消费品增长周期的影响

上述分析没有考虑消费品生产企业行为对消费品需求量及其增速的影响。但在其生命周期的不同，总会发生许多对消费品需求增长周期产生重要影响的创新。我们仅分析两种相对极端的创新现象的影响，第一种是创新引致的新产品完全替代原产品，在此情况下耐用消费品的更新需求增长周期将转化为新产品的需求增长周期，非耐用消费品的需求增长周期转变为新产品的需求增长周期，耐用消费品和非耐用消费品增长周期的形态均不会改变。第二种情况是创新引致的新产品成为原产品需求基础上的新增需求，在此情培下，耐用消费品的需求增长周期将成为原产品的更新需求增长周期和创新产品的需求增长周期共同构成的新的需求增长周期，非耐用消费品需求的半增长周期将会因为创新需求的出现而成为完整的、持续的周期性波动。

（一）企业创新行为对耐用消费品增长周期的影响

企业的基本行为是逐利并实现利润最大化，当耐用消费品需求量开始下降时，即使不考虑价格下降因素，企业利润规模也会减少，并在需求量和价格下降到一定程度后，会出现生产能力严重过剩和亏损，部分企业可能因此退出该耐用消费品生产领域，但留存的企业要生存，不得不进行创新推出新产品以刺激消费需求，维持企业发展。

假定新产品需求仍服从期望值为 4、方差为 1 的正态分布，创新需求出现时点也在更新需求出现时点。在原产品的原始需求不会被创新引致的新产品需求（以下简称创新需求）替代，但原产品的更新需求会被创新需求替代时，耐用消费品 A 的更新需求增长周期会被新产品的创新需求增长周期替代，实际需求增速的增长周期仍将保持图 3-4 所示的更新需求增长周期形态。

在创新需求完全作为新增需求情况下，耐用消费品增长周期的波动形态会发生很大改变。耐用消费品 A 的实际需求量在原产品需求完全满足之前是原产品原始需求、更新需求和新产品新增需求之和，在原产品原始需求全部

得到满足之后,实际需求将是原产品更新需求与创新需求之和,实际需求量将因出现创新需求而加倍,实际需求增速波动幅度也会加倍扩大。例如,在新一轮周期中,更新需求与创新需求增速达到极大值时,实际需求增速为48.33%,是原始需求增速极大值的2倍,在实际需求增速的极小值点,实际需求增速为-48.27%,也是原始需求增速极小值的2倍。当然,需要注意的是,一次企业创新引致的实际需求增速振幅的放大,仅能维持在创新产品的生命周期之内。此外,由于我们假定创新需求与更新需求同时发生,创新需求只改变更新需求周期波动的波幅,不改变更新需求波动的波长。如果创新需求与更新需求出现时点不一致,实际需求增长周期的波长将取决于创新需求发生的频度。对此,我们在后面将做专门论述。

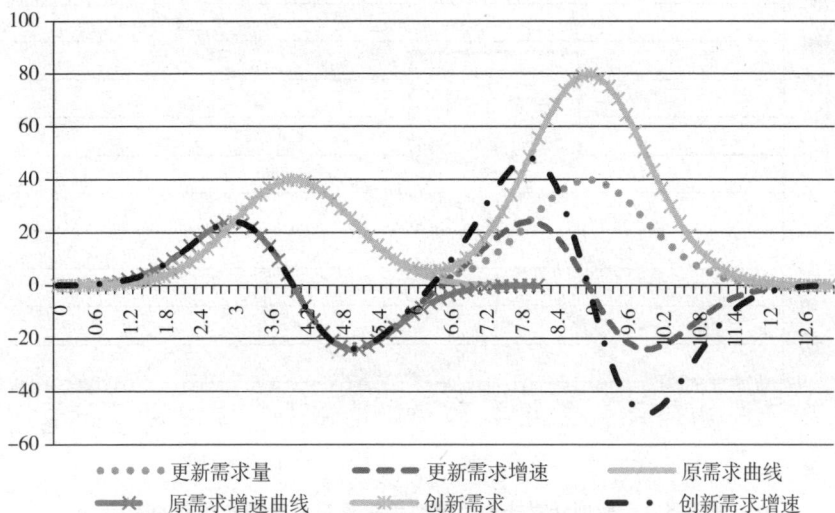

图 3-4 企业创新对耐用消费品需求量及其增长周期的影响

(二)企业创新行为对非耐用消费品增长周期的影响

与企业创新对耐用消费品增长周期的影响类似,对非耐用消费品而言,企业创新行为产生的新产品也只有在作为新增需求时才会改变非耐用消费品的增长周期。

假定非耐用消费品 B 生产企业在需求增速下降后推出新产品,新产品的需求分布与原产品一样,则非耐用消费品 B 的增长周期会出现两种情况:(1)如果新产品仅仅是原产品的替代品,则消费品 B 的增长周期仍是半增长周期,因为新产品的购买者仅仅是将对原产品的需求转化为对新产品的需求,需求总量不变;(2)新产品成为新增需求,且不会替代(或仅部分替代)原产品,则需求总量改变,并引致新产品需求的半增长周期,而消费品 B 的增长周期将会因新产品需求半周期的出现而呈现完整的周期性波动现象。图 3-5 是我们假定居民收入分布始终服从期望值为 4、方差为 1 的正态分布情况下,企业创新发生在收入价格比率为 5 时,作为新增需求的新产品出现对非耐用消费品 B 需求量及其增长周期影响的模拟结果。我们可以看到,当创新需求是新增需求时,最终需求规模将提高到 200,需求增速也将是连续的周期性波动。

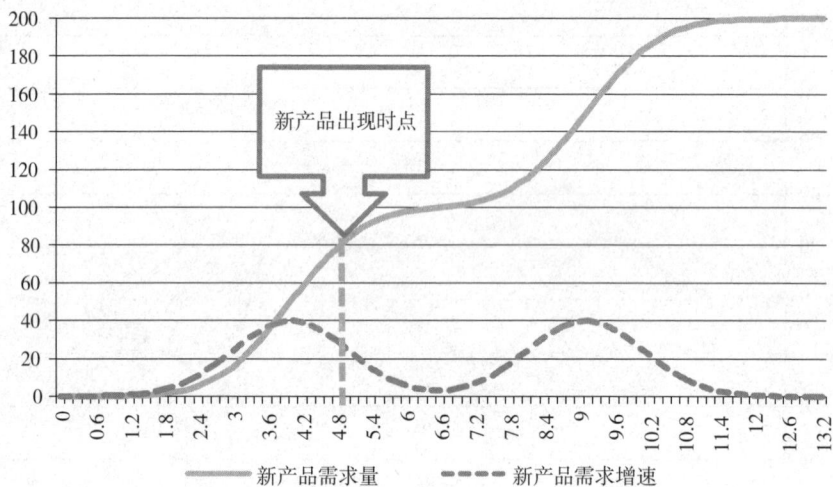

图 3-5　企业创新对非耐用消费品需求量及其增长周期的影响

四、收入分配差距对消费品内生增长周期的
影响:适度收入差距的重要性

在居民收入分布期望值相同的情况下,收入差距不同意味着收入分布方差不同,收入分布曲线的陡峭程度会出现巨大差别,由收入分布决定的消费品

需求量及其增长周期也会存在显著差别。

对耐用消费品而言,收入方差越小,耐用消费品的需求曲线越陡峭,需求规模和需求增速的极值越大,在耐用消费品成长期和成熟期的平均需求增速越高,但在初始阶段早期的需求增速越低、相对需求规模越小,即收入差距缩小有利于处于成长期与成熟期耐用消费品生产企业的发展,但不利于处于初始发展阶段企业的发展。

对非耐用消费品而言,收入方差越小,非耐用消费品的需求曲线也越陡峭,初始需求量也越小,但需求增速的极值会越大,且平均需求增速越高。即收入差距缩小有利于处于繁荣期和收缩期的非耐用消费品产业发展,但不利于处于初始阶段的非耐用消费品企业发展。

总之,收入方差过小,会导致生产企业发展初期面临需求不足的制约,但后期发展需求支持较大、速度较高。收入方差过大,虽然可以保障生产企业在发展初期有较大规模的需求支持,但后续成长过程中会因需求相对不足而增长缓慢。因此,适度收入差距是保持消费品生产平稳较快增长的必要条件。

(一)收入差距对耐用品需求量与需求增速的影响

在居民收入服从正态分布情况下,耐用消费品的需求分布也呈正态分布。在期望值一定情况下,正态分布的形态完全取决于方差。方差越大,耐用消费品的需求分布曲线越平坦;反之,方差越小,需求分布曲线则越陡峭。由方差变化引致的需求分布曲线形态变化,虽然不会改变不同发展阶段耐用消费品的需求分布量,但会改变不同时期单位时间的需求规模与需求增速。

1. 收入差距对耐用消费品需求量与需求增速的影响机制

根据耐用消费品的需求增速的拐点和极值,我们将耐用消费品生命周期分为初始阶段 $[0,u-\sqrt{3}\delta]$、成长期 $[u-\sqrt{3}\delta,u-\delta]$、成熟期 $[u-\delta,u]$、衰减期 $[u,u+\delta]$、夕阳期 $[u+\delta,u+\sqrt{3}\delta]$ 和终结期 $[u+\sqrt{3}\delta,+\infty]$ 六个阶段。根据标准正态分布的定积分,无论收入分布的方差如何改变,这六个阶段的需求分布值量是不变的。即在初始阶段的需求分布量为 4.18%(累计积分值区间为 $[0,4.18\%]$),成长阶段为 11.69%(累计积分值区间为 $[4.18\%,15.87\%]$),成熟期为 34.13%(累计积分值区间为 $[15.87\%,50\%]$),衰减期为 34.13%(累计积分值区间为[50%, 84.13%]),夕阳期为 11.69%(累计积分值区间为[84.13%, 95.82%]),终结期为 4.18%(累计积分值区间为[95.82%, 100%])。

但是,收入方差会改变不同发展阶段的时间长度,根据六个发展阶段的收入价格比率区间值所代表的时间单位,初始阶段的时间长度为$(u-\sqrt{3}\delta)$,成长阶段为$(\sqrt{3}-1)\delta$,成熟期和衰减期均为δ,夕阳期和终结期分别为$(\sqrt{3}-1)\delta$和$(u-\sqrt{3}\delta)$,即除了在初始阶段和终结期期望值对发展阶段的时间长度有影响外,其他时期的时间长度均取决于收入方差的大小。当收入差距扩大、收入方差提高时,初始阶段时间变短,意味着在初始发展阶段单位时间内需求规模扩大、需求增速也会提高。即在初始发展阶段,收入差距扩大会为处于初始阶段的企业提供更大的需求支持。但收入差距扩大,意味着成长期和成熟期发展时间均将延长,单位时间内的需求规模会因此变小,需求增速下降。因此,收入差距扩大对处于成长期和成熟期的耐用消费品生产企业是不利的。反之,收入差距缩小会导致初始阶段时间延长,初始发展阶段内单位时间的需求规模变小,需求增速下降,而成长期和成熟期时间均缩短,需求增速提高。即收入差距缩小可以通过提高需求支持有利于处于成长期和成熟期的耐用消费品生产企业发展,但对处于初始发展阶段的生产企业不利。

2. 收入差距对不同发展阶段耐用消费品平均需求分布量影响的实证分析

下面,我们选择期望值均为 4、收入方差 σ^2 分别为 2 和 1 以及 0.5 时的耐用消费品需求曲线及其增长周期进行对比分析。

首先,我们看收入差距对不同时期平均需求量的影响。收入方差的变化不会改变不同发展阶段的需求分布量,但会改变不同发展阶段的时间长度,因此会改变不同发展阶段的平均需求分布量。

(1)在初始发展阶段,方差越大,平均需求分布量越大。收入方差为 2 时平均需求分布量是 2.7,但收入方差下降到 1 和 0.5 后,平均需求分布量将分别下降到 1.84 和 1.51,即收入差距缩小会降低对处于初始发展阶段的耐用消费品生产企业的需求支持。

(2)在成长阶段和成熟阶段,收入方差的下降会提高平均需求分布量。

如成长阶段,收入方差从 2 下降到 1 和 0.5 后,平均需求分布量将从 11.35 个单位提高到 16.01 个单位和 22.08 个单位。同样,在成熟阶段,收入方差从 2 下降到 1 和 0.5 后,平均需求分布量将从 24.04 个单位提高到 34.13 个单位和 48.07 个单位。

(3)随着收入方差的下降,需求分布的极大值也不断提高,如极大值将从方差为 2 时的 28.21 个单位提高到方差为 1 时的 39.89 个单位和方差为 0.5 时的 56.42 个单位,如图 3-6 所示。

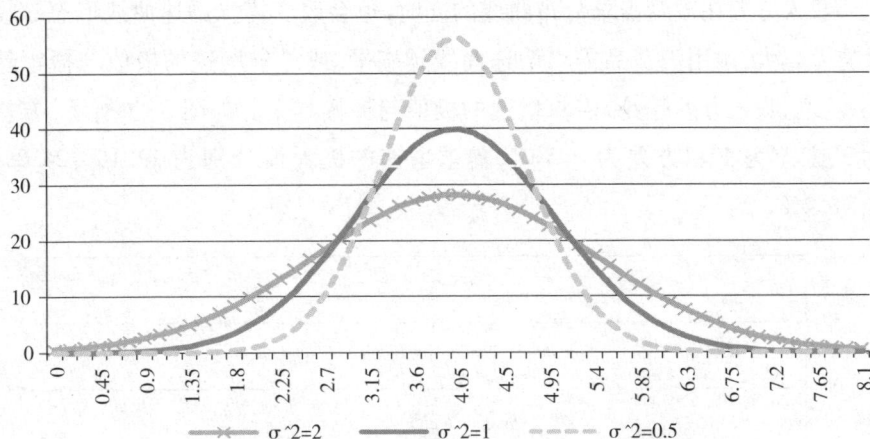

图 3-6　收入差距对耐用消费品需求量的影响

表 3-1　居民收入差距对不同发展阶段耐用消费品需求量与需求增速的影响

方　差	指　　标	初始阶段	成长期	成熟期
	需求分布量	4.18	11.69	34.13
$\sigma^2 = 2$	区间	[0,1.55]	[1.55,2.58]	[2.58,4]
	区间长度	1.55	1.03	1.42
	平均需求分布量	2.70	11.35	24.04
	平均需求增速	3.88	10.45	7.78
$\sigma^2 = 1$	区间	[0,2.27]	[2.27,3]	[3,4]
	区间长度	2.27	0.73	1
	平均需求量	1.84	16.01	34.13
	平均需求增速	4.09	20.81	17.76

方　差	指　标	初始阶段	成长期	成熟期
$\delta^2=0.5$	区间	[0,2.77]	[2.77,3.29]	[3.29,4]
	区间长度	2.77	0.52	0.71
	平均需求量	1.51	22.48	48.07
	平均需求增速	4.64	41.21	31.49

3. 收入差距对不同发展阶段耐用消费品平均需求增速影响的实证分析

收入方差在改变需求分布曲线的同时,也会改变需求增速曲线形态。收入方差越大,耐用消费品需求增速曲线越扁平,或需求增速的极值与振幅越小;反之,收入方差越小,需求增速的极值与振幅越大。如图 3-7 所示,方差为 2、方差为 1 和方差为 0.5 时,需求增速的极大值分别为 12.1%、24.2% 和 48.4%。

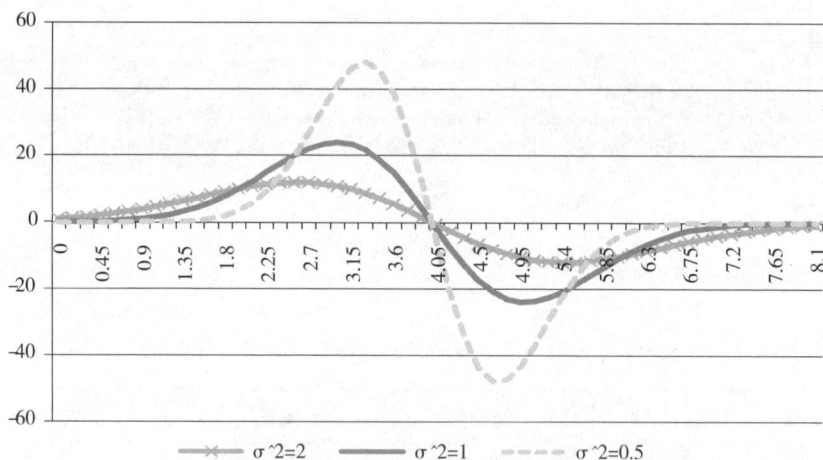

图 3-7　收入差距对耐用消费品需求增速的影响

从不同发展阶段的平均需求增速看,方差越大,各发展阶段平均需求增速越低。如在初始发展阶段,方差为 2、方差为 1 和方差为 0.5 时的需求曲线平均需求增速分别为 3.99%、4.09% 和 4.64%,在成长期平均需求增速分别为 10.45%、20.81% 和 41.21%,在成熟期平均需求增速分别为 7.78%、17.76% 和 31.49%。

　　需要特别注意的是,在初始发展阶段,方差较大时平均需求量较大,但平均增速较低。原因在于方差扩大后区间左移或变短,区间内仅涵盖了家庭户数占比较小的最高收入家庭,这部分家庭户数在收入差距扩大后占比提高、平均需求量扩大,但平均增速依然较低。

4. 收入差距对固定区间耐用消费品平均需求增速影响的实证分析

　　由于收入方差的变化改变了不同发展阶段的时间长度,不同方差下同一发展阶段的平均需求分布量和平均需求增速是不可比的。为进一步分析收入方差对耐用消费品需求分布与需求增速的影响,我们以收入方差为 1 时不同发展阶段的收入—价格比率区间作为固定区间,分别比较不同收入方差下固定区间内需求分布量与需求增速的变化情况,可以看到:收入差距扩大会引致初始发展阶段的固定区间内平均需求分布量和需求增速提高,从而提升对处于初始发展阶段企业发展的需求支持。如方差从 1 扩大到 2 后,平均需求量和需求增速分别从 1.92 个单位和 4.09% 提高到 4.94 个单位和 5.84%。反之,当收入方差从 1 下降到 0.5 后,平均需求量和需求增速分别下降到 0.33 个单位和 1.32%,即收入差距缩小会降低处于初始发展阶段企业的需求支持。

　　在成长阶段的固定区间内,收入方差扩大后,平均需求量有小幅度提高,从方差为 1 时的 15.92 个单位提高到方差为 2 时的 17.63 个单位,但需求增速大幅度下降,从方差为 1 时的 20.81% 下降到方差为 2 时的 11.79%。而收入方差下降到 0.5 后,平均需求量下降到 9.75 个单位,需求增速却提高到 24.39%。因此,在成长阶段的固定区间内,方差变化对平均需求量与平均需求增速的影响存在不确定性。在接近初始发展阶段的区间前半部分,收入差距扩大有利于处于初始阶段的企业发展,而在接近成熟阶段的后半部分,收入差距缩小有利于处于成熟阶段的企业发展。

　　在成熟阶段的固定区间内,方差扩大会导致平均需求量和需求增速均大幅度下降,收入差距缩小会引致平均需求量和需求增速均大幅度提高。如当方差从 1 提高到 2 时,平均需求量和需求增速分别从 26.36 个单位和 17.76% 下降到 22.44 个单位和 8.57%。而方差从 1 下降到 0.5 后,平均需求量和需求增速将分别提高到 28.35 个单位和 30.56%。即收入方差扩大会减少处于成熟发展阶段企业的需求支撑,而收入差距缩小则会有利于促进成熟阶段企业的发展。

表 3-2　居民收入差距对固定区间内耐用消费品需求量与需求增速的影响

收入价格比率区间		[0,2.27]	[2.27,3]	[3,4]
$\delta^2 = 2$	平均需求分布量	4.94	17.63	22.44
	平均需求增速	5.84	11.79	8.57
$\delta^2 = 1$	平均需求量	1.92	15.92	26.36
	平均需求增速	4.09	20.81	17.76
$\delta^2 = 0.5$	平均需求量	0.33	9.75	28.35
	平均需求增速	1.30	24.39	30.56

5. 结论

综合收入差距变化对不同发展阶段和固定区间内平均需求量与平均需求增速的影响,我们可以看到,收入差距扩大有利于处于初始发展阶段的耐用消费品生产企业的发展,而收入差距缩小有利于处于成长期和成熟期的耐用消费品生产企业发展。从整体看,要同时保障初始发展阶段的必要需求支持和成长期与成熟期的需求支持,需要居民收入分布保持适度的收入差距。

(二)收入差距对非耐用消费品需求量与需求增速的影响

在居民收入服从正态分布情况下,非耐用消费品的需求分布是正态分布的积分。在期望值一定情况下,非耐用消费品需求分布的形态完全取决于方差:方差越大,非耐用消费品的需求分布曲线越平坦;反之,方差越小,需求分布曲线则越陡峭。与方差变化对耐用消费品的影响类似,收入差距变化引致的方差变化在改变需求分布的同时,也会改变不同时期的需求增速,对处于不同发展阶段的非耐用消费品生产企业发展具有重要影响。

1. 收入差距对非耐用消费品需求量与需求增速的影响机制

在收入分布服从期望值为 u、标准差为 δ 的正态分布情况下,我们利用非耐用消费品需求增速的两个拐点和一个极值,将其生命周期划分为四个阶段,分别是[0,u-δ]的初始阶段、[u-δ,u]的繁荣阶段、[u,u+δ]的收缩阶段和[u+δ,+∞]的饱和阶段。我们知道,在特定时点的非耐用消费品需求量即为正态分布从 0 到该时点的定积分,但无论期望值与方差如何变化,在增速拐点

（u−δ）和需求量拐点 u 处的积分值是不变的,即分别为 15.37% 和 50%。但方差的变化可以改变不同阶段的长度,如方差提高时初始阶段的长度（u−δ）将变短,而繁荣期的长度 δ 将变长,这意味着方差扩大会引致初始阶段平均需求量提高、繁荣阶段的平均需求量下降。

同时,在这两个拐点处的需求增速取决于方差的大小,其表达式分别为 $\dfrac{1}{\sigma\sqrt{2\pi}}e^{-\frac{1}{2}}$ 和 $\dfrac{1}{\sigma\sqrt{2\pi}}$,即方差越大,需求增速的拐点 $\dfrac{1}{\sigma\sqrt{2\pi}}e^{-\frac{1}{2}}$ 和极值 $\dfrac{1}{\sigma\sqrt{2\pi}}$ 越小,但从不同发展阶段看,方差的提高会引致初始阶段平均需求增速提高,而繁荣阶段的平均需求增速将下降。

收入差距扩大引致的方差提高,可以通过为初始阶段的企业提供更大的需求支持促进其发展,缩短其成长期,但由于需求规模下降,对处于繁荣阶段的企业发展不利。反之,如果收入差距缩小,会削弱对处于初始发展阶段企业的需求支持,增强对处于繁荣阶段的企业需求支持。

2. 收入差距对不同发展阶段非耐用消费品平均需求量与平均需求增速的影响

我们选择收入分布期望值为 4,方差分别为 2、1 和 0.5 的三种情景,比较分析收入差距变化对非耐用消费品需求的影响。收入方差不同同样会影响到非耐用消费品需求曲线的陡峭程度。如图 3-8 所示,收入方差越大,非耐用消费品需求曲线越平缓;反之方差越小,非耐用消费品需求曲线越陡峭。只是无论收入方差如何变化,在初始发展阶段需求量的区间为 [0,15.37],繁荣阶段的需求量区间为 [15.37,50],但由于方差变化改变了不同阶段的时间长度,不同阶段平均需求量和平均需求增速会因方差的改变而发生重大变化,如表 3-3 所示。

从收入差距对不同发展阶段平均需求量与平均需求增速的影响看,在初始发展阶段,当方差从 2 降为 1 和 0.5 时,平均需求量将从 4.58 个单位降为 3.01 个单位和 2.11 个单位,平均需求增速也将从 6.05% 下降到 5.63% 和 5.45%。

在繁荣阶段,当方差从 2 降为 1 和 0.5 时,平均需求量将从 33.66 个单位提高到 35.1 个单位和 36.78 个单位,平均需求增速也将从 24.66% 提高到

35.48%和50.98%。总之,对非耐用消费品生产企业而言,通过改变不同时期平均需求规模和需求增速,收入差距扩大有利于处于初始阶段的企业发展,而收入差距缩小则有利于处于成长阶段的企业发展。

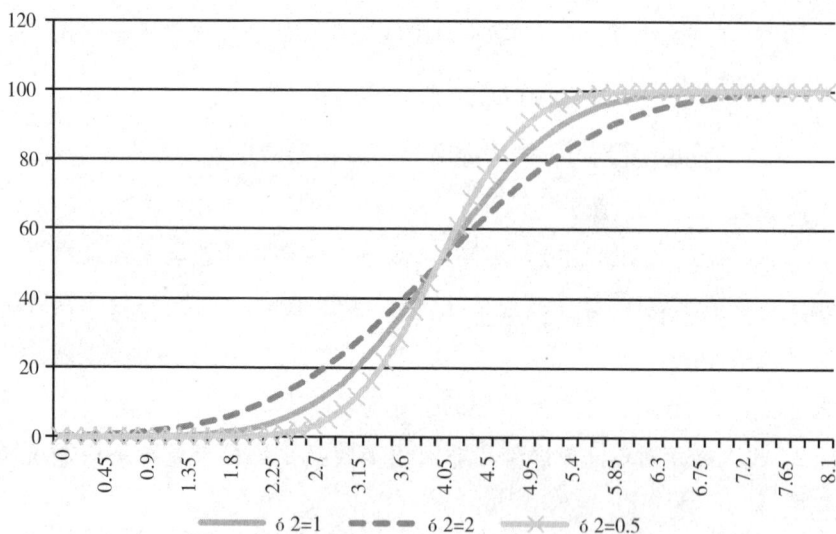

图 3-8   收入差距对非耐用消费品需求量的影响

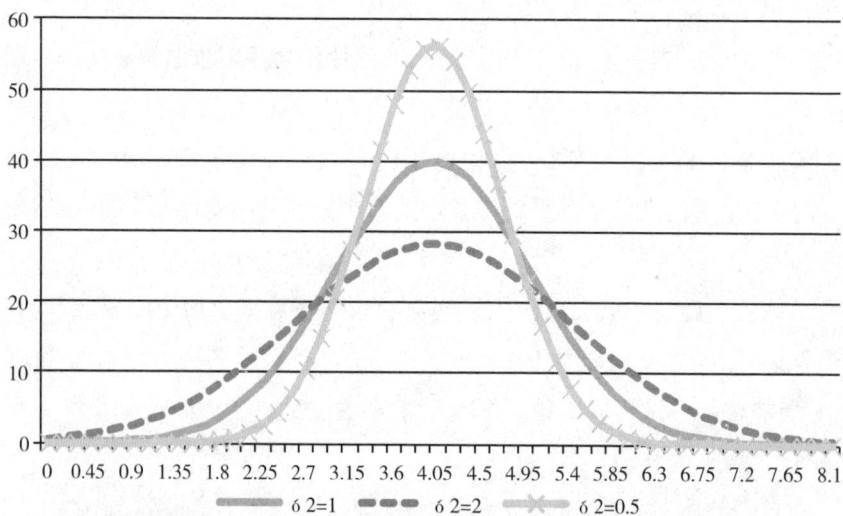

图 3-9   收入差距对非耐用消费品需求增速的影响

表 3-3 收入差距对不同阶段非耐用消费品平均需求量与需求增速的影响

方 差	指 标	初始阶段	繁荣阶段
$\delta^2 = 2$	需求量区间	[0, 15.37]	[15.37, 50]
	需求增速区间	[0, 17.11]	[17.11, 28.21]
	区间	[0, 2.59]	[2.59, 4]
	区间长度	2.59	1.414
	平均需求量	4.58	33.66
	平均需求增速	6.05	24.66
$\delta^2 = 1$	需求量区间	[0, 15.37]	[15.37, 50]
	需求增速区间	[0, 24.2]	[24.2, 39.89]
	区间	[0, 3]	[3, 4]
	区间长度	3	1
	平均需求量	3.01	35.10
	平均需求增速	5.63	35.48
$\delta^2 = 0.5$	需求量区间	[0, 15.37]	[15.37, 50]
	需求增速区间	[0, 34.22]	[34.22, 56.42]
	区间	[0, 3.29]	[3.29, 4]
	区间长度	3.29	0.71
	平均需求量	2.11	36.78
	平均需求增速	5.45	50.98

五、从消费品内生增长周期到产业内生
增长周期:产业乘数的作用

消费品是最终产品,从上游原材料生产到最终产品的加工制造,任何消费品均需要多家企业配套,历经多个生产环节,即消费品生产均具有一定长度的生产链。由于消费品需求量存在因居民收入分布决定的内生增长周期,与消费品生产相关的企业产出也必然会存在同样的增长周期,这决定了整个消费品产业存在同样的增长周期。生产链长度决定产业乘数的大小,也决定从消费品增长周期到产业增长周期波动振幅的放大程度。

假定耐用消费品 A 的生产过程具有 n 个环节,增加单位消费品 A 需要增加投资为 $\beta(0<\beta<1)$,即有 $\Delta I_1 = \beta\Delta C$。同时假定消费品 A 生产企业的投资会引致上游配套生产企业的投资按照加速数 β 依次增加,即有 $\Delta I_n = \beta^n \times \Delta C$,则由消费品 A 需求增加引致的产业投资总量为 $\Delta I = \sum_1^n \beta^n \times \Delta C$。由产业产出 $Y=I+C$ 可知,由消费需求增量 ΔC 引致的整个产业产出增量为 $\Delta Y = \Delta I + \Delta C = (\sum_1^n \beta^n + 1)\Delta C$,由此,我们得到消费品增长周期与产业增长周期关联公式: $n_y = \dfrac{\Delta Y}{Y} = (\sum_1^n \beta^n + 1) \times \dfrac{C}{Y} \times n_C$,$n_C = \dfrac{\Delta C}{C}$,我们将系数 $(\sum_1^n \beta^n + 1)$ 称为消费品 A 的产业乘数。从消费品 A 产业增长率的公式可知,在消费率 $\dfrac{C}{Y}$ 不变的情况下,消费品 A 增长率 n_C 的周期性波动必然引致产业增长率 n_y 的同步周期性波动,即存在居民收入分布决定的消费品增长周期所引致的产业增长周期。因为产业乘数 $(\sum_1^n \beta^n + 1)$ 大于1,产业增长周期的振幅必定大于消费品增长周期的振幅,产业增长周期振幅相对消费品增长周期振幅的扩大程度,取决于产业乘数 $(\sum_1^n \beta^n + 1)$ 的大小,而产业乘数的大小又取决于增加单位消费需求所需要的投资 β 和产业生产链的长短。在其他条件不变情况下,生产链越长,β 值越大,产业乘数越大,产业增长周期的波动幅度越大。当消费品 A 的生产链无限长时,产业乘数 $(\sum_1^n \beta^n + 1)$ 等于 $\dfrac{1}{1-\beta}$,此乘数为最大产业乘数。

六、从产业内生增长周期到经济内生
增长周期:产业结构变化的影响

经济总是由多种产业构成,每一产业增长周期的波动幅度都会影响到整个经济增长周期的波动幅度,但影响大小取决于产业在经济中的地位。

假定经济存在 n 个产业,每个产业的产出为 Y_n,则整个经济产出为 $Y = \sum_1^n Y_n$,经济增长率为 $N = \sum_1^n \dfrac{Y_n}{Y} \times N_{y_n}$,即整个经济增速是由各产业产出占总产出比重及其增速决定的。既然每个产业都存在由居民收入分布所决定的内生性增长周期,整个经济增速 N 也必然存在由居民收入分布所决定的内生性增长周期。每一产业增长周期对整个经济增长周期的影响,取决于该产业增长周期的波动幅度以及该产业产出在整个经济中所占比重。

上述理论分析表明,只要居民收入分布呈正态分布,消费需求增速必然存在内生的周期性波动现象,整个经济及各行业均存在由消费需求的内生性增长周期决定的内生性增长周期,而增长周期的内生性最终是由收入分布的正态特征决定的。

因从消费品增长周期到产业增长周期存在大于 1 的乘数,产业增长周期的振幅必定大于消费品增长周期振幅,产业乘数及产业增长周期振幅的放大程度取决于产业链的长短和投资加速数的大小。产业链越长,投资加速数越大,产业乘数越大,产业增长周期振幅被放大的幅度越大。

企业创新引致的新产品只有作为新增需求而不是原产品的替代品时,才会改变消费品及经济增长周期的波动形态。其中,非耐用消费品的需求增长周期是因为新产品的出现才成为连续的周期性波动。

产业增长周期对经济增长周期的影响取决于产业产出占 GDP 的比重和产业增长周期自身的波动幅度,产业结构的转变必然改变经济增长周期的波动形态,在新兴产业逐步发展壮大过程中,新兴产业在经济总产出中占比逐步提高,对经济增长周期波动形态的影响也会日益加大。

收入差距缩小会增加成长期与成熟期消费品需求增速,提高处于成长期与成熟期产业增长率,从而提高即期经济增速。但收入差距缩小会降低处于初始发展阶段的新兴产业需求支持力度,不利于新兴产业的发展,对长期经济增长不利。反之,收入差距过大,虽然可以扩大对处于初始发展阶段消费品生产企业的需求支持,但会降低处于成长期和成熟期消费品需求增速,对即期经济增长不利。鉴于收入差距过大或过小均不利于经济增长,保持居民收入适度差距是保障经济持续较快增长的必要条件。

第四章 全球视角下居民收入的正态分布与消费品需求增长周期的内生机制

以美国和日本居民家庭收入分布为例进行的模拟正态估计结果显示,各国居民收入分布均服从以特定收入水平为期望值的正态分布。据此推断全球居民收入分布必然服从正态分布,全球耐用消费品需求存在由全球居民收入分布正态特征决定的增长周期,非耐用消费品需求存在由全球居民收入分布正态特征决定的半增长周期,在考虑更新需求和企业创新引致的新产品需求情景下,全球耐用消费品和非耐用消费品需求增速均呈连续周期性波动状态。在考虑国际市场需求的情况下,一国消费品需求增速仍呈周期性波动发展,但国际市场需求因素会引致耐用消费品需求概率分布密度函数期望值和方差提高,耐用消费品需求分布曲线会因此右移并变得扁平化,需求增速的波动幅度会减小。非耐用消费品需求曲线仍呈"S"形,增速依然呈半个增长周期形态。

一、各国居民收入分布的正态估计:以美国和日本为例

各国居民收入分布基本呈服从正态分布的钟形分布特征,但由于各国收入差距不同,其收入分布形态存在一定程度的差别,如日本居民收入差距较小、中等收入居民占比很高,居民收入分布曲线呈典型的钟形分布;美国居民收入差距很大,低收入家庭占比很高,其居民收入分布呈半钟形分布特征。我们以 2011 年美国家庭收入分布和 2004 年日本职工家庭现金收入分布为例进

行的模拟正态估计结果显示,美国和日本居民家庭收入均服从以家庭户数占比较高收入组收入均值为期望值的正态分布。

(一)2011 年美国家庭收入分布的正态估计

美国居民收入差距较大,低收入家庭户数占比和高收入家庭户数占比较高,家庭收入分布呈半钟形。2011 年美国家庭平均收入 69677 美元,按 5000 美元为间隔的收入分组数据显示,家庭户数占比最高收入组(占比为 5.88%)为 1 万—1.5 万美元收入组,这一收入组收入均值为 1.2414 万美元,与 2011 年美国家庭平均收入偏差过大,我们选择家庭户数占比为 5.5% 收入组收入均值(3.2034 万美元)作为正态估计的期望值,以各收入组收入均值为样本值 x,计算得到收入方差为 24.85,由此得到 2011 年美国家庭收入分布的模拟正态分布函数:$f(x) = \dfrac{1}{4.98\sqrt{2\pi}}e^{-\frac{(x-3.2)^2}{49.71}}$,f(x)为家庭户数占比,x 为各收入组收入均值。以收入分组上下界为区间,对模拟正态分布函数进行区间积分,得到 2011 年美国家庭收入分布模拟值及区间积分曲线,如图 4-2 所示。对区间积分曲线与实际分布曲线进行回归分析的结果显示,区间积分曲线与实际分布曲线高度显著相关,拟合优度为 0.975428,说明 2011 年美国居民家庭收入分布基本服从期望值为 3.2 万美元、收入方差为 24.85 的正态分布。

2011 年美国家庭收入分布密度函数区间积分值(USFBG)与实际分布(USFBA)的回归分析方程:

USFBA = 1.2175×USFBG+0.0009+[MA(1)= 0.9192,MA(2)= 0.9912]

(16.14)(0.68)(10.48)(45.11)

R^2 = 0.975428,调整后 R^2 = 0.97326,DW 统计值 = 2.02,MA(I)为方程残差 I 阶移动平均项,变量下方括号内数值为变量显著性 T 统计值。

(二)2004 年日本家庭收入分布的正态估计

日本居民收入差距相对较小,家庭收入分布形态与美国有明显差别,呈典型的钟形分布。2004 年日本职工家庭现金收入(Distribution of Household by Class of Cash Income,Workers' Households)平均为 466039 日元,按 5 万日元为间隔的收入分组数据显示,家庭户数占比最高收入组(占比为 10.8%)为 40 万—

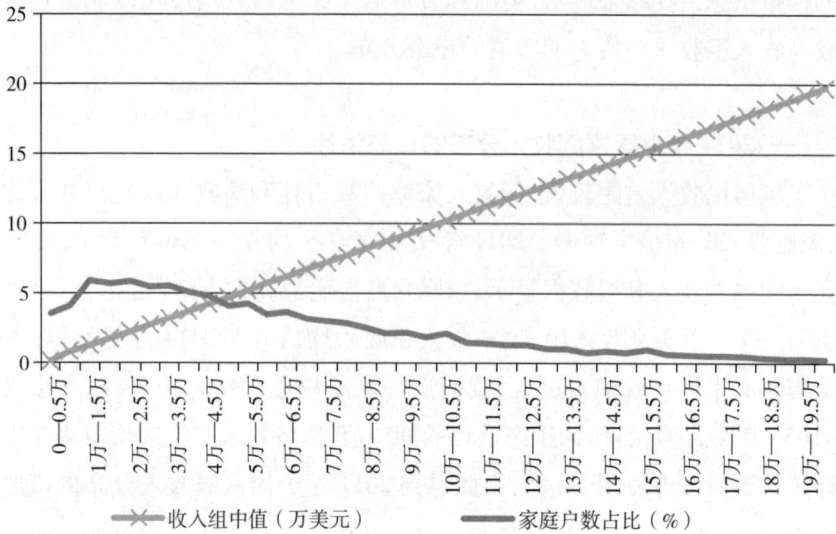

图 4-1　2011 年美国居民家庭收入分布及其收入组收入均值

数据来源：US Census Bureau；Income，Poverty and Health Insurance Coverage in the United States：2011 ［18］。

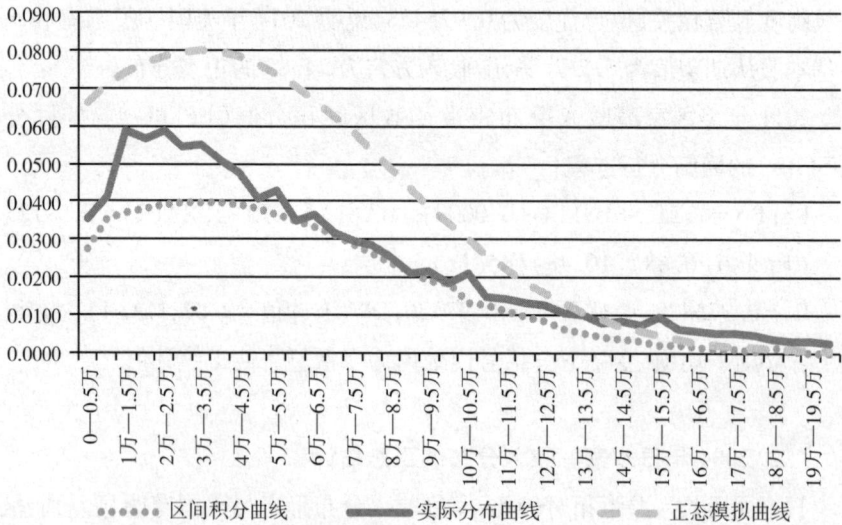

图 4-2　2011 年美国居民家庭收入正态分布的正态估计结果

数据来源：根据图 4-1 数据计算得到。

45 万日元收入组,接近家庭平均收入水平。据此,我们选择 2004 年日本职工家庭平均现金收入(46.6 万日元)作为正态估计的期望值,以各收入组收入中值为样本值 x,计算得到收入方差为 4.93,由此得到 2004 年日本职工家庭收入分布的模拟正态分布函数:$f(x) = \dfrac{1}{2.22\sqrt{2\pi}}e^{-\frac{(x-4.66)^2}{9.86}}$,$f(x)$ 为家庭户数占比,x 为各收入组收入中值。以收入分组上下界进行区间积分,得到 2004 年日本家庭收入分布模拟值及区间积分曲线,如图 4-4 所示。对区间积分曲线与实际分布曲线进行回归分析的结果显示,2004 年日本家庭收入分布的区间积分曲线与实际分布曲线高度显著相关,拟合优度为 0.973787,证明 2004 年日本职工家庭现金收入分布基本服从期望值为 4.66 十万日元、收入方差为 4.93 的正态分布。

2004 年日本家庭收入分布密度函数区间积分值(JPFBG)与实际分布(JPFBA)的回归分析方程:

JPFBA=0.8811×JPFBG+0.0078+[MA(1)=1.3813,MA(2)=0.9997]

(12.19)(2.82)(5.22)(4.54)

$R^2 = 0.973787$,调整后 $R^2 = 0.968545$,DW 统计值=1.68,MA(I)为方程残差 I 阶移动平均项,变量下方括号内数值为变量显著性 T 统计值。

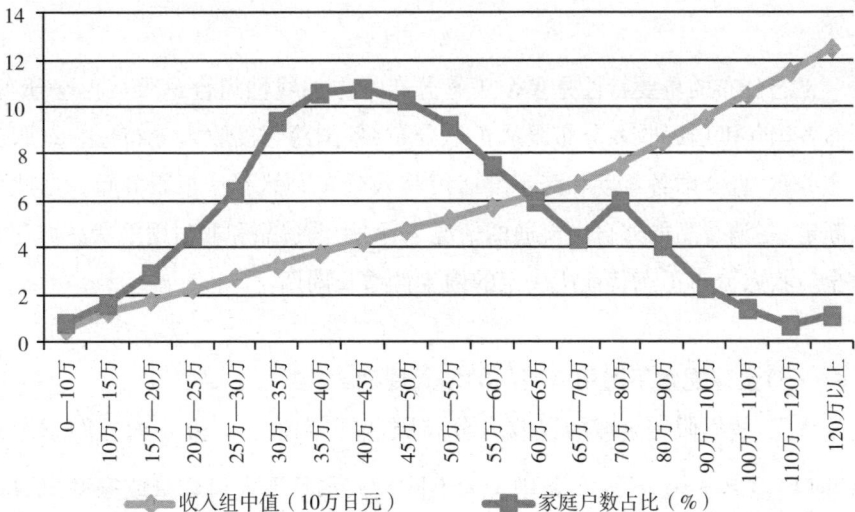

图 4-3　2004 年日本居民家庭现金收入分布及其收入组收入中值

数据来源:http://www.stat.go.jp/english/data/zensho/2004/hutari/gaiyo14.htm。

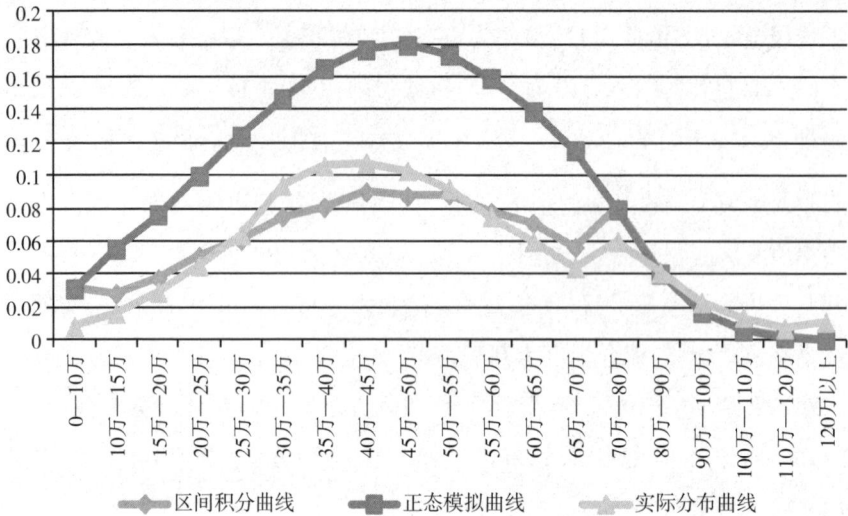

图 4-4　2004 年日本居民家庭收入正态分布的正态估计结果

数据来源：根据图 4-3 数据计算得到。

二、全球视角下消费品的需求增长周期

正态分布的重要特性是多个正态分布样本的线性组合也服从正态分布。既然各国年度居民收入分布服从正态分布，各国跨年度收入分布也必然服从正态分布，且全球各年度和跨年度居民收入分布必然服从正态分布。据此可以断定，在消费品能够自由流通的情况下，耐用消费品和非耐用消费品均存在由全球收入分布正态特征所决定的内生性增长周期。

（一）全球视角下耐用消费品的增长周期

首先，我们假定全球居民收入分布服从期望值为 u、方差为 6 的正态分布，即 $F(x) = \dfrac{1}{\sigma\sqrt{2\pi}}e^{-\frac{(x-u)^2}{2\sigma^2}}$，其中 x 为不同收入水平下人口数量或家庭户数占全球总人口或家庭总户数的比例。在消费者对耐用消费品存在饱和需求的前提下，全球耐用消费品需求量必然服从正态分布，且耐用消费品的需求量占总

需求量的比例 $Q(z)$ 将服从期望值为 u、方差为 δ 的正态分布,即 $Q(z) = \frac{1}{\sigma\sqrt{2\pi}}e^{-\frac{(z-u)^2}{2\sigma^2}}$,其中 z 为全球居民收入水平 y 与耐用消费品价格 p 的比率 y/p(以下简称收入价格比率)。在假定全球人口或家庭户数总量为 1 的情况下,$Q(z)$ 即是收入价格比率为 z 时的耐用消费品需求量或需求函数。

　　根据正态分布的性质,耐用消费品的需求增速存在一个完整的波动周期性:耐用消费品的需求增速 n 为需求函数的一阶导数,即 $n = Q'(z) = \frac{1}{\sigma\sqrt{2\pi}}e^{-\frac{(z-u)^2}{2\sigma^2}} \times \frac{(u-z)}{\delta^2}$,反映需求增速波动特征的需求增速一阶导数(即需求函数的二阶导数)为 $n' = Q''(z) = \frac{1}{\sigma^3\sqrt{2\pi}}e^{-\frac{(z-u)^2}{2\sigma^2}} \times \left[\frac{(z-u)^2}{\delta^2} - 1\right]$。从需求增速函数及其一阶导数可知,耐用消费品需求增速存在两个极值点,在 $z=u-\delta$ 时需求增速 n 达到极大值,在 $z=u$ 时需求增速为 0,需求量达到最大值,在 $z=u+\delta$ 时需求增速 n 达到极小值。同时,根据需求增速函数的二阶导数(需求函数的三阶导数)$n'' = Q'''(z) = \frac{1}{\sqrt{2\pi}\delta^5} \times e^{-\frac{(z-u)^2}{2\delta^2}} \times (u-z) \times \left(\frac{(z-u)^2}{\delta^2} - 3\right)$,耐用消费品需求增速存在三个拐点,分别在 $z=u-\sqrt{3}\delta$、$z=u$、$z=u+\sqrt{3}$ 处。如图 4-5 所示,在假定耐用消费品需求函数服从期望值为 4、方差为 1 的正态分布时,耐用消费品需求量将在收入价格比率提高到 4 时达到最大值,耐用消费品需求增速将分别在收入价格比率提高到 3 和 5 时达到极大值和极小值,需求增速的三个拐点分别发生在收入价格比率为 2.27、4 和 5.73 时。总之,在全球居民收入分布服从正态分布的情况下,耐用消费品需求量将服从正态分布,耐用消费品需求增速会呈现出由收入分布正态特征所决定的周期性波动现象。

(二)更新需求与产品创新引致耐用消费品需求增速呈持续周期性波动

　　耐用消费品均具有固定的使用年限,在耐用消费品达到使用年限后消费者重新购买,由此形成对耐用消费品的更新需求。由于更新需求依然服从正态分布,更新需求增速与初始需求增速一样,存在由收入分布所决定的内生性增长周期。在更新需求发生后,实际需求由更新需求和初次需求构成,两种均服从正态分布需求的线性组合依然服从正态分布。因此,初次需求加入更新需求之后的实际需求仍将服从正态分布,实际需求增速依然呈周期性波动状

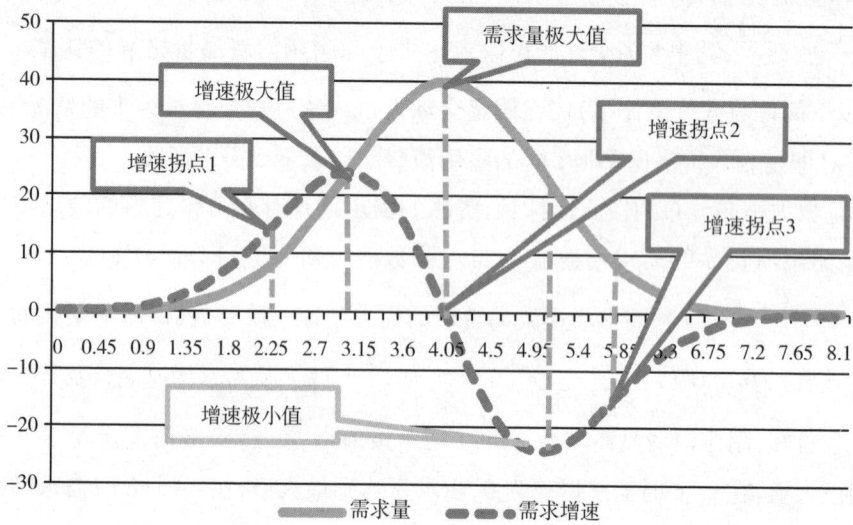

图4-5   全球视角下居民收入正态分布引致耐用消费品增长周期模拟结果

数据来源:根据假定条件计算得到。

态。由此,在更新需求作用下,耐用消费品的需求增速将呈持续的周期性波动。如图4-6所示,在假定初次需求和更新需求均服从期望值为4、方差为1的正态分布情况下,考虑初次需求与更新需求之后的更新需求增速将呈持续的周期性波动状态,只是受更新需求发生时点不同的影响,更新需求增长周期的波长与初次需求增速的波动不同,如果更新需求发生在初次需求最大值之后(如本例假定发生在收入价格比率提高到6.5时),更新需求增速的波长将明显加长。

如更新需求一样,企业创新引致的新产品需求(以下简称创新需求)也会改变耐用消费品需求增速的波动形态。如图4-6所示,如果新产品引致的创新需求仅仅替代原产品需求,创新需求将如更新需求一样引致耐用消费品需求增速呈持续周期性波动,但不会改变更新需求增速波动形态。但如果创新需求成为原产品之外的新增需求,将会导致耐用消费品需求规模扩大,初次需求或更新需求加入创新需求之后的实际需求增速(创新需求增速)波动幅度也会加大,且受创新需求发生时点不同的影响,创新需求增长周期的波长也会明显加长或缩短,本例假定创新需求与更新需求发生时点相同。

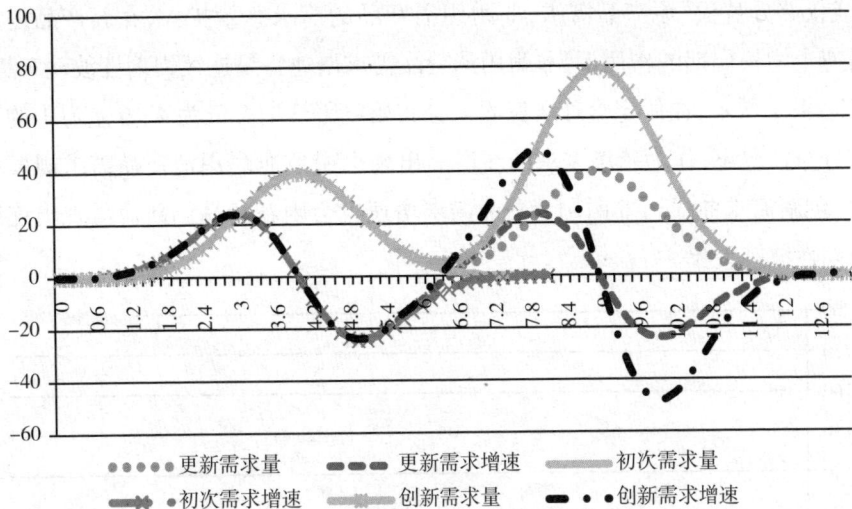

图 4-6　更新需求与企业创新对耐用消费品需求量与增速的影响

数据来源:根据假定条件计算得到。

(三)全球视角下非耐用消费品的增长周期

与耐用消费品具有较长的使用期限不同,消费者对非耐用消费品的需求是连续性需求。在全球居民收入分布服从期望值为 u、方差为 δ 的正态分布情况下,只要非耐用消费品能够自由流通,连续性消费特征将决定非耐用消费品的全球需求量是收入分布正态分布密度函数的积分,即 $Q(z) = \frac{1}{\sigma\sqrt{2\pi}} \int_0^2 e^{-\frac{(z-u)^2}{2\sigma^2}} dz$,非耐用消费品的需求增速服从正态分布,即 $n = Q'(z) = f(z) = \frac{1}{\sigma\sqrt{2\pi}} e^{-\frac{(z-u)^2}{2\sigma^2}}$,其波动形态只有半个增长周期。如图 4-7 所示,在假定全球居民收入分布服从期望值为 4、方差为 1 的正态分布情况下,非耐用消费品需求量为"S"形曲线(原需求量曲线),其增速波动形态(原需求增速曲线)为正态分布的半周期波动。

作为连续性消费产品,非耐用消费品不存在更新需求增长周期,但创新需求作为新增需求时仍将引致非耐用消费品需求增速呈连续周期性波动走势:(1)如果新产品仅仅是原产品的替代品,非耐用消费品的需求量不变,其增长周期仍是半增长周期。(2)如果新产品为新增需求,即新产品需求不会替代

（或仅部分替代）原产品需求,非耐用消费品的需求总量扩大,在新产品需求增速半增长周期的作用下,非耐用消费品需求增速将呈连续周期性波动态势。如图4-7所示,在假定全球居民收入分布始终服从期望值为4、方差为1的正态分布情况下,作为新增需求的新产品出现会引致非耐用消费品需求规模扩大(创新需求曲线),非耐用消费品需求增速也会因新产品创新而呈现出连续周期性波动现象。

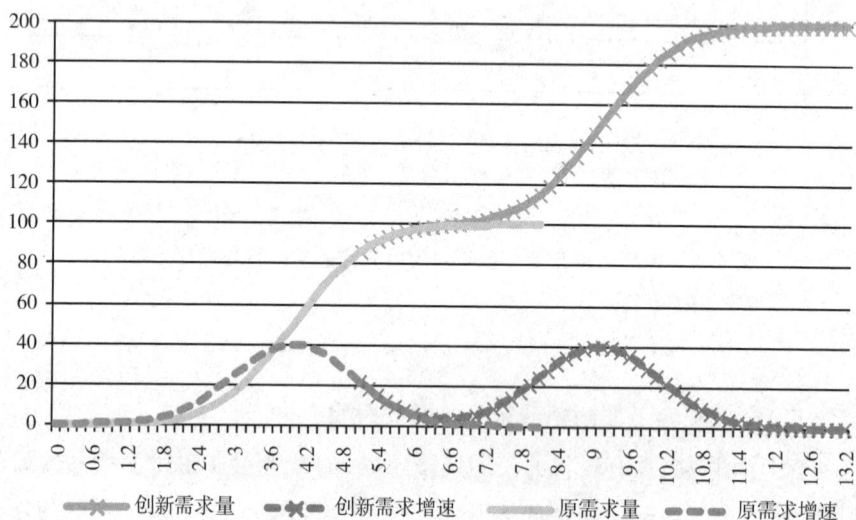

图4-7　全球视角下非耐用消费品需求量及其增长周期

资料来源:根据假定条件计算得到。

三、国际市场需求对一国耐用消费品需求增长周期的影响

在封闭条件下,各国耐用消费品及经济增速均存在由本国居民收入分布正态特征所决定的内生性增长周期。随着全球经济一体化程度的不断提高,通过生产要素的流动和进出口贸易,一国耐用消费品需求及经济波动受全球经济波动的影响日益加大。鉴于全球居民收入分布服从正态分布,耐用消费品需求增速存在由收入分布正态特征决定的周期性波动,在考虑耐用消费品

国际市场需求或出口的情况下,一国耐用消费品需求量的概率分布仍呈正态分布,需求增速仍呈周期性波动状态,但国际市场需求因素会引致耐用消费品需求概率分布密度函数期望值和方差提高,耐用消费品需求量概率分布曲线会因此右移并变得扁平化,需求增速的波动幅度也会减小。

假定一国为耐用消费品的全球供应商之一,耐用消费品的需求由国内需求和国际市场需求(出口)两部分构成。在单独分析国内需求或国际市场需求时,我们可以将家庭户数(人口规模)或耐用消费品总需求视为1,家庭户数占比即可代表不同收入价格比率下的耐用消费品需求量。在开放条件下,一国耐用消费品的实际需求必须考虑饱和需求总量的影响。我们将饱和需求总量定义为国内或国外所有消费者消费需求均得到满足时的累计需求量,在假定每个消费者饱和需求为1的情况下,国内饱和需求总量即为国内家庭户数或人口规模,全球饱和需求总量即为全球家庭户数或人口规模。

假定国内对耐用消费品的饱和需求总量(家庭户数或人口规模)为 A,居民收入分布服从期望值为 u_1、方差为 δ_1 的正态分布,国内耐用消费品需求量 $Q_n(x)$ 为国内饱和需求总量与居民收入分布密度函数的乘积,即 $Q_n(x) = \frac{A}{\delta_1\sqrt{2\pi}}e^{-\frac{(x-u_1)^2}{2\delta_1^2}}$。

同理,假定耐用消费品全球饱和需求总量(全球家庭户数或人口规模)为 B,全球居民收入分布服从期望值为 u_2、方差为 δ_2 的正态分布,国际市场耐用消费品需求量 $Q_f(x)$ 为全球居民收入分布密度函数与全球饱和需求总量的乘积,即 $Q_f(x) = \frac{B}{\delta_2\sqrt{2\pi}}e^{-\frac{(x-u_2)^2}{2\delta_2^2}}$。

假定该国耐用消费品出口量占国际市场需求量的比例为 β,同等收入价格比率时国内外居民对耐用消费品需求量相同,则该国耐用消费品需求总量为: $Q(x) = Qn(x) + \beta \times Qf(x) = \frac{A}{\delta_1\sqrt{2\pi}}e^{-\frac{(x-u_1)^2}{2\delta_1^2}} + \frac{\beta \times B}{\delta_2\sqrt{2\pi}}e^{-\frac{(x-u_2)^2}{2\delta_2^2}}$。

根据多个正态分布的线性组合仍服从正态分布的性质①推知,在考虑国

---

①　在 $X—N(u_1,\delta_1^2)$ 、$Y—N(u_2,\delta_2^2)$ 时,X 和 Y 的线性组合 U 仍服从正态分布,即 $U = aX + bY—N(au_1 + bu_{21}, a^2\delta_1^2 + b^2\delta_1^2)$,其中 a、b 为实数。

内需求和国际市场需求的情况下,一国耐用消费品的需求量 Q(x) 仍服从正态分布,其概率分布密度函数的期望值为 $\Phi = Au_1 + \beta Bu_2$,方差为 $\Omega^2 = (A\delta_1)^2 + (\beta B\delta_2)^2$,需求量概率分布密度函数的表达式为:$P(z) = \dfrac{1}{\sqrt{2\pi} \times \Omega} e^{-\frac{(z-\Phi)^2}{2\Omega^2}}$。此时耐用消费品需求量概率分布密度函数的样本值为国内饱和需求总量 A 与国际饱和需求总量 B 及出口占比 β 的乘积之和,即 A+β×B,样本值 z 仍为收入价格比率,概率分布密度函数 P(z) 值为收入价格比率为 z 时耐用消费品需求总量占饱和需求总量(国内饱和需求与出口累计总量之和)的比率,当将饱和需求总量视为 1 时,概率分布密度函数 P(z) 值即为耐用消费品需求量。概率分布密度函数 P(z) 的一阶导数即为耐用消费品需求增速,其表达为 $n = P'(z) = \dfrac{1}{\Omega\sqrt{2\pi}} e^{-\frac{(z-\Phi)^2}{2\Omega^2}} \times \dfrac{(\Phi - z)}{\Omega^2}$,耐用消费品需求增速的一阶导数为 $n' = p''(z) = \dfrac{1}{\Omega^3\sqrt{2\pi}} e^{-\frac{(z-\Phi)^2}{2\Omega^2}} \times \left[\dfrac{(z-\Phi)^2}{\Omega^2} - 1\right]$。

根据耐用消费品的需求函数和需求增速函数,我们得到如下六点重要结论:

结论 1:在考虑出口或国际市场需求情况下,一国耐用消费品的总需求量(内需与外需之和)仍服从正态分布,需求增速依然呈周期性波动状态。

结论 2:在考虑国际市场需求情况下,一国耐用消费品需求量取决于国内人口规模、国内收入分布、全球人口规模、全球收入分布和该国出口占全球需求比重五大因素。

结论 3:耐用消费品需求增速及其波动形态同样取决于国内人口规模、国内收入分布、全球人口规模、全球收入分布和该国出口占全球需求比重五大因素。

结论 4:在出口占比不变的情况下,由于出口会引致耐用消费品需求量概率分布密度函数期望值提高,耐用消费品需求量概率分布密度函数的极大值右移 [$(Au_1 + \beta Bu_2) > Au_1$],意味着出口会引致耐用消费品增长期延长。

结论 5:出口会导致耐用消费品需求量概率分布密度函数方差扩大 [$(A\delta_1)^2 + (\beta B\delta_2)^2 > (A\delta_1)^2$],概率分布密度函数曲线变得扁平化,意味着出口会导致耐用消费品需求增速波动振幅减小,因为耐用消费品需求增速的极大值为 $n_b = \dfrac{1}{\Omega^2\sqrt{2\pi e}}$、极小值 $n_s = \dfrac{-1}{\Omega^2\sqrt{2\pi e}}$,从极大值到极小值的振幅为 $n_b - n_s = \dfrac{2}{\Omega^2\sqrt{2\pi e}}$,当方差 Ω^2 越大时,振幅越小。

结论6:当出口占比 β 逐步提高时,耐用消费品需求量概率分布密度函数的期望值和方差会逐步提高,耐用消费品需求量概率分布密度函数曲线会日渐扁平,增长期会不断延长。

为了更为形象地说明出口对耐用消费品需求增速波动的影响,我们假定某一耐用消费品的国内饱和需求总量 A 为 1、收入分布的期望值 u_1 和方差 δ_1^2 分别为 4 和 2,国际市场需求饱和需求量 B 为 4、收入分布的期望值 u_2 和方差 δ_2^2 分别为 4 和 1,出口占比 β 分为占比保持 10% 不变和占比从 5% 开始按 0.2% 的幅度逐步递增两种情况。在此假定条件下我们计算得到耐用消费品需求量的三种概率分布密度函数曲线、需求量和增速曲线,如图 4-8、图 4-9 所示。三种情景下耐用消费品概率分布密度函数、需求量和需求增速具体如下:

(1)仅考虑国内需求情景:在不考虑出口的情况下,国内需求量概率分布密度函数的期望值为 4,方差为 2,在收入价格比率达到 4 时概率分布密度函数(需求量占比)取得极大值 28.21%,因国内饱和需求总量为 1,国内需求量极大值为 0.2821。国内需求增速分别在收入价格比率为 2.5858 和 5.4142 时取得极大值 12.1% 与极小值 -12.1%,需求增速波动振幅为 24.2%。

(2)出口占比固定为 10% 情景:在出口占国际市场饱和需求总量 10% 的情况下,耐用消费品需求量概率分布密度函数曲线右移,期望值提高到 5.6,方差提高到 2.16,在收入价格比率达到 5.6 时概率分布密度函数(需求量占比)取得极大值 27.14%。因国内外饱和需求总量提高到 1.4[国内饱和需求量 1,加上国外饱和需求量 0.4(国外人口 4 乘以出口占比 10%)],耐用消费品需求量极大值提高到 0.38,相当于国内需求量极大值的 1.35 倍。耐用消费品需求增速将分别在收入价格比率为 4.1303 和 7.0697 时取得极大值 11.2% 与极小值 -11.2%,需求增速波动振幅为 22.4%,比不考虑出口时国内需求增速振幅下降 1.8 个百分点。

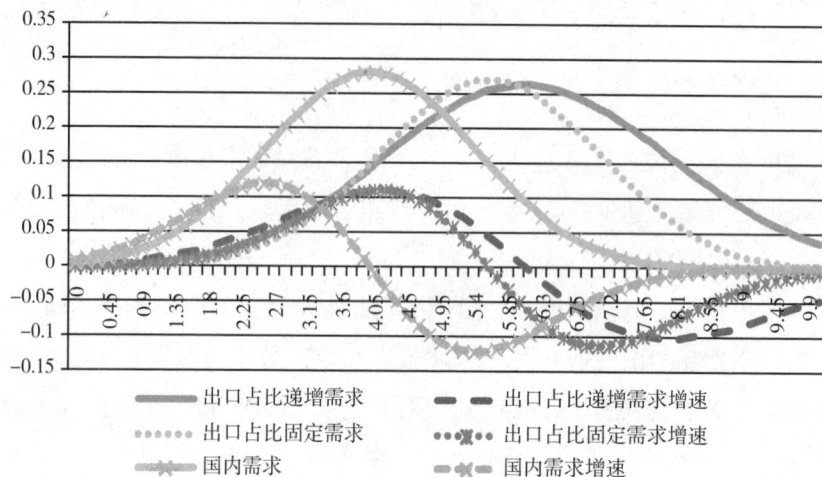

图 4-8　出口对耐用消费品需求量概率分布和需求增速的影响

数据来源：根据假定条件计算得到。

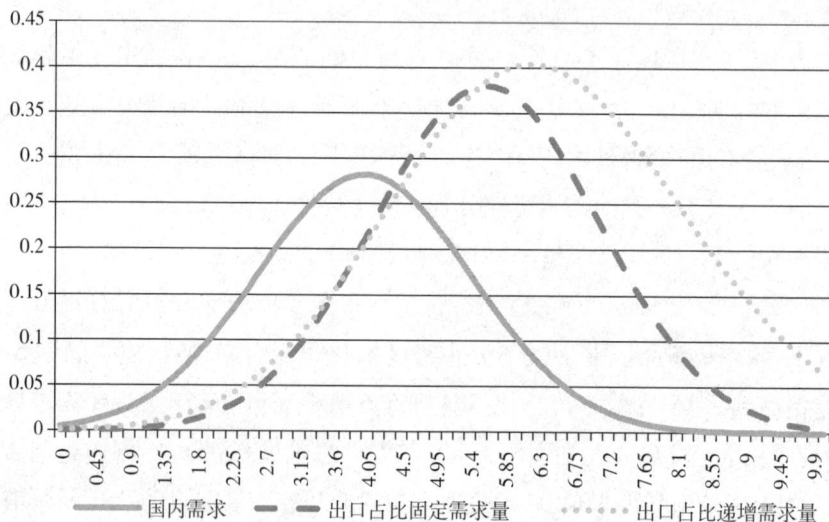

图 4-9　出口对耐用消费品需求量的影响

数据来源：根据假定条件计算得到。

（3）出口占比递增情景：在出口占国际市场饱和需求总量比例从5%开始按0.2%幅度逐步递增情况下，耐用消费品需求量概率分布密度函数的期望值和方差将随着出口占比的提高而逐步上升，但需求量的概率分布依然呈正态分布，根据模拟计算结果，其期望值为6.11，方差为2.278，需求量的概率分布曲线比出口占比固定情景下的概率分布曲线进一步右移，在收入价格比率达到6.11时概率分布密度函数（需求量占比）取得极大值26.43%。在此情境下，因国外饱和需求总量随着出口占比的提高而不断提升，总的饱和需求量也因此不断提高，根据模拟分析结果，耐用消费品需求量的极大值将提高到0.4037，相当于国内需求量极大值的1.43倍，比出口占比固定情景下的需求量极大值提高6.2%。耐用消费品需求增速将分别在收入价格比率为4.5733和7.5867时取得极大值10.62%与极小值-10.62%，需求增速波动振幅为21.24%，比出口占比固定情景下需求增速振幅下降1.16个百分点。

表4-1　不同情景下耐用消费品概率分布密度函数、需求量和需求增速模拟结果

情　　景	概率分布极大值	需求量极大值	增速极大值	需求增速极小值	增速振幅
国内需求	28.21%	0.2821	12.10%	-12.10%	24.20%
出口占比固定	27.14%	0.3800	11.20%	-11.20%	22.40%
出口占比递增	26.43%	0.4037	10.62%	-10.62%	21.24%

数据来源：根据假定条件计算得到。

四、国际市场需求对一国非耐用
消费品需求增长周期的影响

与国际市场需求对一国耐用消费品增长周期的影响类似，出口同样会对一国非耐用消费品需求增长周期产生重要影响：出口会加大一国非耐用消费品需求量，但总需求量分布仍呈"S"形，总需求增速仍呈正态分布的半增长周期形态，只是包含出口的需求分布与需求增速曲线比不含出口的国内需求与

增速曲线更为平缓。

我们依然假定国内居民收入分布服从期望值为 u_1、方差为 δ_1^2 的正态分布,国内饱和需求总量为 A,全球居民收入分布服从期望值为 u_2、方差为 δ_2^2 的正态分布,全球饱和需求总量为 B,该国非耐用消费品出口占国际市场需求的比例为 β,非耐用消费品能够在全球自由流通。在此假定条件下,非耐用消费品的国内需求 $Q_n(x)$ 为国内饱和需求总量与国内需求分布密度函数(居民收入正态分布密度函数的积分)的乘积,即 $Q_n(x) = \dfrac{A}{\delta_1\sqrt{2\pi}}\int_0^x e^{-\frac{(x-u_1)^2}{2\delta_1^2}}dx$。非耐用消费品出口 $Q_f(x)$ 为出口占比、全球饱和需求总量与全球需求分布密度函数(全球居民收入正态分布密度函数的积分)的乘积,即 $Q_f(x) = \dfrac{\beta B}{\delta_2\sqrt{2\pi}}\int_0^x e^{-\frac{(x-u_2)^2}{2\delta_2^2}}dx$,非耐用消费品的总需求 $Q(x)$ 为国内需求与出口之和,即 $Q(x) = Q_n(x) + Q_f(x) = \int_0^x \left(\dfrac{A}{\delta_1\sqrt{2\pi}}e^{-\frac{(x-u_1)^2}{2\delta_1^2}} + \dfrac{\beta B}{\delta_2\sqrt{2\pi}}e^{-\frac{(x-u_2)^2}{2\delta_2^2}}\right)dx$。

根据正态分布的性质,总需求的分布仍将是正态分布的积分或 S 形曲线,其分布函数为期望值为 Φ($\Phi = Au_1 + \beta Bu_2$)、方差为 Ω^2($\Omega^2 = (A\delta_1)^2 + (\beta B\delta_2)^2$)的正态分布的积分,即 $P(z) = \dfrac{1}{\sqrt{2\pi}\times\Omega}\int_0^z e^{-\frac{(z-\Phi)^2}{2\Omega^2}}dz$,需求增速为 $n = P'(z) = \dfrac{1}{\sqrt{2\pi}\times\Omega}e^{-\frac{(z-\Phi)^2}{2\Omega^2}}$。鉴于包含出口的总需求分布的期望值和方差均增大,其需求分布曲线和需求增速曲线均将比国内需求分布曲线和增速曲线更为扁平。

为了更为形象地说明出口对耐用消费品需求增速波动的影响,我们仍假定国内非耐用消费品的饱和需求总量 A 为 1,收入分布的期望值 u_1 和方差 δ_1^2 分别为 4 和 2,国际市场需求饱和需求量 B 为 4,收入分布的期望值 u_2 和方差 δ_2^2 分别为 4 和 1,出口占比 β 保持 10% 不变。在此假定条件下,我们首先计算得到非耐用消费品的国内需求量、出口量和总需求量及其增速,三种需求量形态均呈"S"形,只是总需求的最大饱和需求量为 1.4,是国内最大饱和需求量 1 与出口最大饱和需求量 0.4 之和,如图 4-10 所示。

其次,我们模拟得到总需求的分布曲线和增速曲线,总需求的分布曲线仍

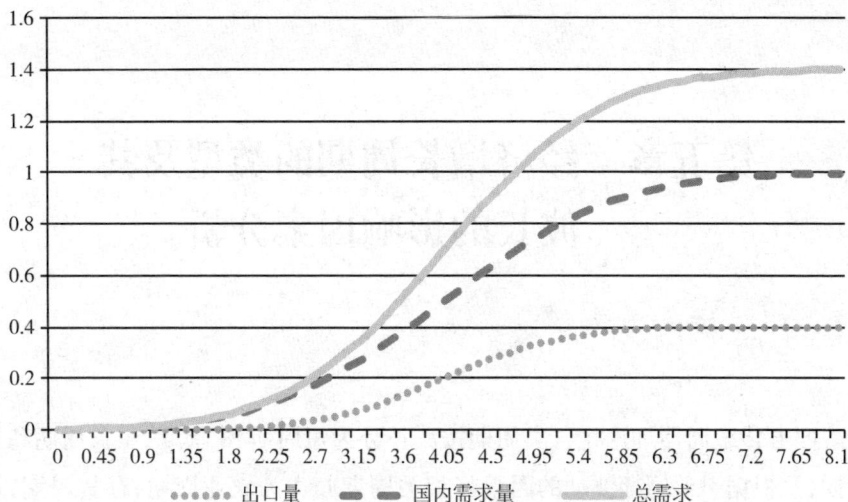

图4-10　出口对非耐用消费品需求量的影响

数据来源:根据假定条件计算得到。

为S型,但比国内需求分布曲线更为扁平;需求增速仍是半周期波动形态,但增速的最大值只有27.15%,比国内需求增速的最大值28.22%下降1.07个百分点,如图4-11所示。

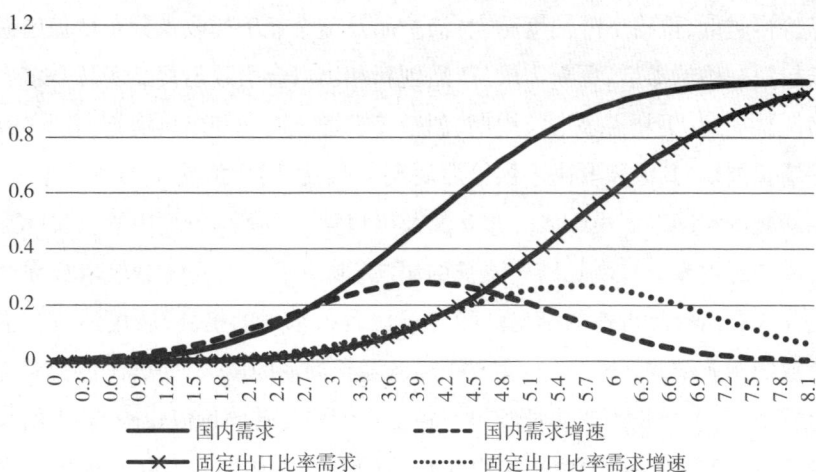

图4-11　出口对非耐用消费品需求分布与需求增速的影响

数据来源:根据假定条件计算得到。

第五章 经济增长周期的类型及其
波长的影响因素分析

西方传统周期理论将各类周期按波长分为短周期、中周期、中长周期和长周期,并根据引致周期波动的因素将相关周期归类为农业周期、存货周期、设备投资周期、建筑周期、技术进步周期,但在实际经济活动中,各种经济指标的周期性波动是不规则的,一种经济指标的周期性波动在不同时期的波长与振幅会出现很大差别,传统周期理论很难对此作出合理解释。本书分析表明,消费品需求及整个经济增长存在由居民收入分布的正态特征所决定的内生性增长周期,即收入分布增长周期。决定收入分布增长周期波长的基本因素是居民收入水平和消费品价格,居民收入水平与收入增速越高、收入差距越小、消费品价格越低、价格下降幅度越大,消费品及整个经济的收入分布增长周期的波长越短。供给滞后、更新需求、产品创新和出口会引致消费品实际需求出现价格调整周期、更新需求增长周期、创新需求增长周期和出口增长周期等实际需求增长周期,其波长取决于供给滞后期的长度、耐用消费品的使用年限、产品创新频度和国外居民收入分布状况及出口竞争力等多方面因素。实际需求增长周期对收入分布增长周期波长的影响,取决于各类实际需求增长周期对居民收入和消费品价格的影响。随着居民收入水平的提高,居民消费结构升级引致的产业结构转变,必然会改变经济增长周期的波长,如居民消费需求从价值较低、需求增长周期波长较短的轻工业消费品转向价值较高、需求增长周期波长较长的重工业消费品,GDP 的收入分布增长周期和实际需求增长周期波长均将延长,但重化工业化时期经济高速增长引致的居民收入增速提高,又会缩短消费品与经济收入分布增长周期的波长。

一、居民收入与消费品价格是决定消费品收入分布增长周期波长的两大基本因素

在第三章中,我们已证实,耐用消费品需求和非耐用消费品需求均存在由居民收入分布正态特征所决定的增长周期(以下简称收入分布增长周期)。根据消费品需求增速函数,耐用消费品收入分布增长周期和非耐用消费品收入分布增长周期的波长均为收入价格比率从初始水平提高到收入价格比率期望值所需时间长度的 2 倍。因此,包括居民收入水平、收入增速和收入分布在内的居民收入状况与消费品价格(包括价格水平及其变化幅度)是决定消费品需求收入分布增长周期波长的两大基本因素:居民收入水平和增速越高,收入差距越小,消费品收入分布增长周期的波长越短;消费品初始价格越高,平均价格下降幅度越小,一般消费者达到购买该消费品的收入水平所需收入积累时间越长,消费品收入分布增长周期的波长也越长。

(一)耐用消费品收入分布增长周期波长的表达式

在跨年度居民收入服从正态分布和消费者对耐用消费品饱和需求为 1 的情景下,耐用消费品需求量服从正态分布,其需求量的概率分布密度函数(以下简称需求函数)为 $Q(x) = \dfrac{1}{\sigma\sqrt{2\pi}}e^{-\frac{(x-u)^2}{2\sigma^2}}$,其中 x 为居民收入水平 y 与产品价格 p 的比率 y/p(以下简称收入价格比率),u 为 x 的期望值,δ^2 为 x 的方差。在此,我们将居民收入水平 y 设定为各年度居民平均收入,产品价格 p 为各年度耐用消费品的售价,需求函数的基本含义是:在耐用消费品初始生产时期,消费品价格 p 很高,收入价格比率 x 很低,此时只有高收入阶层有能力购买该消费品。随着消费品价格的下降或居民收入水平的提高,中等收入阶层乃至低收入阶层将逐步具备购买该消费品的经济能力。由于居民收入分布服从正态分布,在收入价格比率逐步提高过程中,耐用消费品需求群体从高收入阶层向低收入阶层扩展,耐用消费品需求量也将表现出与居民收入分布一样的正态分布特征。

根据导数的性质,耐用消费品的需求增速为需求函数的一阶导数,即 $n = Q'(x) = \frac{1}{\sigma\sqrt{2\pi}} e^{-\frac{(x-u)^2}{2\sigma^2}} \times \frac{(u-x)}{\delta^2}$,其曲线为以收入价格比率提高到 $u-\delta$ 时达到极大值、收入价格比率达到 u 时为 0、收入价格比率达到 $u+\delta$ 时为极小值为特征的增长周期,周期波长为收入价格比率从初始水平提高到收入价格比率期望值 u 所需时间长度的 2 倍。据此,我们将耐用消费品需求收入分布增长周期波长表述为:

$L = 2 \times \left[LOG\left(\frac{u}{x_0}\right) \right] / LOG(N)$,其中 L 为耐用消费品需求收入分布增长周期波长,N 为收入价格比率的平均增速,x_0 为耐用消费品收入价格比率的初始值。

我们进一步设定 y_0、p_0 分别为居民收入水平和消费品价格的初始值,y_u、p_u 分别为居民收入期望值和消费品价格期望值,N_y 和 N_p 分别为收入价格比率从初始值提高到期望值时居民收入的平均增速和消费品价格的平均涨幅,则耐用消费品需求收入分布增长周期波长的公式可以表述为:

$L = 2 \left[LOG\left(\frac{y_u}{y_0}\right) - LOG\left(\frac{p_u}{p_0}\right) \right] / \left[LOG(N_y) - LOG(N_p) \right]$,其中 $x_0 = \frac{y_0}{p_0}$,$u = \frac{y_u}{p_u}$,

$N = \frac{N_y}{N_p}$。

(二)非耐用消费品收入分布增长周期波长的表达式

在跨年度居民收入服从正态分布、消费者对非耐用消费品饱和需求为 1 的情景下,非耐用消费品需求量为居民收入分布密度函数的积分,其需求函数为 $Q(x) = \int_0^x \frac{1}{\sigma\sqrt{2\pi}} e^{-\frac{(x-u)^2}{2\sigma^2}} d_x$,其中 x 为收入价格比率(居民收入水平 y 与产品价格 p 的比率 y/p),u 为 x 的期望值、δ^2 为 x 的方差。我们依然将居民收入水平 y 设定为各年度居民平均收入,产品价格 p 为各年度非耐用消费品的售价。非耐用消费品需求函数的基本含义是:在非耐用消费品初始生产时期,消费品价格 p 很高,收入价格比率 x 很低,此时只有高收入阶层有经济能力购买该消费品;随着消费品价格的下降或居民收入水平的提高,中等收入阶层乃至低收入阶层将逐步具备购买该消费品的经济能力。由于非耐用消费品使用时间很短,消费者对其需求是连续性的,非耐用消费品需求量将随着消费群体的扩大而累积扩大,其需求曲线是呈"S"形的正态分布密度函数的积分值。

根据导数的性质,非耐用消费品的需求增速为需求函数的一阶导数,即 $n = Q'(x) = \dfrac{1}{\sigma\sqrt{2\pi}} e^{-\frac{(x-u)^2}{2\sigma^2}}$,其曲线为以收入价格比率提高到 u 时达到极大值为特征的半增长周期,周期波长为收入价格比率从初始水平提高到收入价格比率期望值 u 的时间长度的 2 倍。与耐用消费品需求增长周期波长公式一样,非耐用消费品需求收入分布增长周期的波长可表述为:

$$L = 2\mathrm{LOG}\!\left(\frac{u}{x_0}\right)\Big/\mathrm{LOG}(N) = 2\left[\,\mathrm{LOG}\!\left(\frac{x_u}{x_0}\right) - \mathrm{LOG}\!\left(\frac{p_u}{p_0}\right)\,\right]\Big/\left[\,\mathrm{LOG}(N_y) - \mathrm{LOG}(N_p)\,\right]$$

其中 L 为非耐用消费品需求收入分布增长周期波长,N 为收入价格比率的平均增速,x_0 为非耐用消费品收入价格比率初始值,y_0、p_0 分别为居民收入水平和消费品价格初始值,y_u、p_u 分别为居民收入期望值和消费品价格期望值,N_y 和 N_p 分别为收入价格比率从初始值提高到期望值时居民收入的平均增速和消费品价格的平均涨幅。

(三)影响消费品收入分布增长周期波长的基本因素

根据耐用消费品需求增长周期和非耐用消费品需求半增长周期的波长公式,我们可以将影响消费品收入分布增长周期波长的因素归结为居民收入和消费品价格两大基本因素,具体可从居民收入水平及其增速、收入差距或收入分布状况、消费品价格水平及其变化幅度以及居民收入与消费品价格的交互作用等五个方面,来分析两大基本因素对消费品收入分布增长周期波长的影响:

第一,居民收入水平及其平均增速越高,消费品收入分布增长周期波长越短。居民初始收入水平越高,居民收入期望值与居民收入水平初始值的比率越小,意味着居民收入从初始水平提高到收入期望值的时间越短,消费品收入分布增长周期的波长越短。同时,居民收入平均增速 N_y 越高,居民收入从初始水平提高到收入期望值的时间越短,消费品收入分布增长周期波长也越短。在消费品价格不变的情况下,消费品收入分布增长周期的波长为居民收入从初始收入水平提高到收入期望值时间的 2 倍。鉴于居民收入增速取决于经济增速,在经济加速增长时期,消费品收入分布增长周期的波长会缩短。

第二,居民收入差距越小,消费品收入分布增长周期波长越短。在居民收入期望值相同的情况下,居民收入差距越大,收入方差越大,居民收入增速越低[LOG(N_y)越小],居民收入分布、耐用消费品需求曲线和非耐用消费品增速曲线将越扁平,消费品收入分布增长周期波长越长。反之,居民收入差距越小,居民收入增速越高[LOG(N_y)越大],消费品收入分布增长周期波长越短[1]。

第三,消费品初始价格越高,收入分布增长周期波长越长。从消费品需求增长周期波长公式可知,在价格期望值 P_u 不变时,消费品初始价格 P_0 越高,LOG(P_u/P_0)越小,消费品收入分布增长周期波长越长。从消费者购买能力看,消费品初始价格越高,意味着主力消费群体(收入占比最高的居民)达到购买该消费品经济能力所需要的收入积累时间越长,需求增长周期波长也越长。

第四,消费品价格平均下降幅度越大,消费品收入分布增长周期波长越短。在消费品初始价格与价格期望值比率 P_u/P_0 不变情况下,价格平均下降幅度越大,从初始价格下降到价格期望值所需时间越短,消费品收入分布增长周期的波长也越短。

第五,居民收入增速提高和消费品价格下降幅度加大,会大幅度缩短消费品需求增长周期波长。居民收入增速提高或消费品价格降幅扩大均会缩短消费品需求增长周期波长。在耐用消费品需求量达到最大值或非耐用消费品达到需求饱和状态之前,居民收入增速提高和消费品价格降幅扩大经常会同时发生,因为收入增速提高在缩短收入分布增长周期波长的同时,也会引致需求量的扩大,需求规模的扩大通常意味着生产规模的扩大和生产成本的下降,消费品价格也会随着生产成本的下降而降低。同时,消费品生产规模的扩大意味着整个产业链的扩张,经济增速和居民收入增速会因此提高。在消费品价格下降与居民收入增速提高的双重作用下,消费品收入分布增长周期的波长

---

① 在居民收入分布服从期望值为 u、方差为 δ 的正态分布情景下,居民收入增速为收入分布正态密度函数的一阶导数,即 $n = \dfrac{1}{\sigma\sqrt{2\pi}}e^{-\frac{(u-x)}{b^2}} \times \dfrac{(u-x)}{\delta^2}$,在收入期望值 u 不变的情况下,收入差距越大,收入方差 δ^2 越大,收入增速 n 越小。

会大幅度缩短。

二、供给滞后引致的消费品价格调整周期
及其对收入分布增长周期波长的影响

在上述分析中,我们假定不存在消费品供给问题,即消费品供给能随着需求的变化及时调整。这一假定适用于生产周期较短的消费品,但对生产周期较长的消费品,供给滞后将使供求失衡难以得到及时修正,而供求失衡必然会导致消费品价格出现大幅度波动,价格波动又会对后期供给产生影响,并改变后期价格走势,由此形成消费品的价格调整周期。供给滞后引致的消费品价格调整周期会改变消费品的价格,影响到居民收入水平与收入分布,也必然会对收入分布增长周期的波长产生影响,其影响的大小最终取决于价格调整周期对消费品价格和居民收入水平的影响。

典型的消费品价格调整周期是农副产品的价格周期。农副产品具有供给集中、季节性强、生产周期长、需求价格弹性较低等特点,一旦出现供求失衡,比如供过于求,农副产品价格将大幅度下降,在信息不充分的情况下,生产者将减少农副产品的种植(养殖)规模,导致未来供给期供给不足,引致价格大幅度反弹,形成农副产品的价格调整周期。对于农副产品的价格调整周期,1934 年英国经济学家卡尔多提出的蛛网模型理论给出了完善的解释,我们可以将蛛网模型推广到所有存在供给滞后产品的价格调整周期:假定本期产品需求 D_t 与本期价格 P_t 线性相关,即 $D_t = \alpha - \beta \times P_t$;本期产品供给 S_t 由上期价格 P_{t-1} 决定,即 $S_t = \delta + \Phi \times P_{t-1}$;本期产品供求平衡,即 $D_t = S_t$,由此得到产品价格调整的一阶差分方程,即 $\beta \times P_t + \Phi \times P_{t-1} + \delta - \alpha = 0$,其中 α、β、δ、Φ 均为常数。根据差分方程的性质,在 α、β、δ、Φ 符合一定条件下,产品价格将呈周期性波动:如果 $\Phi > \beta$,价格 Pt 将呈放大振荡走势;如果 $\Phi = \beta$,价格 Pt 将呈单位振荡走势;如果 $\Phi < \beta$,价格 Pt 将呈衰减振荡走势。[①]

---

① 参见［美］蒋中一:《数理经济学的基本方法》,商务印书馆 1999 年版,第 734—737 页。

蛛网模型仅描述了供给滞后一期时价格调整周期的波动情景,如果本期供给受滞后多期价格的影响,产品价格调整方程将转变为高阶差分方程,如假定本期供给由上期价格 P_{t-1} 和前期价格 P_{t-2} 决定,即 $S_t = \delta + \Phi \times P_{t-1} + \theta \times P_{t-2}$,产品价格调整方程将转变为二阶差分方程,即 $\beta \times P_t + \Phi \times P_{t-1} + \theta \times P_{t-2} + \delta - \alpha = 0$。根据高阶差分方程的性质,在 α、β、δ、Φ、θ 符合一定条件下,产品价格将呈周期性波动走势。也就是说,只要产品供给存在一定滞后期,且本期价格会影响到后期供给,产品价格就存在因供给滞后引致的内生性波动周期,即价格调整周期。价格调整周期的波长与振幅取决于供给滞后期的长度以及需求与供给的价格弹性。工业产品的存货周期可以视为由价格调整周期引致的存货变动,即存货周期可视为价格调整周期在产品供给数量调整的变形。

下面我们仍以农副产品为例,进一步分析价格调整周期对收入分布增长周期的影响。鉴于在政府干预农副产品价格的情况下,农副产品价格周期将消失或波动幅度大幅度收缩,对收入分布增长周期的影响也将消失或大幅度弱化,我们仅讨论存在价格调整周期情景下价格波动对收入分布增长周期波长的影响:(1)短期内农副产品价格的大幅度波动会对收入分布增长周期的波长产生多方面影响,供不应求时的价格上涨会导致部分消费者退出购买者队伍,通过提高消费品价格平均涨幅延长收入分布增长周期的波长;供过于求时价格的大幅度下降又会引致较低收入者提前加入购买者队伍,并通过降低消费品价格平均涨幅缩短收入分布增长周期的波长;从较长时期看,价格周期在价格上升期对收入分布增长周期波长的延长作用与价格下降期的收缩效应会相互抵消,消费品价格对收入分布增长周期波长的影响最终取决于消费品价格的平均走势。(2)农副产品的价格波动会对生产者收入产生影响,特别是在农副产品占经济主导地位的国家或地区,农副产品价格上涨会增加生产者收入并间接引致居民收入增速提高,缩短收入分布增长周期波长,但在价格下降时期,生产者收入减少、居民收入增速下降,又会延长收入分布增长周期的波长。从长期看,由价格波动引致的收入波动对收入分布增长周期波长的影响,最终取决于居民收入的平均增速。

三、更新需求引致的耐用消费品更新需求增长 周期及其对收入分布增长周期波长的影响

耐用消费品均有固定使用年限,消费者在耐用消费品使用年限到期后将重新购买,由此形成耐用消费品的更新需求。在考虑更新需求情况下,耐用消费品的实际需求由更新需求和初次需求构成,耐用消费品需求增长周期将包含两种波动周期:一种是由收入分布和收入价格比率决定的初次需求增长周期,即收入分布增长周期;另一种是以耐用消费品使用年限为波长的实际需求增长周期,即更新需求增长周期。更新需求增长周期对收入分布增长周期的影响,取决于更新需求对耐用消费品价格和居民收入的影响。

(一)耐用消费品的更新需求增长周期

在耐用消费品的使用年限低于收入分布增长周期波长的情况下,耐用消费品实际需求由初次需求和更新需求共同构成,更新需求是初次需求的重复购买行为,在初次需求服从正态分布的情况下,更新需求依然服从正态分布。根据多个正态分布的线性组合依然服从正态分布的特性,由更新需求和初次需求构成的实际需求依然服从正态分布。实际需求增长周期将由收入分布增长周期和更新需求增长周期共同决定,但实际需求增长周期的波长由更新需求发生的时点或耐用消费品使用年限决定。因为在总需求群体和单一需求者饱和需求不变的情况下,初次需求完全实现之前,实际需求量是初次需求与更新需求之和,初次需求完全满足之后,实际需求是初次需求的更新需求与二次更新需求(第一次更新需求到使用年限后的第二次更新)之和。即第一次更新需求发生后,实际需求量将以耐用消费品使用年限为波长进行周期性波动。实际需求量的增长周期也将以耐用消费品使用年限为波长进行持续的周期性波动。我们将由更新需求决定的实际需求增长周期称为更新需求增长周期。

为了形象说明更新需求对实际需求增长周期的影响,下面我们以初次需求服从收入价格比率期望值为 4、方差为 1 正态分布的耐用消费品为例,分两

种情形讨论更新需求增长周期的特征：

情景1：耐用消费品使用年限大于收入分布增长周期波长一半但小于收入分布增长周期波长。在此情境下，更新需求发生在初次需求最大值之后，更新需求不会改变初次需求最大值发生的时点，但会使实际需求增长周期的终结点超前于收入分布周期的终结点，使实际需求增长周期的波长小于收入分布增长周期的波长。具体看，假定每个时点收入价格比率提升幅度为0.15，在初次需求服从收入价格比率期望值为4、方差为1的正态分布情况下，耐用消费品收入分布增长周期的波长为55个时点。假定更新需求发生在收入价格比率为6.45时（第44个时点），更新需求将导致实际需求增速（图5-2所示实际需求增速1）从第50个时点开始由负转正，下一个实际需求增速由负转正的时点发生在第93个时点，即在更新需求影响下，实际需求增长周期波长从收入分布增长周期的55个时点缩短为43个时点，与耐用消费品使用年限基本一致。

情景2：耐用消费品使用年限小于收入分布增长周期波长一半。在此情境下，耐用消费品在收入分布增长周期终结前至少会发生两次更新需求。即如果更新需求发生在初次需求拐点（初次需求增速极大值）之后，在收入分布增长周期终结前还会再发生一次更新需求；如果更新需求发生在初次需求拐点之前，此后将再发生至少三次更新需求。在此，我们仅讨论更新需求发生在初次需求拐点之后、初次需求极大值之前的情景。在此情境下，更新需求将使实际需求的最大值大于初次需求最大值，因更新需求在初次需求达到最大值之后仍处于上升状态，更新需求不改变最大需求发生的时点，但在实际需求量达到最大值之后的走势将与初次需求持续下降的走势完全不同，实际需求将因更新需求抵消了初次需求的下降趋势而呈周期性波动走势，实际需求增长周期也演变为波长与耐用消费品使用年限相同、远小于收入分布周期波长的波动周期。如图5-1和图5-2所示，我们假定第一次更新需求发生在收入价格比率为3.15（第22个时点，收入价格比率为3时是初次需求增速极大值时点）时，第二次更新需求发生在第44个时点（仍在收入分布增长周期之内），此后每隔22个时点将发生新的更新需求。在此情境下，实际需求量（图5-1所示实际需求量2）不再回调到接近0的水平，而是在20个单位到40个单位之间波动;实际需求增速(图5-2所示实际需求增速2)波长大幅度缩短,按波谷到波谷计算为22个时点,即实际需求增长周期的波长缩短为耐用消费品的使用年限。

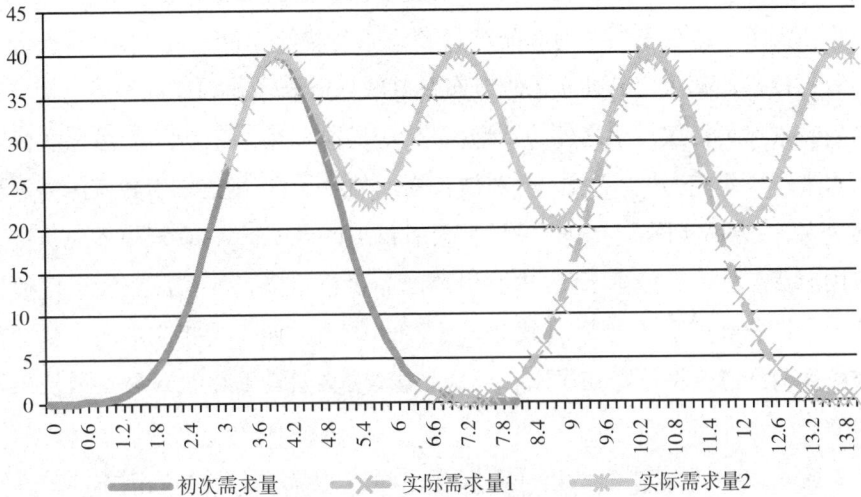

图5-1 更新需求对耐用消费品实际需求量的影响(%)

数据来源:根据收入价格比率期望值为4、方差为1的假定条件模拟计算得到。

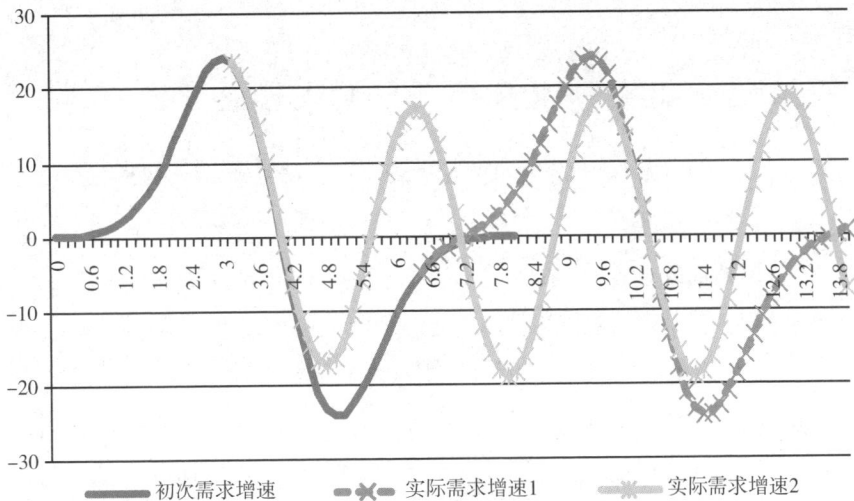

图5-2 更新需求对耐用消费品实际需求增长周期的影响(%)

数据来源:根据收入价格比率期望值为4、方差为1的假定条件模拟计算得到。

(二)更新需求增长周期对收入分布增长周期波长的影响

更新需求将使耐用消费品实际需求增长周期转变为以耐用消费品使用年限为波长的更新需求增长周期,更新需求对收入分布增长周期的影响主要体现在对消费品价格和居民收入的影响:更新需求是初次需求的重复购买行为,在更新需求不改变消费者饱和需求量和收入价格比率的情况下,由收入分布和收入价格比率决定的初次需求分布及其收入分布增长周期也不会改变。但更新需求作为初次需求之外的新增需求,必然会对耐用消费品价格和居民收入水平产生影响,并改变收入分布增长周期的波长:更新需求引致实际需求规模扩大,一方面实际需求规模的扩大会引致生产规模扩大,在规模效应作用下耐用消费品的生产成本下降,进而引致产品价格下降;另一方面,生产规模的扩大意味着经济增速提高,居民收入水平和收入增速也会相应提高。更新需求引致的产品价格下降和居民收入水平提高,必然会缩短收入分布增长周期的波长。

此外,从耐用消费品的累计需求看,由于更新需求只是初次需求或前期需求的重复购买行为,耐用消费品的累计需求量依然是呈"钟形"分布的初次需求的积分,即呈"S"形。但更新需求引致的产品价格下降和居民收入水平提高,会使"S"形变短,即耐用消费品收入分布增长周期波长变短。

四、产品创新引致的创新需求增长周期及其对消费品收入分布增长周期波长的影响

在传统的周期理论中,技术进步是波长超过 20 年的长周期的决定性因素,这是指引发产业结构出现重大改变的划时代技术创新,而规模较小的技术进步引致的产品创新同样会对消费品需求增长周期产生影响。鉴于重大技术创新引致的新消费品需求增长周期遵循一般消费品的收入分布增长周期规律,在此我们专门探讨产品创新对消费品实际需求增长周期的影响。分析表明,如果产品创新完全替代原产品,消费品增长周期将转变为创新产品需求增长周期。在创新产品仅部分替代原产品需求,特别是在替代更新需求或产品

创新引致更新需求的情况下,实际需求增长周期将转变为以创新频度为波长的创新需求增长周期。创新频度越短,创新需求增长周期的波长越短、振幅越小。创新产品只有在改变居民收入水平和消费品价格的情况下,才会改变消费品收入分布增长周期的波长。

企业创新引致的新产品对原产品通常会有很强的替代效应,特别是对更新需求和原产品价格具有重要影响。下面我们按照创新产品对原产品的不同替代程度,分别探讨产品创新对消费品需求增长周期的影响:

(1)创新产品全面替代原产品需求。在此情境下,原产品的需求增长周期将转变为创新产品的需求增长周期。一般而言,创新产品价格要高于原产品价格,在创新产品完全替代原产品需求情况下,饱和需求总量不会改变,但由于创新产品价格提高,从消费品需求增长周期波长公式可知,消费品收入分布增长周期波长将会延长。

(2)创新需求仅替代原产品更新需求。通常情况下,创新产品的出现会部分替代原产品需求,特别是原产品的更新需求会被创新产品替代。更新需求被创新产品替代可能存在两种情景。一是在更新需求发生时被创新产品替代,更新需求转变为对创新产品的需求。此时实际需求有初次需求与更新需求或创新产品需求,创新产品对实际需求增长周期的影响同更新需求对实际需求增长周期的影响一样,在产品为耐用消费品情况下,实际需求增长周期的波长将转变为产品的使用年限,如图5-2所示。二是产品创新导致更新需求提前发生,在产品创新频度小于产品使用年限的情况下,实际需求增长周期的波长将转变为产品创新频度,实际需求增长周期的振幅也会减小,如图5-3所示。在这两种情况下,创新产品对初次需求收入分布增长周期的影响取决于创新产品是否改变居民收入水平和原产品价格。通常情况下创新产品的出现会导致原产品价格下降,由此将缩短收入分布增长周期的波长。如果创新产品还会引致居民收入增速提高,原产品收入分布增长周期的波长会进一步缩短。

(3)创新需求部分替代原产品需求和更新需求。在此情境下,实际产品需求由部分原产品需求与创新产品需求构成,实际需求增长周期的波长将介于原产品需求收入分布增长周期波长与创新产品需求收入分布增长周期波长之间。

（4）产品创新引致更新需求的模拟分析。为了说明技术创新对实际需求增长周期的影响，我们依然采用初次需求量服从收入价格比率期望值为4、方差为1正态分布的耐用消费品为例，假定产品创新发生在收入价格比率为2.55的第18个时点，比更新需求提前4个时点，即假定产品创新引致更新需求提前发生，且产品创新频度保持18个时点不变。在此情境下，实际需求量（图5-3中的创新需求量）为初次需求与创新产品需求之和，其波动区间为32个单位到42个单位之间，实际需求增长周期（图5-3中的创新需求增速）波长为18个时点，波动幅度在-1%到9%之间。与更新需求引致的实际需求增长周期变化相比，由于假定产品创新频度小于更新需求频度（产品使用年限），产品创新将导致实际需求增长周期波长缩短、振幅减小。

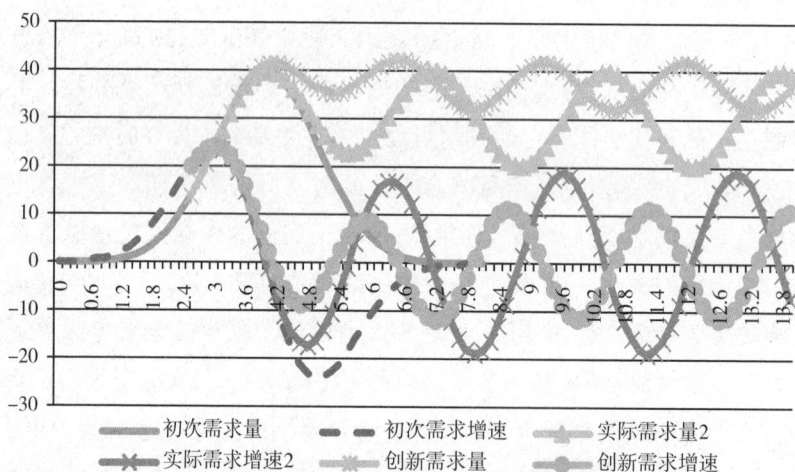

图5-3   产品创新对实际需求增长周期的影响（%）

数据来源：根据收入价格比率期望值为4、方差为1的假定条件模拟计算得到。

五、出口对消费品收入分布增长周期波长的影响

耐用消费品和非耐用消费品需求增长周期的波长公式相同，我们以耐用

消费品为例,分析出口对消费品需求增长周期波长的影响。本书第四章我们已证实,在考虑国际市场需求情况下,一国耐用消费品总需求量仍服从正态分布,其需求概率分布密度函数取决于国内人口规模、国内收入分布、全球人口规模、全球收入分布和该国出口占全球需求比重五大因素。这五大因素同样会影响到耐用消费品需求增长周期的波长:消费品出口引致收入价格比率期望值提高并延长需求增长周期波长,出口占比的逐步提升在提高收入价格比率期望值的同时,也延长耐用消费品需求增长周期的波长。消费品出口对消费品价格和居民收入增速产生影响,也会因此改变增长周期波长。国外居民收入增长状况和人口规模的大小也会对消费品需求增长周期波长产生影响。

在国内外居民收入分布均服从正态分布情况下,国内需求量服从 $X - N$ (u_1, δ_1^2)、国际需求量服从 $Y - N(u_2, \delta_2^2)$,假定国内人口规模为 A,国际市场人口规模为 B,且出口占国际市场需求比重为 β,一国耐用消费品总需求量仍服从正态分布,其概率分布密度函数为 $P(z) = \dfrac{1}{\sqrt{2\pi} \times \Omega} e^{-\frac{(z-\Phi)^2}{2\Omega^2}}$,其中期望值 $\Phi = Au_1 + \beta Bu_2$,方差 $\Omega^2 = (A\delta_1)^2 + (\beta B\delta_2)^2$。据此,在假定国内外价格相同的情况下,耐用消费品需求增长周期波长公式转变为:

$$L = 2\left[LOG\left(\frac{\Phi}{z_0}\right) \right] / LOG(N) = 2\left[LOG\left(\frac{x_u}{x_0}\right) - LOG\left(\frac{p_u}{p_0}\right) \right] / \left[LOG(N_y) - LOG(N_p) \right]$$

其中收入分布初始值 X_0 和期望值 X_u 为国内居民收入分布与国际居民收入分布初始值与期望值以国内外人口为权重的加权值,即 $X_0 = AY_{10} + \beta BY_{20}$、$X_u = AY_{1u} + \beta BY_{2u}$,$Y_1$、$Y_2$ 分别为国内居民收入和国外居民收入。

根据耐用消费品需求量的概率分布密度函数和需求增长周期波长公式,我们可以得到如下五点结论,鉴于非耐用消费品需求增长周期波长公式与耐用消费品需求增长周期波长公式类似,这些结论同样适用于出口对非耐用消费品需求增长周期波长的影响:

第一,消费品出口引致收入价格比率期望值提高,在收入价格比率平均增速不变情景下,从收入价格比率初始值提升到期望值所需时间延长,耐用消费品需求增长周期波长也因此延长。

第二,出口占比 β 的逐步提高会导致收入价格比率期望值不断提高,并延长耐用消费品需求增长周期的上升期和波长。

第三,耐用消费品出口对消费品价格和国内居民收入增速也会产生影响,并因此改变需求增长周期的波长。如果出口引致的生产规模加速扩张导致价格平均降幅扩大,需求增长周期的波长将缩短。消费品出口会增加国内居民收入,国内居民收入增速提高将引致居民收入平均增速 Ny 提高,需求增长周期的波长也将缩短。

第四,国外居民收入增长状况也会改变需求增长周期波长。如果国外居民收入增速提高,将引致加权收入增速 Ny 提高,由此将缩短耐用消费品需求增长周期波长。

第五,人口规模也会影响到消费品需求增长周期的波长。一国人口规模相对全球人口规模的大小决定着国内市场规模与国际市场规模的相对大小。当国内人口规模即国内市场规模较大时,需求增长周期的波长主要取决于国内需求增长周期的波长;反之,人口规模较小国家消费品需求增长周期的波长主要取决于国际市场需求的增长周期波长。

六、消费品需求增长周期波长
与经济增长周期波长

在消费品生产链与消费品需求同步波动情况下,整个产业增长周期的波动幅度大于消费品需求增长周期波幅,但波长与消费品需求增长周期波长相同,产业增长周期对经济增长周期的影响取决于该产业在整个经济中的地位或产业增加值占 GDP 的比重,即经济增长周期的波长由占主导地位的产业增长周期波长所决定。

在第三章中,我们已分析过消费品需求增长周期与产业增长周期和经济增长周期的内在关系,即 $N_y = (\sum_{1}^{n}\beta^n + 1) \times \dfrac{C}{y} \times N_C$、$N = \sum_{1}^{n}\dfrac{y_n}{Y} \times N_{y_n}$,其中 N_y、N_c、N 分别为产业增长率、消费品需求增长率和经济增长率,y、c、Y 分别为产业产出、消费品需求和 GDP,$\beta(0 < \beta < 1)$ 为消费品需求加速数(增加单位消费需求

引致的上游配套生产企业投资依次增加规模），系数（$\sum_1^n\beta^n+1$）为消费品的产业乘数。从产业产出增速 Ny 与消费品需求增速 Nc 的关系看，在上游企业产出与消费品需求同步波动情况下，任一消费品产业的产出增速将与该消费品需求增速同步波动。即产业增长周期波长与消费品需求增长周期波长相同，只是从消费品需求增速到产业产出增速存在大于 1 的产业乘数，产业增长周期的振幅要大于消费品需求增长周期的振幅。从产业增速 Ny$_n$ 与经济增速 N 之间的关系看，经济增速及其波动走势是由各个产业产出增速和产出占总产出比重共同决定的，但产出占总产出比重最高的产业产出增长周期波长对整个经济增长周期波长具有决定性作用。

前述分析已表明，消费品需求存在两类增长周期：一类是由居民收入分布正态特征决定的收入分布增长周期，一类是由供给滞后、更新需求、创新需求以及出口引致的实际需求增长周期。从消费品需求增长周期与产业增长周期和经济增长周期的关系看，产业增长周期和经济增长周期也必然存在两类增长周期，即由居民收入分布决定的收入分布增长周期和实际需求增长周期。其中产业与 GDP 收入分布增长周期的波长较长，决定其波长的基本因素是居民收入水平和消费品价格。产业与 GDP 的实际需求增长周期也同样可按消费品实际需求增长周期划分为价格调整周期、更新需求增长周期、创新需求增长周期和出口增长周期，其波长也取决于消费品供给滞后期、耐用消费品使用年限、产品创新频度以及出口增长状况。消费品实际需求增长周期在改变消费品价格和居民收入水平，从而改变消费品收入分布增长周期波长的同时，也必然会改变产业与 GDP 收入分布增长周期的波长。

根据消费品需求增长周期与经济增长周期的关联关系，我们可以进一步推断，消费结构通过产业结构决定了经济增长周期的波动形态：消费结构不变意味着产业结构不变，经济增长周期波动的形态也不会改变。消费结构升级会改变经济增长周期的波长与振幅，居民消费需求从价值较低、需求增长周期波长较短的耐用消费品转向价值较高、需求增长周期波长较长的耐用消费品，经济增长周期的波长将延长，振幅加大。但需要关注的是，消费结构从家用电器轻工业消费品向汽车住房等重工业消费品升级的过程，也是经济加速增长的时期。居民收入随经济加速增长而快速提升，将缩短消费品需求增长周期波长，部分抵消消费结构升级对经济增长周期波长的延长效应。

第六章　经济增长周期振幅的
影响因素分析

在实际经济运行中,消费品需求增速及整个经济增长存在多种周期性波动现象,如由居民收入分布的正态特征所决定的收入分布增长周期,由供给滞后、更新需求、产品创新和出口引致的价格调整周期、更新需求增长周期、创新需求增长周期和出口增长周期等。受各种因素影响,不同类型的经济增长周期振幅不同,同一类型增长周期的不同周期中振幅也存在很大差别:收入价格比率的方差是决定消费品与经济收入分布增长周期的基本因素,居民收入差距越小、消费品价格越高,消费品与经济增速越高,收入分布增长周期振幅越大。消费品供求价格弹性是决定价格调整周期振幅的基本因素,供给价格弹性越大,需求价格弹性越小,价格调整周期的振幅越大。耐用消费品使用年限越长,消费品更新需求增长周期振幅越大,产业产出与经济的更新需求增长周期振幅也越大。产品创新频度越高,消费品创新需求增长周期振幅越小,产业产出与经济的创新需求增长周期振幅也越小。出口规模的快速扩张会引致收入价格比率方差扩大,导致消费品需求与经济增长周期振幅缩小。消费品的产业乘数会放大产业产出与经济增长周期振幅,消费品产业生产链越长,加速数 β 越大,产业乘数越大,从消费品需求增速到产业产出增速的放大倍数越大。消费品需求规模占 GDP 比重反映了消费需求结构和产业结构对经济增长周期振幅的影响,当需求增长周期振幅较大的消费品(如重工业耐用消费品)占比提升时,经济增长周期振幅也将扩大,而需求增长周期振幅较小的消费品(如非耐用消费品)占比提高,经济增长周期振幅将缩小。

一、消费品收入分布增长周期振幅的影响因素

根据消费品需求增速函数,耐用消费品和非耐用消费品收入分布增长周期的振幅均取决于收入价格比率的方差,收入价格比率方差越大,消费品收入分布增长周期振幅越小。收入价格比率是居民收入水平与消费品价格的比率,居民收入水平越高、收入差距越大、消费品价格越低,收入价格比率方差越大,消费品收入分布增长周期振幅越小。由于耐用消费品与非耐用消费品需求增速函数不同,收入价格比率方差变化对耐用消费品收入分布增长周期振幅的影响大于对非耐用消费品收入分布增长周期振幅的影响。鉴于收入价格比率缩小会加大消费品收入分布增长周期振幅,在居民收入水平和消费品价格不变情况下,缩小居民收入差距会有效提升消费需求增速。

在居民收入服从正态分布、消费品总需求量为 1 的情况下,耐用消费品需求量服从正态分布,非耐用消费品需求量是居民收入分布密度函数的积分,耐用消费品和非耐用消费品需求量的概率分布密度函数分别为 $Q(x) = \dfrac{1}{\sigma\sqrt{2\pi}} e^{-\frac{(x-u)^2}{2\sigma^2}}$ 和 $Q(x) = \int_a^b \dfrac{1}{\sigma\sqrt{2\pi}} e^{-\frac{(x-u)^2}{2\sigma^2}} d_x$,其中 x 为居民收入水平 y 与产品价格 p 的比率 y/p(以下简称收入价格比率),u 为 x 的期望值,δ^2 为 x 的方差,a、b 为收入价格比率的区间值。

根据导数的性质,耐用消费品的需求增速为需求函数的一阶导数,即 $n = Q'(x) = \dfrac{1}{\sigma\sqrt{2\pi}} e^{-\frac{(x-u)^2}{2\sigma^2}} \times \dfrac{(u-x)}{\delta^2}$,其中需求增速在收入价格比率为 $u-\delta$ 时达到极大值,在收入价格比率达到 u 时为 0,在收入价格比率达到 $u+\delta$ 时为极小值。耐用消费品收入分布增长周期的振幅为需求增速从最大值到最小值的波动幅度,即 $H = \dfrac{2 e^{-\frac{1}{2}}}{\delta^2\sqrt{2\pi}}$。

根据导数的性质,非耐用消费品的需求增速为需求函数的一阶导数,即 $n = \dfrac{1}{\sigma\sqrt{2\pi}} e^{-\frac{(x-u)^2}{2\sigma^2}}$,其曲线为正态分布曲线,需求增速在收入价格比率为 u 时

达到极大值,其收入分布增长周期的振幅即是需求增速最大值,即 $H = \dfrac{1}{\sigma\sqrt{2\pi}}$。

从耐用消费品和非耐用消费品收入分布增长周期振幅的公式可以看到,消费品需求收入分布增长周期振幅取决于收入价格比率的标准差 δ,标准差越大,振幅越小,即决定收入价格比率标准差的因素,即是决定消费品收入分布增长周期振幅的因素。收入价格比率的方差是收入价格比率实际值与其期望值偏差的平方和,即 $\delta^2 = \sum\limits_{i=1}^{n} (x_i - u)^2 = \sum\limits_{i=1}^{n} \left(\dfrac{y_i}{p_i} - \dfrac{y_u}{p_u} \right)^2$,其中 y_u、p_u 分别为居民收入和消费品价格的期望值。根据收入价格比率的方差公式,我们可以看到影响消费品收入分布增长周期振幅的基本因素是居民收入水平和消费品价格:

第一,居民收入水平越高,收入价格比率方差越大,消费品收入分布增长周期振幅越小。在居民收入差距不变情况下,居民收入水平越高,意味着收入价格比率越大,收入价格比率的方差越大,消费品收入分布增长周期的振幅越小。

第二,居民收入差距越大,收入价格比率方差越大,消费品收入分布增长周期振幅越小。在不考虑居民收入变化对消费品价格影响的情况下,居民收入差距扩大会直接引致收入价格比率方差扩大和收入分布增长周期振幅缩小。

第三,消费品价格越高,收入价格比率方差越小,消费品收入分布增长周期振幅越大。在居民收入水平和收入差距不变情况下,消费品价格越高,收入价格比率越小,收入价格比率的方差也越小,消费品收入分布增长周期的振幅越大。

第四,居民收入与消费品价格的变化对耐用消费品收入分布增长周期振幅的影响要远大于对非耐用消费品收入分布增长周期振幅的影响。在耐用消费品和非耐用消费品收入价格比率方差相同的情况下,收入价格比率方差缩小引致的耐用消费品收入分布增长周期振幅扩大幅度要远大于非耐用消费品收入分布增长周期振幅的扩大幅度,在消费品需求增速的上升期,意味着收入价格比率方差的缩小引致的耐用消费品需求增速提升幅度要远大于非耐用消费品需求增速的提升幅度。

二、消费品价格调整周期振幅的影响因素

供给滞后会引致消费品需求出现价格调整周期,其波长由供给滞后期的长短决定,但需求量的波动形态及其振幅取决于消费品供求的价格弹性:消费品供求价格弹性越大,需求价格弹性越小,需求量振幅越大。供求价格弹性相同时,需求量振幅不变。需求价格弹性大于供给价格弹性,需求量振幅将不断缩小。需求价格弹性小于供给价格弹性,需求量振幅将不断放大。

在假定供给滞后一期、需求由即期价格决定($D_t = \alpha - \beta \times P_t$)、供给由上期价格决定($S_t = \delta + \Phi \times P_{t-1}$)、本期供求平衡($D_t = S_t$)的情况下,消费品价格的波动方程为 $\beta \times P_t + \Phi \times P_{t-1} + \delta - \alpha = 0$,其中 β 为消费品需求的价格弹性,Φ 为消费品供给的价格弹性,α 和 δ 均为常数。由于假定本期供求平衡,价格调整周期的方程可以转换为需求量的调整方程,即 $\beta \times D_t + \Phi \times D_{t-1} = \delta \times \beta + \alpha \times \Phi$,需求量的时间路径[①]为 $D_t = \left(D_0 - \dfrac{\alpha \times \Phi - \delta \times \beta}{\beta + \Phi} \right) \times \left(-\dfrac{\Phi}{\beta} \right)^t + \dfrac{\alpha \times \Phi - \delta \times \beta}{\beta + \Phi}$。从需求量时间路径公式可知,常数项 $\dfrac{\alpha \times \Phi - \delta \times \beta}{\beta + \Phi}$ 是需求量的均衡值,波动项 $\left(D_0 - \dfrac{\alpha \times \Phi - \delta \times \beta}{\beta + \Phi} \right) \times \left(-\dfrac{\Phi}{\beta} \right)^t$ 由需求量初始值 D_0 偏离均衡值的幅度和供求价格弹性的比率 Φ / β 以及时间 t 三大因素共同决定,其中需求初始值偏离均衡值的幅度是需求量波动幅度的基础,供求价格弹性比率和时间决定了需求波动形态及波动幅度走势,具体可分为三种情况:(1)当消费品的供求价格弹性相同($\Phi = \beta$)时,需求量呈单位振荡走势,振幅为需求量初始值偏离均衡值的 2 倍。需求量初始值偏离均衡值的幅度取决于供求价格弹性的大小,价格弹性越大,偏离幅度越大,需求量振幅也越大;反之,价格弹性越小,偏离幅度越小,需求量振幅也越小。(2)当消费品的需求价格弹性大于供给价格弹性($\beta > \Phi$,$\Phi / \beta < 1$)时,需求

---

① 参见[美]蒋中一:《数理经济学的基本方法》,商务印书馆 1999 年版,第 734—737 页。

量以其均衡值为中心呈衰减振荡走势,需求量振幅以初始值偏离均衡值的幅度为基础不断缩小。但供求价格弹性的大小同样会影响到需求量振幅的大小,需求价格弹性比供给价格弹性越大,需求量振幅越小,需求量振幅收敛于0的速度越快;反之,需求价格弹性与供给价格弹性越接近,需求量振幅越大,需求量振幅的收敛速度越慢。(3)当消费品的需求价格弹性小于供给价格弹性($\beta<\Phi,\Phi/\beta>1$)时,需求量以其均衡值为中心呈放大振荡走势,需求量振幅以初始值偏离均衡值的幅度为基础不断放大,供给价格弹性比需求价格弹性越大,需求量振幅越大,需求量振幅的放大幅度越大。反之,需求价格弹性越大、与供给价格弹性越接近,需求量振幅越小,需求量振幅的放大幅度越小。总体看,价格调整周期的振幅取决于供求价格弹性的大小,在供求价格弹性不同的情况下,供给价格弹性越大、需求价格弹性越小,价格调整周期的振幅越大。

三、消费品更新需求增长周期振幅的影响因素

更新需求会引致耐用消费品实际需求出现波长由耐用消费品使用年限决定的更新需求增长周期。在耐用消费品使用年限或更新需求增长周期波长低于收入分布增长周期波长的情况下,耐用消费品的实际需求由更新需求和初次需求构成,实际需求仍服从正态分布,但实际需求量的波动区间要小于收入分布增长周期需求量的波动区间,实际需求增速的振幅仍然取决于收入价格比率的变化情况,但波动幅度明显小于收入分布增长周期的振幅,且更新需求增长周期波长越短,其振幅越小。

在耐用消费品更新需求增长周期波长低于收入分布增长周期波长的情况下,耐用消费品实际需求由初次需求和更新需求构成。鉴于更新需求是初次需求的重复购买行为,更新需求依然服从正态分布。包括更新需求和初次需求在内的实际需求也依然服从正态分布,更新需求增长周期的波长由耐用消费品使用年限决定,振幅依然取决于收入价格比率的变化情况,但由于更新需求导致实际需求增长周期波长比收入分布增长周期波长短,更新需求增长周

期的振幅也明显小于收入分布增长周期的振幅,且更新需求增长周期波长越短,其振幅越小:(1)更新需求发生后,实际需求走势将偏离初次需求走势,无论更新需求发生在收入分布周期内的哪一个时点,实际需求量都会高于初次需求量,实际需求量的最低值均将高于初次需求量的最低值。这意味着更新需求增长周期的初始需求量和终结时点需求量均大于收入分布增长周期的初始需求量和终结时点需求量,即更新需求增长周期的起始点晚于收入分布增长周期起点,而终结时点早于收入分布增长周期的终结时点。(2)如果更新需求发生在初次需求达到最大值之前,在初次需求达到最大值之前,更新需求、初次需求均处于上升状态,实际需求量也会持续上升。只有在初次需求跨过其最高值之后,初次需求量将逐步下降,更新需求仍将不断上升,当更新需求量的上升幅度超过初次需求量的下降幅度后,实际需求量才将回升,并进入更新需求增长周期的上升期,即更新需求增长周期发生在初次需求达到其极大值之后。(3)耐用消费品使用年限越短,更新需求发生时点越早,初次需求跨过其最大值之后的实际需求量的最低值也越大,这意味着实际需求量的最大值与最低值的差距越小,即在持续更新需求作用下,实际需求量的周期性波动振幅越小,实际需求增速的波动幅度或更新需求增长周期的振幅也越小。

为了形象说明耐用消费品使用年限(更新需求增长周期波长)对更新需求增长周期振幅的影响,下面我们以初次需求服从收入价格比率期望值为4、方差为1正态分布的耐用消费品为例,分两种情形讨论不同更新需求增长周期波长对周期波动振幅的影响:

情景1:耐用消费品使用年限大于收入分布增长周期波长一半但小于收入分布增长周期波长。在初次需求服从收入价格比率期望值为4、方差为1的正态分布情况下,耐用消费品初次需求量的最大值为39.89个单位(需求总量为100),收入分布增长周期的振幅为48.4%(最高增速为24.2%)。假定每个时点收入价格比率提高幅度为0.15,收入分布增长周期的波长为55个时点,更新需求发生在收入价格比率为6.45或第44个时点,更新需求将导致实际需求量波动幅度从收入分布增长周期的40个单位缩小到39.4个单位,实际需求增速的波动幅度为48.27%(图6-2所示实际需求增速1),仅比收入分布增长周期的振幅缩小0.13个百分点。即在耐用消费品使用年限或更新需求增长周期波长很长时,更新需求对实际需求增长周期振幅的影响较小。

情景2:耐用消费品使用年限小于收入分布增长周期波长一半。在此情境下,更新需求将使实际需求的最大值大于初次需求最大值,因更新需求在初次需求达到最大值之后仍处于上升状态,更新需求不改变最大需求发生的时点,但在实际需求量达到最大值之后的走势将与初次需求持续下降的走势完全不同,实际需求将因更新需求抵消了初次需求的下降趋势而呈周期性波动走势,实际需求增长周期也演变为波长与耐用消费品使用年限相同、远小于收入分布周期波长的波动周期。如图6-1和图6-2所示,我们假定第一次更新需求发生在收入价格比率为3.15的第22个时点,第二次更新需求发生在第44个时点(仍在收入分布增长周期之内),此后每隔22个时点将发生新的更新需求,受更新需求影响,实际需求量(图6-1所示实际需求量2)不再回调到接近0的水平,而是在20个单位到40个单位之间波动;实际需求增速(图6-2所示实际需求增速2)波长大幅度缩短为耐用消费品的使用年限(22个时点),实际需求增长周期的振幅缩小为37.72%,远小于更新需求增长周期波长为44个时点时48.27%的振幅。

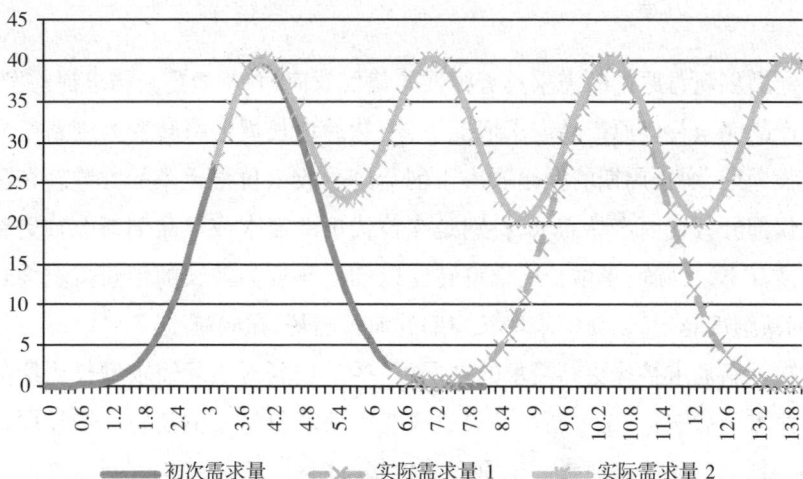

图6-1　更新需求对耐用消费品实际需求量的影响(%)

数据来源:根据收入价格比率期望值为4、方差为1的假定条件模拟计算得到。

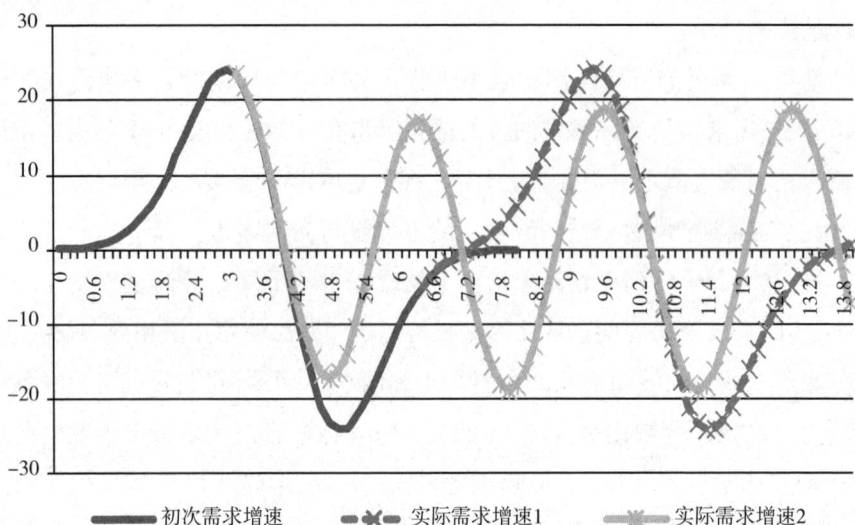

图 6-2   更新需求对耐用消费品实际需求增长周期的影响(％)

数据来源:根据收入价格比率期望值为 4、方差为 1 的假定条件模拟计算得到。

四、消费品创新需求增长周期振幅的影响因素

产品创新对原产品需求具有很强的替代效应,并刺激更新需求提前发生。创新产品完全替代原产品需求情况下,消费品增长周期将转变为创新产品需求增长周期,增长周期的振幅取决于创新产品收入价格比率的方差。在创新产品仅部分替代原产品需求,特别是在替代更新需求或产品创新引致更新需求的情况下,实际需求增长周期将转变以创新频度为波长的创新需求增长周期,创新频度越短,创新需求增长周期的波长越短、振幅越小。

在创新需求替代更新需求的情况下,产品创新对实际需求增长周期的振幅有两方面影响:一是创新产品通过改变消费品价格影响消费品增长周期的振幅。创新产品价格通常高于原产品价格,在创新产品替代更新需求的情况下,产品价格的提高会引致收入价格比率方差缩小,引致更新需求增长周期振幅扩大。创新产品的出现通常又会引致原产品价格下降,原产品价格的下降

又会提高原产品收入价格比率的方差,并缩小初次需求收入分布增长周期的振幅。二是创新产品通过改变需求更新的频度影响实际需求增长周期的振幅。在创新频度短于耐用消费品使用年限的情况下,产品创新会引致更新需求提前发生,实际需求增长周期的波长缩短,实际需求增长周期的振幅也将缩小。

　　下面我们依然以初次需求量服从收入价格比率期望值为 4、方差为 1 正态分布的耐用消费品为例,说明创新频度短于耐用消费品使用年限对实际需求增长周期振幅的影响:假定产品创新发生在收入价格比率为 2.55 的第 18 个时点,比更新需求提前 4 个时点,产品创新引致更新需求提前发生,且产品创新频度保持 18 个时点不变。在此情境下,实际需求量(图 6-3 中的创新需求量)为初次需求与创新产品需求之和,其波动区间为 32 个单位到 42 个单位之间,实际需求增长周期(图 6-3 中的创新需求增速)的波动幅度在 -11.48% 到 11.48% 之间,即振幅缩小为 22.96%,远小于波长为 22 个时点的更新需求增长周期的振幅(37.72%)。

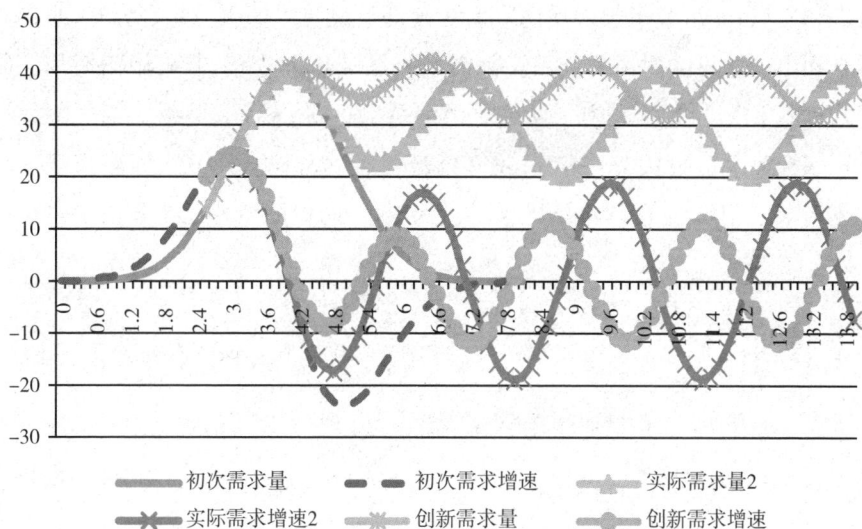

图 6-3　产品创新对实际需求增长周期的影响(%)

数据来源:根据收入价格比率期望值为 4、方差为 1 的假定条件模拟计算得到。

五、出口对消费品需求增长
周期振幅的影响

在考虑国际市场需求的开放条件下,消费品实际需求由国内需求和出口构成,实际需求增长周期由国内需求增长周期和出口增长周期共同决定,实际需求增长周期的振幅依然取决于收入价格比率方差的大小,出口对实际需求增长周期振幅的影响主要表现在五个方面:国际因素加入后收入价格比率方差增大,消费品增长周期振幅缩小;出口占比的提升将直接引致收入价格比率方差扩大,并降低实际需求增长周期振幅;出口引致的国内居民收入增速提高,会降低消费品实际需求增长周期的振幅;出口会改变消费品价格,间接改变消费品实际需求增长周期振幅;非市场因素引致的出口占比的不稳定性,会加剧消费品需求增长周期波动振幅。

在国内外居民收入分布均服从正态分布情况下,消费品实际需求由国内需求和出口构成,鉴于国内居民收入和国外居民收入均服从正态分布,由国内需求和出口构成的耐用消费品实际需求仍服从正态分布,非耐用消费品实际需求增速仍服从正态分布:假定耐用消费品的国内需求量服从 $X—N(u_1,\delta_1^2)$、国际需求量服从 $Y—N(u_2,\delta_2^2)$,假定国内人口规模为 A、国际市场人口规模为 B,且出口占国际市场需求比重为 β,一国耐用消费品实际需求量仍服从正态分布,其概率分布密度函数为 $P(z)=\dfrac{1}{\sqrt{2\pi}\times\Omega}e^{-\frac{(z-\Phi)^2}{2\Omega^2}}$,实际需求增速为 $n=P'(z)=\dfrac{1}{\Omega\sqrt{2\pi}}e^{-\frac{(z-\Phi)^2}{2\Omega^2}}\times\dfrac{(\Phi-z)}{\Omega^2}$,其中期望值 $\Phi=Au_1+\beta Bu_2$,方差 $\Omega^2=(A\delta_1)^2+(\beta B\delta_2)^2$。根据非耐用消费品需求量相当于耐用消费品累计需求量的特点,非耐用消费品需求量为国内外居民收入分布密度函数的积分,需求增速为以国内外居民收入价格比率为解释变量的正态分布函数,即 $n=\dfrac{1}{\sqrt{2\pi}\times\Omega}e^{-\frac{(z-\Phi)^2}{2\Omega^2}}$。据此推知,在考虑消费品出口的情况下,耐用消费品实际需求增长周

期振幅为 $H = \dfrac{2\,e^{-\frac{1}{2}}}{\Omega^2\sqrt{2\pi}}$，非耐用消费品实际需求增长周期的振幅为 $H = \dfrac{1}{\Omega\sqrt{2\pi}}$，消费品收入价格比率的方差为 $\Omega^2 = \sum\limits_{i=1}^{n}(z_i - \Phi)^2 = \sum\limits_{i=1}^{n}\left(\dfrac{y_i}{p_i} - \dfrac{y_\Phi}{p_\Phi}\right)^2$。

　　根据开放条件下消费品实际需求增长周期振幅公式，消费品实际需求增长周期的振幅依然取决于收入价格比率方差的大小，即收入水平越高、收入差距越大、消费品价格越低，收入价格比率方差越大，消费品实际需求增长周期振幅越小。但由于国外因素的加入，收入价格比率方差的变化将受国内需求收入价格比率的方差和国外需求收入价格比率的方差及出口占比等多方面因素影响，消费品实际需求增长周期振幅的影响因素也因此更为复杂。具体看，我们可以将开放条件下出口对消费品实际需求增长周期振幅的影响归纳为以下五个方面：

　　第一，出口将引致消费品实际需求增长周期振幅缩小。国外因素的加入将引致收入价格比率期望值提高，方差增大，消费品的需求曲线将变得更为平缓，实际需求增长周期的振幅将因收入价格比率方差的增大而降低。

　　第二，出口占比的提升将直接引致收入价格比率方差扩大，并降低实际需求增长周期振幅。在国内需求和国际市场需求不变的情况下，出口占比的提高意味着一国出口规模的扩大，出口对消费品实际需求增长周期的影响扩大，其中出口占比提高引致的收入价格比率方差增大，将降低实际需求增长周期的振幅。

　　第三，出口引致的国内居民收入增速提高，会降低消费品实际需求增长周期的振幅。出口规模扩大引致的需求规模扩张，会拉动经济增速和国内居民收入增速提高，间接引致收入价格比率方差增大，降低消费品实际需求增长周期的振幅。

　　第四，出口会改变消费品价格，间接改变消费品实际需求增长周期振幅。作为国内需求之外的新增需求因素，出口扩大会对消费品价格产生重要的需求支撑，由此引致的消费品价格上涨或下降幅度减小，会降低收入价格比率的方差，提高消费品实际需求增长周期的振幅。但出口引致的消费品总需求规模的扩大，也意味着生产规模扩大和生产成本的下降，又会间接降低消费品价格,提高收入价格比率方差,降低实际需求增长周期振幅。

第五,出口占比的不稳定性会加剧消费品需求增长周期波动振幅。一国出口不完全取决于市场因素,外部干预如出口配额、贸易保护等非市场因素会直接对出口产生影响,使出口变得不稳定,出口占比会因此出现波动,并导致消费品实际需求增长周期振幅出现不规则变化。

六、产业增长周期振幅的影响因素

任何消费品都有从原材料到最终产品的生产链,整个生产链构成一个消费品生产产业。消费品需求存在由居民收入分布正态特征决定的收入分布增长周期、由供给滞后决定的价格调整周期、由耐用消费品使用年限决定的更新需求增长周期、由产品创新频度决定的创新需求增长周期和出口增长周期;消费品产业产出也存在相应的收入分布增长周期、价格调整周期、更新需求增长周期、创新需求增长周期和出口增长周期。各种产业产出增长周期的波长由相应消费品需求增长周期的波长决定,影响消费品需求增长周期振幅的因素也必然会影响到产业产出增长周期的振幅,如消费品价格越高、消费品需求的价格弹性越低、耐用消费品使用年限越长、产品创新频度越低,消费品需求增长周期振幅越大,消费品产业增长周期振幅也越大。除影响消费品需求增长周期振幅的因素之外,产业产出增长周期的振幅还取决于产业乘数的大小和产业消费率的大小,产业乘数越大、产业消费率越高,从消费品需求增长周期振幅到产业产出增长周期振幅的放大幅度越大。

在假定增加单位消费品产出引致上游配套生产企业产出增加量(以下简称产业加速数)均为 β($0<\beta<1$)的情况下,消费品需求增速与消费品产业产出增速之间存在如下关系: $N_y = \left(\sum_1^n \beta^n + 1 \right) \times \dfrac{C}{y} \times N_C$,其中 N_y、N_c 分别为消费品产业产出增速和消费品需求增速,C、y 分别为消费品需求规模和消费品产业产出规模,系数 $\left(\sum_1^n \beta^n + 1 \right)$ 为消费品的产业乘数,C/y 为消费品需求与产业产出的比率(以下简称产业消费率)。

根据消费品需求增速与产业产出增速的关系式,我们可以进一步推导出产业产出增长周期振幅与消费品需求增长周期振幅的关系,以消费品收入分布增长周期振幅与产业产出收入分布增长周期振幅的关系为例,耐用消费品收入分布增长周期的振幅与产业产出收入分布增长周期振幅之间的关系为

$$H_y = \left(\sum_1^n \beta^n + 1 \right) \times \frac{C}{y} \times H_C = \left(\sum_1^n \beta^n + 1 \right) \times \frac{C}{y} \times \frac{2 e^{-\frac{1}{2}}}{\delta^2 \sqrt{2\pi}}$$,非耐用消费品收

入分布增长周期的振幅与产业产出收入分布增长周期振幅之间的关系为

$$H_y = \left(\sum_1^n \beta^n + 1 \right) \times \frac{C}{y} \times H_C = \left(\sum_1^n \beta^n + 1 \right) \times \frac{C}{y} \times \frac{1}{\sigma \sqrt{2\pi}}。$$

从消费品需求增速与产业产出增速之间的关系看,产业产出增速及其增长周期振幅取决于三大因素:

一是消费品需求增速与振幅。消费品需求增速越高、产业产出增速越高,消费品需求增长周期振幅越大、产业产出增长周期振幅越大。从影响消费品需求增长周期振幅的因素看,消费品价格越高,消费品收入分布增长周期振幅越大,消费品产业产出增长周期振幅也越大;消费品需求的价格弹性越低,消费品价格调整周期振幅越大,产业产出的价格调整周期振幅越大;耐用消费品使用年限越长,消费品更新需求增长周期振幅越大,产业产出更新需求增长周期的振幅也越大;产品创新频度越高,消费品创新需求增长周期振幅越小,产业产出创新需求增长周期振幅越小;出口占比提升幅度越大,收入价格比率方差越大,消费品实际需求增长周期振幅越小,产业产出增长周期振幅越小。

二是产业乘数。产业乘数 $\left(\sum_1^n \beta^n + 1 \right)$ 大于 1,其大小取决于产业链的长度和加速数 β 的大小,产业生产链越长、加速数越大,产业乘数越大,从消费品需求增速到产业产出增速的放大倍数越大。一般而言,耐用消费品价格较高,生产链比非耐用消费品长,耐用消费品的产业乘数要大于非耐用消费品的产业乘数,耐用消费品产业产出增长周期的振幅也大于非耐用消费品产业产出增长周期的振幅。重工业消费品的价格要高于轻工业消费品价格,重工业消费品产业链也长于轻工业消费品产业链,重工业消费品的产业乘数大于轻工业消费品的产业乘数,重工业产出增长周期的振幅也明显高于轻工业产

出增长周期的振幅。

三是产业消费率。在产业乘数相同的情况下,产业消费率越高,从消费品增长周期振幅到产业增长周期振幅的放大幅度越大。一般而言,产业链较长的消费品产业消费率较低,耐用消费品产业消费率要低于非耐用消费品产业消费率,如2007年我国食品、饮料制造及烟草制造业最终消费与出口占该行业总产出的比重为44.51%,衣着、服装及皮革产品制造业最终消费与出口占总产出的比重为46.23%,两个行业之外的其他制造业最终消费与出口占总产出的比重为22.9%。耐用消费品产业消费率较低会抑制产业产出增长周期的振幅,但由于耐用消费品产业链远长于非耐用消费品,耐用消费品的产业乘数要远大于非耐用消费品产业乘数,耐用消费品产业增长周期的振幅一般大于非耐用消费品产业增长周期振幅。特别是产业链很长、产业消费率很高的耐用消费品产业,产业增长周期的振幅会很高,如2007年机械设备制造业最终消费与出口占总产出比重高达32.28%,远高于其他制造业产业消费率,机械设备制造业工业产值增速振幅也明显大于轻工业产值增速振幅。

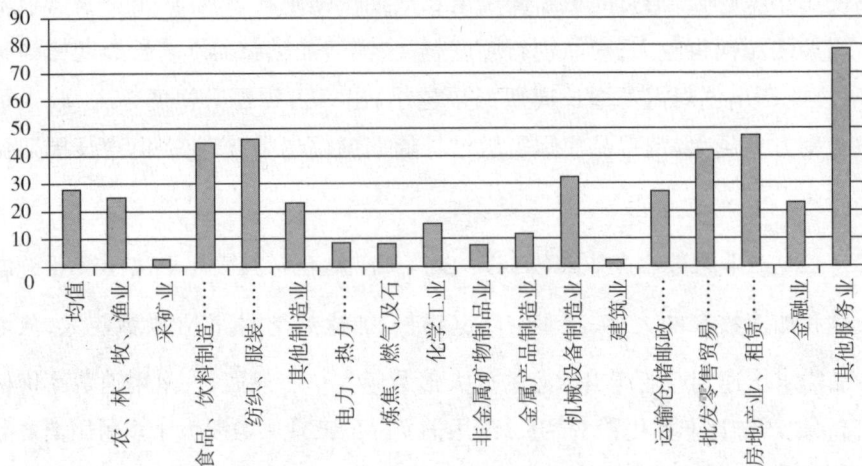

图6-4 2007年我国主要产业最终消费与出口占行业总产出比重(%)

数据来源:根据2012年《中国统计年鉴》"2007年投入产出基本流量表(最终使用部分)"提供数据计算得到。

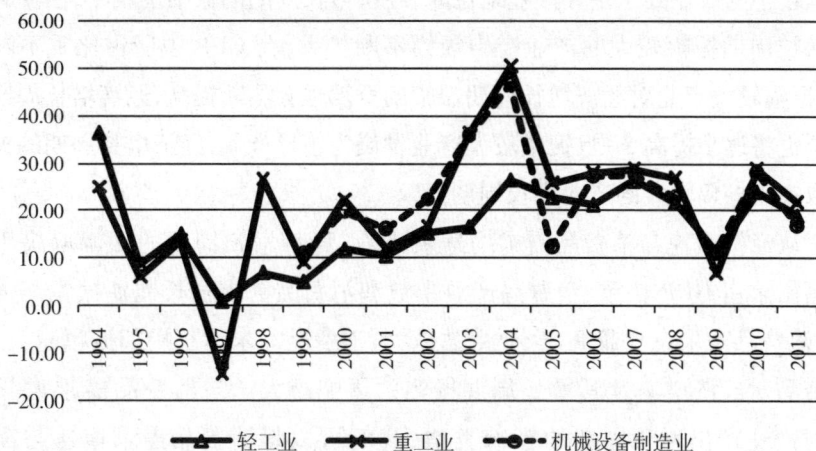

图 6-5　**1994 年到 2011 年我国工业总产值增速(%)**

数据来源:根据 WIND 资讯中国宏观数据库提供数据计算得到。

七、经济增长周期振幅的影响因素

在消费品生产链与消费品需求同步波动情况下,整个产业增长周期的波动幅度大于消费品需求增长周期波幅,但波长与消费品需求增长周期波长相同,产业增长周期对经济增长周期的影响取决于该产业在整个经济中的地位或产业增加值占 GDP 的比重,即经济增长周期的波长由占主导地位的产业增长周期波长所决定。

在假定整个经济由 n 个产业构成的情况下,产业产出增速 N_y 与经济增速 N 之间的关系为 $N = \sum_1^n \frac{y_n}{Y} \times N_{y_n}$。设第 n 个消费品的产业乘数为 $\alpha_n [\alpha_n = (\sum_1^n \beta^n + 1)]$,则消费品增速 Nc_n 与经济增速 N 的关系为 $N = \sum_1^n \frac{C_n}{Y} \times \alpha_n \times Nc_n$。

从产业产出增速与经济增速的关系式可知,经济增速取决于各个产业产出增速和各产业产出占 GDP 的比重,经济增长周期的波长与振幅取决于产出占 GDP 比重最高的主导产业产出增长周期的波长与振幅,产业结构转变在改变经济增长周期波长的同时,也会改变经济增长周期的振幅:当产出增长周期振幅较小的产业处于主导产业地位时,经济增长周期的振幅也较小,但随着产出增长周期振幅较大的产业产出规模不断扩大,在 GDP 中所占比重不断提高,振幅较大产业对经济增长周期振幅的贡献也会不断提高,经济增长周期的振幅也将逐步提高,一旦振幅较大产业发展为主导产业,经济增长周期的振幅将取决于振幅较大的产业增长周期振幅。

从经济增速与消费品需求增速关系看,经济增长周期的振幅取决于消费品需求占 GDP 比重、消费品产业乘数和消费品需求增长周期振幅三大因素,消费品需求占比越高、产业乘数越大、消费品需求增长周期振幅越大,该消费品对经济增速及其增长周期振幅的影响越大。与消费品需求增长周期对产业产出增长周期的影响类似,我们可以将消费品需求增速与需求增长周期振幅对经济增速与经济增长周期振幅的影响归纳为以下三个方面:

一是消费品需求增速与需求增长周期振幅。凡是影响消费品需求增速及需求增长周期振幅的因素,也必然对经济增速与经济增长周期振幅产生影响,消费品需求增速越高、需求增长周期振幅越大,经济增速越高、经济增长周期振幅越大。从影响消费品需求增速与需求增长周期振幅的因素看,主要包括以下七个方面:

(1)经济发展水平和居民收入水平较低时期,经济增速较高,经济波动幅度较大。居民收入水平越高,消费品收入价格比率方差越大,消费品需求增速越低,需求增长周期振幅越小,经济增速越低,经济增长周期振幅越小。

(2)居民收入差距缩小在提高经济增速的同时,也会加大经济增长周期的振幅。居民收入差距越小,消费品收入价格比率方差越小,消费品需求增速越高、需求增长周期振幅越大,经济增速越高、经济增长周期振幅越大。

(3)价值高的消费品需求规模的扩大,会引致经济增速提高,经济增长周期振幅加大。消费品价格越高,消费品收入价格比率方差越小,消费品需求增速越高、需求增长周期振幅越大,经济增速越高、经济增长周期振幅也越大。

(4)供给滞后会引致刚性需求产品增速大幅度波动,加大经济增长周期的振幅。消费品需求的价格弹性越低、供给价格弹性越高,消费品价格调整周期振幅越大,整个经济的价格调整周期振幅越大。

(5)更新需求在改变耐用消费品需求增长周期波动形态的同时,引致经济保持持续周期性增长。在没有更新需求的情况下,耐用消费品需求量达到最大值之后将持续下降。更新需求将引致耐用消费品实际需求在初次需求达到最大值之后依然保持周期性增长状态,实际需求进入更新需求增长周期,产业产出与整个经济也因此能够保持周期性增长,并进入更新需求增长周期。鉴于耐用消费品使用年限越长,消费品更新需求增长周期振幅越大,产业产出与经济的更新需求增长周期振幅也越大。

(6)产品创新频度越高,经济增长周期振幅越小。与更新需求性质类似,产品创新引致的创新需求会使消费品需求达到最大需求量之后仍保持周期性增长态势,产业产出与经济也因此出现创新需求增长周期。产品创新频度越高,消费品创新需求增长周期振幅越小,产业产出与经济的创新需求增长周期振幅也越小。

(7)出口扩大会引致经济增长周期的振幅缩小。出口占比提升幅度越大,收入价格比率方差越大,消费品实际需求增长周期振幅越小,产业产出与经济增长周期振幅越小。

二是消费品产业乘数。消费品的产业乘数 $\left(\sum_1^n \beta^n + 1 \right)$ 大于1,产业生产链越长、加速数 β 越大,产业乘数越大,从消费品需求增速到产业产出增速的放大倍数越大,该消费品对经济增长周期振幅的影响越大。鉴于耐用消费品的产业乘数要大于非耐用消费品的产业乘数,重工业消费品的产业乘数大于轻工业消费品的产业乘数,重工业耐用消费品需求增长周期振幅对经济增长周期振幅的影响要大于轻工业耐用消费品需求增长周期振幅的影响。

三是消费结构与消费需求占比。消费品需求规模占 GDP 比重反映该消费品在整个经济中的地位,占比越高,消费品对经济增速与经济增长周期振幅的影响越大。消费品需求规模占比还间接反映了消费品的产业消费率,消费品的产业消费率越高,消费品需求规模占 GDP 比重越高,消费品需求增速与需求增长周期振幅对经济增速及经济增长周期振幅影响越大。消费品需求规模占比的变化反映了消费结构的转变,当需求增长周期振幅较大消费品(如重工业耐用消费品)占比提升时,经济增长周期振幅也将扩大,而需求增长周期振幅较小的消费品(如非耐用消费品)占比提高,经济增长周期振幅将缩小。

第七章　经济增长周期的动态
　均衡增长状态

　　现代经济增长理论大致分为凯恩斯主义的非均衡增长理论和新古典主义的均衡增长理论两大学派。以各自的经济增长理论为基础,两大学派在经济增长周期的内生性与宏观调控政策的有效性问题上的观点与主张有巨大分歧。新古典主义学派认为经济增长周期是外生的、政府政策干预是无效甚至有害的;而凯恩斯主义学派则肯定经济增长周期的内生性,政府政策干预对刺激经济增长是有效的。本书研究表明,周期性波动是经济增长的内生性现象,是经济运行的常态,任何时期经济增速的周期性波动均存在瞬时均衡值,这一瞬时均衡值随经济结构和外部条件的改变呈动态发展状态。新古典主义的稳定均衡增长模型(索罗模型)仅是一个静态均衡增长模型,引入时间变量之后,动态化的索罗模型本身就是一个内生性增长周期模型,其瞬时均衡增长状态即为静态条件下的稳定均衡增长状态,新古典主义的稳定均衡增长理论与经济增长周期的动态均衡增长状态在本质上是一致的。从实际经济运行看,短期波动会影响到长期波动的波动形态及其动态均衡增长状态,但短期波动总是围绕长期波动展开,并以长期波动为其动态均衡值。这一研究的重要政策含义是,短期政策干预是维护经济平稳增长的有效措施,但政策干预应是适时适度的,且需要顺应经济增长的动态均衡增长趋势,出口对提升经济增速的动态均衡值具有重要作用。

一、周期性波动是经济运行的基本规律

自 19 世纪西方经济学家发现了经济活动中多种有规律的周期波动现象以来,西方经济学家们进行了大量研究,这些研究大致分为周期波动特点的统计分析和周期波动的原因两方面。作为实证检验,在经济周期波动的统计特征研究方面争议较少,通常将经济周期分为多种波长不同的短周期、中周期、中长周期和长周期。但在经济周期产生原因的研究方面争议颇多,早期的古典周期理论将不同周期归结为多种单一因素,后期研究以相关经济增长理论为基础分为凯恩斯学派周期理论和新古典周期理论两大类。两大学派的争议核心是经济增长周期的内生性,其中新古典学派以经济均衡增长理论为依据,认为经济增长是均衡的,经济周期波动是外生的,是外部冲击导致的经济对均衡增长状态的暂时偏离,经济会自动回归到均衡增长状态。而凯恩斯学派的周期理论打破了经济均衡增长的观点,认为经济增长是非均衡的,经济周期波动具有一定的内生性。从各国经济运行的实践看,虽然以经济总量出现绝对下降为特征的古典周期已不突出,在一定时期甚至会消失,但经济增速一直处于周期性波动状态,经济增速的周期性波动是经济运行的基本规律。

最早对经济周期内生性作出严谨理论分析的是新凯恩斯主义代表人物之一萨缪尔森,他在 1939 年提出的乘数—加速数交互作用模型首次从理论上证明了经济周期的内生性。[①] 这一模型阐明了经济周期的传导机制,即消费需求波动会引致投资及整个经济出现波动。同一时期,丁伯根、舒尔茨、莱斯和卡尔多共同提出的蛛网模型理论,运用弹性理论解释了生产周期较长的商品在失去均衡时发生波动的情况。[②]

萨缪尔森的乘数加速数交互作用模型和丁伯根的蛛网模型解释了古典经

---

①　Cf.Samuelson Paul A.:"Interactions between the Multiplier Analysis and the Principle of Accel-eration", *The Review of Economics and Statistics* 21.2(1939):75-78.

②　Cf. Tinbergen Jan: *Statistical Testing of Business - cycle Theories: I. A Me thodand Its Applicationto Investment Activity*.Vol.1.League of Nations,Economic Intelligence Service,1939.

济周期(经济总量周期性波动)的内生机制,我们从居民收入分布的正态特征出发进行的研究表明,居民消费需求增速均存在由居民收入分布正态特征所决定的内生性增长周期波动现象,整个经济增长存在由消费需求增长周期所决定的内生性周期波动现象:各国居民收入分布均呈正态分布,在居民收入分布呈正态分布情况下,居民耐用消费品需求分布将呈钟形的正态分布,非耐用消费品需求分布为"S"形的正态分布积分,耐用消费品需求增速将呈完整的周期性波动,非耐用消费品需求增速呈半个周期波动。在考虑耐用消费品更新需求和产品创新引致的创新需求情景下,耐用消费品和非耐用消费品需求增速均将呈持续的周期性波动走势。同时,由于各国居民收入分布均呈正态分布,国际市场需求及出口增速也呈周期性波动走势。在国内消费需求和出口增速均呈周期性波动情况下,通过产业关联,各产业产出及整个经济增速也必然呈周期性波动走势。①

　　实际经济运行中存在多种内生性增长周期,如每一种消费品需求增速都会存在多种周期波动,包括由居民收入分布决定的消费品需求增长周期,由供给滞后决定的价格调整周期,由耐用消费品使用期限决定的更新需求增长周期和技术进步决定的更新需求增长周期等。每一种周期的波长与振幅均不相同,同一时期不同周期波动的形态不同(波峰与波谷发生的时点不同),同一消费品及其相关产业的实际增长周期是各种周期波动的综合结果。同时,同一时期不同消费品及其相关产业的需求增长周期波动形态也会存在巨大差别,经济增速的实际周期性波动是多种消费品与出口产品及其相关产业需求增长周期共同作用的结果。当然,外部冲击会对经济的内生性增长周期产生影响,甚至改变周期波动的形态,但不会改变增长周期的内生性质。

二、经济增长周期的瞬时均衡值及其影响因素

　　任何周期性波动都会存在其瞬时均衡状态。多数周期性波动的动态均衡

---

① 参见李建伟:《居民收入分布与经济增长周期的内生机制》,《经济研究》2015年第1期。

值是非 0 的,只有将其动态均衡值剥离后,单一类型的需求增长周期才会简化为以 0 作为瞬时均衡值进行周期性波动。实际消费需求是由多种消费需求构成的,消费需求及经济增速周期性波动动态均衡值也是由不同需求增长周期共同决定的。由于消费品种类繁多,产业关联关系复杂,我们很难确定单一消费品的产业链,更难以准确判断单一消费品需求增长周期对整个消费需求和经济增长周期及其瞬时均衡值的影响。但影响不同消费品需求增长周期的因素有共同之处,这些因素在决定不同消费品需求增长周期波动形态的同时,也是影响整个消费需求和经济增长周期波动形态的因素(参见本书第五章和第六章)。鉴于经济运行是各种经济活动相互关联的半封闭循环系统,我们可以根据消费需求与投资需求和经济增长之间的关联关系,将影响消费需求及经济增长周期的因素纳入系统分析之中,将消费增速、投资增速和经济增速转化为其自身滞后变量的差分方程,通过差分方程分析各因素对经济增长周期及其瞬时均衡值的影响。系统分析结果表明,在任一时期,消费增速、投资增速和经济增速的周期性波动均存在呈动态发展状态的瞬时均衡值,均衡值取决于政府支出增速、政府支出率、净出口增速、净出口率以及投资的出口加速数 β、投资的消费加速数 α、消费率以及经济增速的消费弹性 γ 等八方面因素。由于不同时期八大影响因素会发生改变,不同时期经济增速的瞬时均衡值呈动态发展状态。

从需求角度看,经济增长取决于投资、居民消费、政府支出、出口和进口五大需求,其中投资在短期内是需求因素,中长期看又是供给因素,投资规模最终取决于出口和消费需求。消费需求取决于居民收入,居民收入又取决于经济增长。进口取决于国内投资需求和消费需求。据此,我们可以构建一个以政府支出和净出口为外生变量的简单宏观经济模型,具体结构如下:

(1) $Y_t = I_t + C_t + G_t + NE_t$

(2) $N_{Yt} = I_{t-1} / Y_{t-1} \times N_{It} + C_{t-1} / Y_{t-1} \times N_{Ct} + G_{t-1} / Y_{t-1} \times N_{Gt} + NE_{t-1} / Y_{t-1} \times N_{NEt}$

或 $N_{Yt} = \delta_{It-1} \times N_{It} + \delta_{Ct-1} \times N_{Ct} + \delta_{Gt-1} \times N_{Gt} + \delta_{NEt-1} \times N_{NEt}$

其中 Y_t、I_t、C_t、G_t、NE_t 分别为 t 期 GDP、投资、消费、政府支出和净出口,N_{Yt}、N_{It}、N_{Ct}、N_{Gt}、N_{NEt} 分别为 t 期 GDP、投资、消费、政府支出和净出口增速,δ_{It-1}、δ_{Ct-1}、δ_{Gt-1}、δ_{NEt-1} 分别为上期投资、消费、政府支出和净出口占 GDP 比

率,以下简称为投资率、消费率、政府支出率和净出口率。

假定投资取决于国内消费增量和净出口增量,即 $I_t = \alpha \times (C_t - C_{t-1}) + \beta \times (NE_t - NE_{t-1})$,$\alpha$、$\beta$ 分别为单位消费需求和单位净出口增量所需要的投资量,以下分别简称为投资的消费加速数和出口加速数。根据等式(2)可以推导出投资增速与消费增速和净出口增速的关系等式:

(3)$N_{It} = \alpha \times \delta_{Ct-1} / \delta_{It-1} \times (N_{Ct} - 1) + \beta \times \delta_{NEt-1} / \delta_{It-1} \times (N_{NEt} - 1)$

我们进一步假定本期消费需求增速取决于上期居民收入增速,而居民收入增速又取决于经济增速,即:

(4)$N_{Ct} = \gamma \times N_{yt-1}$,$\gamma$ 为经济增速的国内消费需求弹性系数(以下简称为消费弹性)。

根据模型等式(2)、(3)和(4),我们可以得到经济增速的差分方程:

(5)$N_{Yt} = \delta_{Ct-1} \times \gamma \times (\alpha+1) \times N_{Yt-1} + \delta_{Gt-1} \times N_{Gt} + (\beta+1) \times \delta_{NEt-1} \times N_{NEt} - (\alpha \times \delta_{Ct-1} + \beta \times \delta_{NEt-1})$

根据等式(5)我们可以得到经济增速的瞬时均衡值等式:

(6)$N_Y = \{\delta_{Gt-1} \times N_{Gt} + (\beta+1) \times \delta_{NEt-1} \times N_{NEt} - (\alpha \times \delta_{Ct-1} + \beta \times \delta_{NEt-1})\} / \{1 - \delta_{Ct-1} \times \gamma \times (\alpha+1)\}$

通过等式(3)、(4)、(5),我们同样可以推导出消费需求增速和投资增速的差分方程及其瞬时均衡值等式。

消费需求增速的差分方程为:

(7)$N_{Ct \times 1} = \delta_{Ct-1} \times \gamma \times (\alpha+1) \times N_{Ct} + \gamma \times \delta_{Gt-1} \times N_{Gt} + \gamma \times (\beta+1) \times \delta_{NEt-1} \times N_{NEt} - \gamma \times (\alpha \times \delta_{Ct-1} + \beta \times \delta_{NEt-1})$

消费需求增速周期性波动的瞬时均衡值等式:

(8)$N_C = \{\delta_{Gt-1} \times N_{Gt} + (\beta+1) \times \delta_{NEt-1} \times N_{NEt-} (\alpha \times \delta_{Ct-1} + \beta \times \delta_{NEt-1})\} \times \gamma / \{1 - \delta_{Ct-1} \times \gamma \times (\alpha+1)\}$

投资增速的差分方程为:

(9)$\delta_{It} \times N_{It} = (\alpha+1) \times \delta_{Ct} \times \delta_{It-1} \times N_{It} + (\alpha-\beta) \times \delta_{Ct} \times \delta_{NEt-1} \times N_{NEt} + \beta \times \delta_{NEt} \times N_{NEt+1} + \alpha \times \delta_{Ct} \times \gamma \times \delta_{Gt-1} \times N_{Gt} + \{\alpha \times \delta_{Ct} \times (\gamma \times \delta_{Ct-1} - 1) + \gamma \times \beta \times \delta_{Ct} \times \delta_{NEt-1} - \beta \times \delta_{NEt}\}$

投资增速周期性波动的瞬时均衡值等式:

(10)$N_{It} = \{(\alpha-\beta) \times \delta_{Ct} \times \delta_{NEt-1} \times N_{NEt} + \beta \times \delta_{NEt} \times N_{NEt+1} + \alpha \times \delta_{Ct} \times \gamma \times \delta_{Gt-1} \times N_{Gt} +$

$$\{\alpha\times\delta_{Ct}\times(\gamma\times\delta_{Ct-1}-1)+\gamma\times\beta\times\delta_{Ct}\times\delta_{NEt-1}-\beta\times\delta_{NEt}\}\}/\{\delta_{It}-(\alpha+1)\times\delta_{Ct}\times\delta_{It-1}\}$$

根据一阶线性差分方程的性质①,经济增速、消费需求增速和投资增速的一阶线性差分方程表明,在将政府支出增速和净出口增速作为外生变量情况下,经济增速、消费需求增速和投资增速具有内生性的周期性波动现象,但受投资率、消费率、政府支出率、净出口率以及消费加速数、出口加速数和消费弹性变化影响,不同时期消费增速、投资增速和经济增速的周期性波动形态会发生改变。这一结论与我们在"居民收入分布与经济增长周期的内生机制"得出的经济存在内生性增长周期的结论是一致的。②

从经济增速、消费增速和投资增速周期性波动瞬时均衡值等式(6)、(8)、(10)我们可以看到,在任何时点,经济增速、消费增速和投资增速的周期性波动均存在瞬时均衡值。周期性波动的瞬时均衡值取决于多方面因素,包括政府支出增速、政府支出率、净出口增速、净出口率以及投资的出口加速数 β、投资的消费加速数 α、消费率以及经济增速的消费弹性 γ 等八个因素。只有在八方面因素均保持不变的情况下,周期性波动的瞬时均衡值才会保持不变。但从实际经济运行情况看,政府支出增速和出口增速总是变动的,政府支出率和净出口率也会因此改变,经济周期性波动的瞬时均衡值会随着政府支出和出口增速及其占比的改变而改变。进一步看,即使政府支出增速和出口增速及其比率保持不变,其他四个因素也会随着经济发展而改变,譬如收入水平的提高会引致消费支出结构从食品消费向耐用消费品转变,消费结构的改变又会引致产业结构从农业向非农产业演变。耐用消费品的产业链要处于食品产业链,投资的消费加速数会因此提高,消费率以及经济增速的消费弹性也会相应改变,出口结构的改变也同样会导致投资的出口加速数发生改变。在消费率、消费弹性、消费加速数、出口加速数不断变化的作用下,消费、投资及经济增速周期性波动的瞬时均衡值也将随着经济结构的改变而呈动态发展。因此,消费、投资及经济增速周期性波动的瞬时均衡增长状态是一种动态的均衡增长状态。

---

① 参见[美]蒋中一:《数理经济学的基本方法》,商务印书馆 1999 年版,第 717—728 页。
② 参见李建伟:《居民收入分布与经济增长周期的内生机制》,《经济研究》2015 年第 1 期。

三、新古典主义的稳定增长理论与经济增长
周期动态均衡增长状态的一致性

在经济周期研究中,以索罗的稳定增长理论(以下简称索罗模型)为基础的新古典主义学派一直否定经济增长周期的内生性。那么,索罗的稳定增长理论能否作为否定经济增长周期性波动内生性的依据? 索罗的稳定增长状态与我们所分析的经济增长周期性波动的动态均衡增长状态之间是否存在联系? 我们的分析表明,索罗模型本身是一个静态稳定增长模型,这一模型仅仅证明了静态条件下经济增长存在稳定增长状态,并没有否定动态条件下经济运行周期性波动的内生性。将时间变量引入索罗模型后,动态化的索罗模型本身即是一个内生性经济增长周期模型,且在动态条件下索罗模型周期性波动达到瞬时均衡增长状态的条件与静态条件下达到稳定增长的条件一致。同时,动态条件下索罗模型所揭示的资本与劳动力比率的周期性波动,主要取决于投资增速的周期性波动,是经济运行的周期性波动在供给领域的具体表现,其均衡增长状态与经济周期性波动的动态均衡增长状态在本质上是一致的。

(一)索罗稳定增长理论模型的基本架构

索罗的稳定增长理论模型是从供给决定需求的前提出发,在一系列严格假定条件下得出了经济增长存在稳定增长状态。这一模型的假定条件包括规模报酬不变、劳动力充分就业、生产函数是一次齐次、边际产出递减、资本与劳动力可相互替代、前期储蓄全部转化为投资等,模型的基本架构为:$Y = F(K, L)$,$K' = s \times F(K, L)$,$L'/L = n$,$Y/L = F(K/L, 1) = f(r, 1)$,其中 Y、K、L、$f(r, 1)$分别为产出、资本、劳动力和人均产出,K'为投资,s 为储蓄率,n 为劳动力增长率,r 为资本与劳动力比率。索罗稳定增长理论模型的基本方程是 $r' = s \times f(r, 1) - n \times r$,这一方程表明,存在资本与劳动力的稳定比率,使经济增长处于稳定增长状态,即当 $s \times f(r, 1) = n \times r$ 时,资本与劳动力比率 r 的一阶导数 $r' = 0$,此

时 r 为特定比率 R。当 s×f(r,1)>nr 时,r′>0,r 将不断上升,而当 s×f(r,1)<nr 时,r′<0,r 将不断下降,因此资本与劳动力比率 r 最终将稳定在 R,经济(产出)在 r 达到 R 时将处于稳定增长状态,经济(产出)增速与资本增速均为劳动力增速 n。[1]

(二)动态化索罗稳定增长理论模型的周期性波动特征

索罗稳定增长模型是一个静态均衡增长模型,其基本方程证明了经济增长存在静态的稳定均衡增长状态,但这种静态的稳定均衡增长状态并不能否定动态的经济增长本身存在内生性周期性波动。从动态看,索罗模型中资本与劳动力比率在偏离其均衡值时能够向均衡值回归,正是经济增长具有内生性周期性波动的特征。

为检验索罗稳定增长模型的动态特征,在保持索罗模型假定前提条件不变的情况下,我们将时间变量引入索罗的稳定增长模型,即本期产出取决于本期资本与劳动力数量,$Y_t = F(K_t, L_t)$ 或 $Y_t/L_t = f(r_t, 1)$;本期投资等于上期储蓄,$K'_t = K_t - K_{t-1} = sY_{t-1}$。

根据新的投资等式,可以得到资本与劳动力比率的差分方程,即:$K_t/L_t - (L_{t-1}/L_t) \times K_{t-1}/L_{t-1} = sY_{t-1}/L_{t-1} \times L_{t-1}/L_t$,即 $n \times r_t - r_{t-1} - s \times f(r_{t-1}, 1) = 0$。根据差分方程的性质[2],资本与劳动力比率 r 会存在内生性的周期性波动现象,周期性波动的形态取决于劳动力增长率 n 和储蓄率 s。周期性波动存在瞬时均衡值,在资本与劳动力比率达到均衡值 R 时满足等式 $s \times f(R,1) = (n-1) \times R$,这一等式与静态条件下资本与劳动力比率达到均衡值的等式 $s \times f(R,1) = n \times R$ 基本相同,两等式的唯一区别在于等式右端的系数,一个为劳动力增长幅度 (n-1),一个为劳动力增长率指数 n。两等式出现这一差别的原因是,静态条件下投资的等式没有考虑到动态条件下本期投资是上期储蓄这一动态因素。同时,由于假定储蓄率 s 和劳动力增长率 n 保持不变,根据等式 $s \times f(R,1) = (n-1) \times R$,资本与劳动力比率 r 的瞬时均衡值 R 也是不变的。但在实际经济运

---

[1] 参见[美]索罗:《经济增长论文集》,商务印书馆 1989 年版,第 19—25 页。
[2] 参见[美]蒋中一:《数理经济学的基本方法》,商务印书馆 1999 年版,第 744—759 页。

行中,即使劳动力增长率保持不变,储蓄率 s 也会随着经济结构的调整而变动的,因此,资本与劳动力比率周期性波动的瞬时均衡值也是呈动态发展状态的。

由于索罗模型中人均产出函数 f(r,1) 是 r 的单调递增的上凸函数,即人均产出函数的一阶导数 f'(r,1) 大于或等于 0,二阶导数 f''(r,1) 小于 0,在资本与劳动力比率 r 呈周期性波动情况下,人均产出 f(r_t,1) 及其增速也必然是周期性波动的。根据产出函数 Y_t/L_t=f($r_{t,1}$),产出增速 N_t 是劳动力增长率 n 与人均产出增速的乘积,即 N_t=n×f(r_t,1)/f(r_{t-1},1),在人均产出增速周期性波动情况下,产出(经济)增速也必然是周期性波动的,产出(经济)增速周期性波动的瞬时均衡值取决于资本与劳动力比率的均衡值 R,由于在 r 处于均衡值时人均产出也处于均衡值,在劳动力增长率 n 和储蓄率 s 保持不变情况下,不同时期人均产出的均衡值相同,产出(经济)增速周期性波动的瞬时均衡值为劳动力增长率 n。在劳动力增长率 n 不变情况下,动态化索罗模型经济增速周期性波动的瞬时均衡值也是不变的,即经济存在稳定均衡增长状态,这与静态条件下索罗模型的结论相同。但在劳动力增长率或储蓄率发生变动情况下,动态化索罗模型产出增速的瞬时均衡值也是动态发展的。

上述分析表明,静态条件下索罗的稳定增长模型仅仅证明了在特定时点经济增长存在瞬时均衡增长状态,动态条件下资本与劳动力比率及产出的周期性波动是经济运行的常态,只有劳动力增长率 n 和储蓄率 s 保持不变情况下,资本与劳动力比率和产出增速周期性波动的瞬时均衡值才会保持不变,但实际经济运行中,资本与劳动力比率和产出增速的瞬时均衡值均会随着劳动力增长率或储蓄率的变动而改变。

(三)动态化索罗稳定增长理论模型的均衡增长状态与经济增长周期动态均衡增长状态的一致性

实际经济增长是供求两方面因素共同决定的,索罗的稳定增长模型仅考虑了资本和劳动力两大决定经济增长的供给因素,拓展后的模型也仅是将技术进步纳入模型之中①,以此为基础衍生的各种新古典主义增长模型多数是

---

① 参见[美]索罗:《经济增长论文集》,商务印书馆 1989 年版,第 152—169 页。

索罗模型的变形,如将资本和劳动力化为社会总资本和人力资本等,总体框架没有突破索罗模型的基本架构。这一理论的局限性是仅考虑了供给因素对经济增长的影响,没有考虑有效需求对经济增长的影响。我们将时间因素引入后,动态化的索罗模型所反映的资本与劳动力比率的周期性波动,仅是经济运行的周期性波动在供给领域的表现。从整个经济运行的周期性波动及各种经济活动的关联关系看,鉴于劳动力增长率取决于人口增长率,在一定时期劳动力供给的趋势是确定的,在充分就业假定前提下(索罗模型的假定条件之一),资本与劳动力比率的周期性波动,很大程度上是源于资本增速的周期性波动,而资本增速的周期性波动取决于投资增速的周期性波动。从需求角度看,投资作为决定供给的因素之一,其增速的周期性波动最终取决于消费需求和出口增速的周期性波动。至此,我们大致理清了经济增速周期性波动的动态均衡增长状态与索罗稳定增长模型的稳定增长状态之间的内在联系,即动态化索罗模型所反映的资本与劳动力比率的周期性波动,是由投资增速的周期性波动所引致的,是整个经济运行周期性波动在资本与劳动力比率上的具体体现,由资本与劳动力比率周期性波动所决定的均衡增长状态在本质上与经济运行周期性波动所决定的动态均衡增长状态是一致的,都是由引致消费需求和出口增速周期性波动的各种因素所决定的。

索罗模型的稳定增长状态是在假定劳动力充分就业的前提下得出的,这一稳定增长率因此被视为潜在增长率。但充分就业并非索罗模型的必要条件,静态的索罗模型假定资本与劳动力可相互替代,本身就隐含了资本数量或劳动力就业人数是可变的,在没有达到稳定增长状态前,资本与劳动力比率低于或高于稳定增长状态下的资本与劳动力比率,隐含了劳动力就业没有达到充分就业或资本存量没有达到劳动力充分就业所需水平两种可能。从动态化的索罗模型差分方程可知,即使就业达不到充分就业,劳动力增速在不同时期出现变化,任何时期经济增长都会存在其瞬时均衡增长状态,只是不同时期瞬时均衡值将发生改变,均衡增长状态是动态的、非稳定的。在实际经济运行中,非充分就业是劳动力就业的常态,经济增速周期性波动的动态均衡值是实际经济增长的内在趋势,并非充分就业情况下的潜在产出增长率。

四、实证检验：短期波动对长期波动的
影响及其动态均衡增长状态

经济增速的周期性波动及其动态均衡增长状态是多种产品与产业不同类型周期波动的综合结果，每种周期性波动均存在其动态均衡增长状态，影响一种周期性波动及其动态均衡增长状态的因素，会通过经济活动之间的关联关系改变其他经济指标周期性波动的形态及其动态均衡增长状态。下面我们以消费增速的短期波动对长期波动的影响为重点，借助三大需求与经济增长的相互关联关系，分析经济增速的短期波动对长期波动的影响，阐明长期波动即为短期波动动态均衡值的内在机制。

我们在第五章已提出，每种消费品都会存在两大类需求增长周期，一类是由居民收入分布的正态特征决定的收入分布增长周期，其波动形态取决于居民收入水平、收入分布结构和消费品价格。居民收入增速越高、收入差距越小、消费品价格越低、价格下降幅度越大，消费品及整个经济的收入分布增长周期的波长越短。第二类是价格调整周期、更新需求增长周期、创新需求增长周期和出口增长周期等短周期，其波长由供给滞后期、产品使用年限、产品创新频度和出口决定。收入分布增长周期波长最长，如我国城镇居民家庭彩电、电冰箱、洗衣机和家庭乘用车收入分布增长周期的波长分别为 27 年、32 年、32 年和 64 年(参见本书第八章)，但包含了价格调整周期、更新需求增长周期、产品创新需求增长周期等周期性波动在内的实际消费需求增长周期波长较短，如 1978 年到 2012 年期间我国彩电、电冰箱、洗衣机和家庭乘用车实际需求增长周期的平均波长分别为 6 年、6.2 年、8 年和 12 年(参见本书第八章)。

从短期波动与长期波动的关系看，由于短期波动的发生频度高于长期波动的发生频度，短期波动发生后，会改变消费品价格与居民收入水平，那么，由短期波动引致的价格波动和收入水平的波动会否改变长期波动的波动形态？

第一，消费需求增速短期波动引致的价格变化不会改变其长期波动的形

态。价格变化是决定长期波动形态的主要因素之一,消费品价格越低、价格下降幅度越大,消费品收入分布增长周期的波长越短、振幅越大。鉴于有规律的短期波动总是对称性的波动,短期波动引致的价格变化不会改变消费品价格的长期趋势,从长期看,短期波动引致的价格波动不会改变长期波动的波动形态。如价格调整周期对收入分布周期的影响,价格调整周期处于上升期或供不应求时的价格上涨会导致部分消费者退出购买者队伍,通过提高消费品价格平均涨幅延长收入分布增长周期的波长;价格调整周期处于下降期或供过于求时价格的大幅度下降又会引致较低收入者提前加入购买者队伍,并通过降低消费品价格平均涨幅缩短收入分布增长周期的波长;从较长时期看,价格调整周期在价格上升期对收入分布增长周期波长的延长作用与价格下降期的收缩效应会相互抵消。① 居民收入分布增长周期的振幅取决于居民收入与价格比率方差的大小,方差越大,增长周期振幅越小。短期波动引致的价格波动幅度加大,短期内会缩小居民收入与价格比率的方差,加大长期波动的波动幅度,但从长期看,只要短期波动引致的价格波动是对称性的波动,就不会改变价格的长期走势,短期波动引致的价格波动也不会改变长期波动的振幅。其他短期波动如更新需求增长周期、创新需求增长周期和出口增长周期引致的价格波动,只要是对称性的价格波动,就不会对消费品收入分布增长周期的波动形态产生影响。

　　第二,能够持久改变收入增速的短期波动会影响长期波动的波动形态。收入增速及收入差距是决定消费品收入分布增长周期波动形态的第二大因素,收入增速越高,收入差距越大,收入分布增长周期的波长越短,振幅越小。从长期看,价格调整周期对称性的价格波动不会对收入增速产生持久性影响,但会改变不同群体的收入水平或收入分布结构。如农产品价格的上涨会增加农民和流通领域农产品经营者的收入,相对降低城镇居民收入(购买农产品支出增加),农产品价格下跌时农民收入会减少,城镇居民支出也会减少,但流通环节经营者的收入不一定同步下降,由此导致一个价格调整周期之中,不同群体收入结构出现变化,居民收入差距扩大会引致收入分布增长周期波长

---

　　① 参见本书第五章。

缩短,振幅减小。此外,更新需求、创新需求和出口是新增需求因素,会增加居民收入,引致居民收入增速的提高,居民收入分布增长周期的波长也会因此缩短。

第三,由于短期波动总是围绕长期波动展开,消费需求的长期波动即是其短期波动的动态均衡值。从短期波动与长期波动的相互关系看,短期波动波长较短,一个长期波动会包含多个短期波动。因此,无论短期波动是否会改变长期波动的波动形态,短期波动总是被包含在长期波动之中。或者说短期波动总是围绕着长期波动展开,长期波动即是短期波动的中值或动态均衡值。

第四,在确定了消费需求增速的短期波动与长期波动的相互关系之后,根据三大需求与经济增长的关联关系,整个经济运行的短期波动也是以长期波动为动态均衡值。从需求决定角度看,短期内经济增长取决于消费、投资和出口三大需求,长期看消费和出口是决定性需求因素,作为供给因素的投资也取决于消费和出口,但消费又取决于由经济增长决定的收入水平。由此,经济运行可以看作以消费为起点、以出口为外生变量的半封闭循环系统,经济运行的周期性波动也是以消费需求增速周期性波动为起点、以出口增速周期性波动为外生变量的半封闭循环系统,消费和出口增速的动态均衡增长状态也将成为投资及整个经济增速动态均衡增长状态的基础性因素,而经济增速的动态均衡增长状态又会成为影响消费增速动态均衡增长状态的决定性因素。由于消费增速的短期波动总是围绕长期波动展开并以长期波动为动态均衡值,由消费增速决定的投资增速及整个经济增速的短期波动,也必然围绕投资与经济增速的长期波动展开并以其长期波动为动态均衡值。

第五,我国经济增速的周期性波动为本书分析提供了实证支持。我们运用 BP 滤波和 HP 滤波对 1992 年一季度到 2014 年四季度我国 GDP 增速进行周期分离后,得到我国 GDP 增速的短期波动(GDP 增速本身)、中期波动、中长期波动、长期波动和长期均衡值,如图 7-1 和图 7-2 所示。从周期波动情况看,我国 GDP 增速(短期波动)总是围绕中期波动展开,中期波动、中长期波动和长期波动又总是以中长期波动、长期波动和长期均衡值为动态均衡值展开,整个经济增速最终是以长期均衡值为动态均衡值展开的。同时,1992年到 2014 年我国 GDP 增速的长期均衡值也表现为明显的周期性波动走势,

其走势反映了我国经济发展从轻工业化(1990 年到 1999 年)到重化工业化
(1999 年到 2007 年),再到工业化后期(2007 年以后)的阶段性发展特征,对
此我们将在第十章进行深入分析。

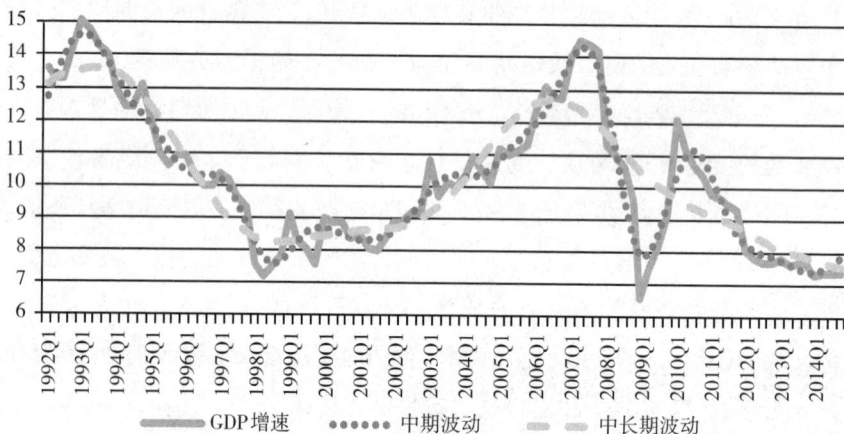

图 7-1　1992 年一季度到 2014 年四季度 GDP 增速及其中期波动和中长期波动(%)
数据来源:根据 WIND 资讯提供 GDP 增速数据经滤波处理后得到。

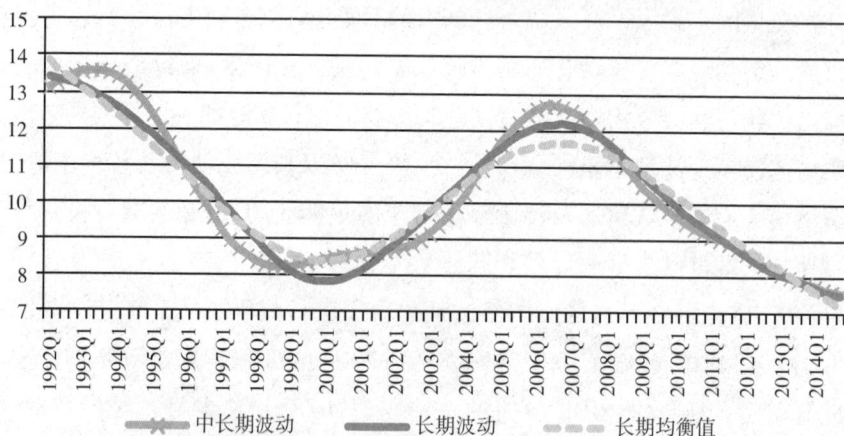

图 7-2　1992 年一季度到 2014 年四季度 GDP 增速的中长期波动、
长期波动和动态均衡值(%)

数据来源:根据 WIND 资讯提供 GDP 增速数据经滤波处理后得到。

五、结论与政策含义

上述分析表明,经济增长的周期性波动是经济运行的常态,任何时期经济增速的周期性波动均存在其动态均衡增长状态,动态化的新古典主义稳定均衡增长模型本身即是一个内生性增长周期模型,其稳定均衡增长状态与经济增长周期的动态均衡增长状态是一致的,是经济增长周期动态均衡增长状态在供给领域的具体体现。这一发现解决了凯恩斯主义非均衡增长理论与新古典主义均衡增长理论之间的分歧,即凯恩斯主义非均衡增长理论偏重于经济增长的周期性波动,而新古典主义均衡增长理论偏重于经济增长周期性波动的动态均衡增长状态,两大理论是从不同角度阐释经济运行周期性波动的基本特征,在本质上是一致的。将理论分析结论与实际经济运行结合起来看,实际经济运行中短期波动总是围绕长期波动展开,并以长期波动为动态均衡值,短期波动引致的价格对称性波动不会改变长期波动的形态,但能够改变收入增速的短期波动因素会改变长期波动的波动形态及其动态均衡增长状态。根据这一分析结论,我们可以更全面地理解宏观调控政策的有效性与适时适度政策干预的重要性。

一是短期政策干预是维护经济平稳增长的有效措施。新古典主义以均衡增长理论为基础,认为经济增速周期性波动是经济运行对均衡增长状态的暂时偏离,经济运行会自动回归均衡增长状态,政策干预是不必要的。但实际上短期经济波动会影响到长期波动或动态均衡增长趋势,对短期波动进行干预是维护经济平稳增长的有效措施,特别是在经济运行遇到重大外部冲击时,及时的政策干预是防止经济增长深度偏离内在增长趋势的必需措施。

二是政策干预应适时适度。经济增长周期波动具有很强的内生性,适应性政策干预可以减小短期波动的振幅,但干预政策力度过大或时点错位也会加大经济波动的振幅,需要根据经济运行的周期性波动阶段相机抉择。如在当前我国经济运行处于周期性波动底部状态下,一些重大改革措施有利于长期增长,但也会产生短期紧缩效应,需要采取必要的托底政策以防止经济增速深度下滑。

三是政策干预需顺应经济的动态均衡增长趋势。经济增速的动态均衡增长趋势反映了经济增长的内在趋势和阶段性发展特征,短期政策的有效性取决于其是否与动态均衡增长趋势相适应。譬如在耐用消费品需求达到饱和情况下,以刺激耐用消费品需求为主的政策就难以发挥刺激经济增长的作用,力度过大只能导致经济出现滞涨。在此情景下,只有能够鼓励企业创新、带动创新需求的政策措施才会提升经济增速。

四是外需对提升经济增速的动态均衡值具有重要作用。在以出口为外生变量的半封闭循环系统之中,投资需求和消费需求均为内生变量,政府支出也受制于经济增长,出口增速的提高是提升经济增速动态均衡值或中长期增长趋势的重要外生因素。

第八章 我国耐用消费品的需求增长周期 及其对经济增长周期的影响

工业化时期耐用消费品需求是经济增长的基础动力。在居民收入服从正态分布情况下,耐用消费品需求存在由居民收入分布的正态特征所决定的收入分布增长周期,供给滞后、需求更新、产品创新以及出口又会引致耐用消费品实际需求出现价格调整周期、更新需求增长周期、创新需求增长周期和出口增长周期等实际需求增长周期。1978 年以来,彩电、电冰箱和洗衣机等家用电器与家庭乘用车是我国城乡居民耐用消费品支出的重点。分析表明,我国城镇居民家庭彩电、电冰箱、洗衣机和家庭乘用车收入分布增长周期的波长分别为 27 年、32 年、32 年和 64 年,农村居民家庭彩电、电冰箱和洗衣机需求的收入分布增长周期的波长大约为 27 年、37 年和 39 年。产品创新会对原产品产生很强的替代效应,1997 年以后农村居民家庭对黑白电视机的需求逐步被彩电替代。更新需求、供给滞后、技术进步等因素使耐用消费品实际需求增长周期短波化,1978 年到 2012 年期间我国彩电、电冰箱、洗衣机和家庭乘用车有 3 到 5 个实际需求增长周期,各周期的平均波长分别为 6 年、6.2 年、8 年和 12 年,但各周期的波长趋于延长。耐用消费品需求重点的转变对居民消费结构和经济增长周期波长具有重要影响,1978 年以后我国居民耐用消费品需求重点从家用电器为主逐步转向家庭乘用车,GDP 增长周期波长也从第一个周期(1978 年到 1984 年)的 6 年延长到第二个周期(1984 年到 1992 年)的 8 年和第三个周期(1992 年到 2007 年)的 15 年。2007 年以后我国城乡居民家用电器需求逐步进入饱和需求状态,家用电器和乘用车实际需求增长周期先后进入周期性下降期,加上家用电器和汽车出口大幅度下降,GDP 增速由此进入中长期回调阶段。未来国内城乡居民家用电器的需求将以更新需求和创新需求为主,乘用车需求已过初次需求的加速增长期,但以高收入家庭更新需求和中等收入家庭初次需求为主的乘用车实际需求仍将快速增长,为我国重工业和经济快速增长提供重要需求支持。应鼓励国内企业扩大耐用消费品出口,加大对企业产品创新的支持力度,以延长乘用车需求增长期,提高耐用消费品需求对经济增长的贡献。

一、我国城镇居民家庭家用电器和家庭乘用车的收入分布增长周期波长

　　耐用消费品累计需求量呈"S"形,即达到饱和需求状态后耐用消费品需求量将稳定在一定水平保持不变,我们可以据此判断耐用消费品收入分布增长周期的波长。从我国城镇居民每百户家庭拥有的彩电、冰箱和洗衣机数量看,我国城镇居民的彩电需求在 2007 年已达到饱和需求状态,其收入分布增长周期的波长在 27 年左右。电冰箱和洗衣机需求在 2012 年已接近饱和需求状态,其收入分布增长周期的波长均在 32 年左右。2012 年每百户城镇居民家庭乘用车拥有量只有 21.5 辆,按其需求函数估算,乘用车收入分布增长周期的波长在 64 年左右。乘用车收入分布增长周期波长远大于家用电器收入分布增长周期波长,决定性因素是乘用车价格远高于家用电器价格。彩电收入分布增长周期波长短于洗衣机和电冰箱增长周期波长,重要原因是彩电产品创新频度高于洗衣机和电冰箱更新换代频度。

　　从国家统计局城乡居民家庭抽样调查数据看,彩电、冰箱和洗衣机等家用电器在 1980 年左右即已进入城乡居民家庭,我们将从每百户家庭拥有家电数量达到 100 台作为判定家电与家庭乘用车耐用消费品达到饱和需求的标准,每百户城镇居民家庭拥有的彩电数量在 1997 年即达到 100.48 台,达到饱和需求状态,但此后仍持续上升,在 2007 年达到 137.79 台后停止上升。我们将 1980 年作为城镇居民彩电需求增长周期的起始点,将 1997 年以后城镇居民家庭彩电消费需求量的持续上升视为产品创新引致的需求扩张,将累计需求

量相对稳定的 2007 年作为彩电需求饱和点。据此估计,包含创新产品在内,我国城镇居民彩电收入分布增长周期的波长为 27 年。

我国每百户城镇居民家庭拥有的洗衣机和电冰箱数量分别从 1985 年的 48.29 台和 6.85 台提高到 2007 年的 96.77 台和 95.03 台,此后提升幅度明显缩小,到 2012 年的 98 台和 98.5 台,即 2012 年城镇居民家庭的洗衣机和电冰箱需求已接近或达到饱和需求状态。1978 年我国家庭用洗衣机和电冰箱产量只有 0.04 万台和 2.8 万台,洗衣机和电冰箱也是在 1980 年左右开始进入城镇居民家庭的。据此估计,我国城镇居民家庭洗衣机和电冰箱需求的收入分布增长周期波长在 32 年左右。

家庭乘用车也在 1985 年左右开始进入城镇居民家庭,1985 年我国私人拥有汽车 1.95 万辆,但没有乘用车的统计数据。从城镇居民家庭抽样调查数据看,1999 年每百户城镇居民家庭拥有乘用车数量为 0.34 辆,2009 年乘用车拥有量提高到 10.89 辆,到 2012 年乘用车拥有量提高到 21.5 辆,相当于占家庭总数 20% 的最高收入和高收入家庭已实现乘用车需求。2011 年城镇居民家庭高收入户户均可支配收入 9.1439 万元,中等收入户户均可支配收入 5.5117 万元,中等偏下收入户户均可支配收入 4.364 万元。按 2001 年到 2011 年中等收入家庭和中等偏下收入家庭收入年均增长 10.4% 和 10.1% 的速度估算,中等收入家庭和中等偏下收入家庭要提高到 2011 年高收入家庭的收入水平分别需要 5.1 年和 7.7 年。2011 年每百户城镇居民家庭拥有乘用车数量为 18.58 辆,即在高收入家庭收入水平提高到 5.5117 万元的水平时,包括最高收入和高收入家庭在内的 20% 城镇居民家庭接近完全实现乘用车需求。据此估算,在乘用车价格不变和中等收入家庭可支配收入保持 10% 左右平均增速的情况下,中等收入家庭和中等偏下收入家庭要实现乘用车需求分别需要 5.1 年和 7.7 年,即分别到 2017 年和 2020 年。中等收入家庭是家庭户数占比最大的需求群体,这意味着城镇居民乘用车需求量要到 2017 年左右才能达到极大值。据此,如果将 1985 年作为城镇居民家庭乘用车需求的起始点,城镇居民家庭乘用车需求的收入分布增长周期波长大约为 64 年。

比较彩电、洗衣机、电冰箱等家用电器与家庭乘用车收入分布增长周期波长可以看到,乘用车的增长周期波长要远大于家用电器,其决定性因素是乘用车的价格要远高于家用电器的价格。彩电的收入分布增长周期波长短于洗衣机和电冰箱收入分布增长周期波长,重要原因是彩电的产品创新频度远高于洗衣机和电冰箱更新换代的频度。

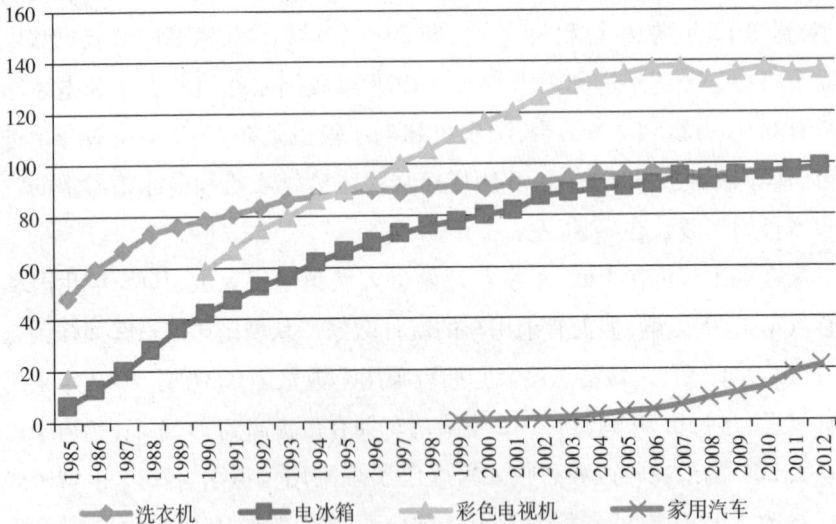

图 8-1 1985 年到 2012 年我国城镇居民家庭每百户拥有家电与乘用车数量(单位:台)

数据来源:根据 WIND 资讯中国宏观数据库提供数据绘制。

二、我国农村居民家庭家用电器需求的收入分布增长周期波长

从每百户农村居民家庭拥有的彩电、电冰箱和洗衣机数量看,2012 年我国农村居民家庭的彩电需求已达到饱和需求状态,三分之二的家庭已实现电冰箱和洗衣机需求,彩电需求收入分布增长周期的波长大约为 27 年,电冰箱和洗衣机需求收入分布增长周期的波长约为 37 年和 39 年。

彩电在 1985 年左右进入农村居民家庭,每百户农村居民家庭拥有彩电数量从 1985 年的 0.8 台提高到 2012 年的 116.9 台。从彩电拥有量走势看,我国农村居民的彩电需求在 2012 年已达到饱和需求状态,其收入分布增长周期

的波长在 27 年左右,与城镇居民家庭彩电需求的收入分布增长周期波长相同。

　　电冰箱从 1985 年开始进入农村居民家庭,每百户农村居民家庭拥有电冰箱数量从 1985 年的 0.06 台提高到 2012 年的 67.3 台。洗衣机在 1983 年已进入农村居民家庭,每百户农村居民家庭拥有洗衣机数量从 1985 年的 0.4 台提高到 2012 年的 67.2 台。根据耐用消费品累计需求量呈"S"形、需求量分布呈钟形的正态分布特点,农村居民家庭电冰箱和洗衣机拥有量在超过 50 台后,意味着家庭户数占比最高的中等收入家庭已实现电冰箱和洗衣机需求,电冰箱和洗衣机初次需求量的峰值为中等收入家庭的需求量,峰值之后初次需求量将逐步下降,累计需求量提升幅度将逐步减缓。2011 年农村居民家庭中等收入户人均纯收入 6207.68 元,每百户农村居民家庭拥有的电冰箱和洗衣机数量 61.54 台和 62.57 台,相当于在 6207.68 元的收入水平下,包括高收入户、中等偏上收入户和中等收入户在内的 60% 农村居民家庭已完全实现电冰箱和洗衣机消费需求。在电冰箱和洗衣机收入价格比率不变情况下,低收入家庭要实现电冰箱和洗衣机消费需求,收入水平需要提升到 2011 年中等收入家庭的人均纯收入水平。2011 年低收入家庭人均纯收入为 2000.51 元,中等收入家庭人均纯收入为 6207.68 元,2000 年到 2012 年农村居民家庭人均纯收入名义增速平均为 11.04%,假定未来农村居民家庭人均纯收入仍保持这一增速,低收入家庭收入水平提高到 2011 年中等收入家庭人均纯收入水平需要 10.85 年。据此估计,在电冰箱和洗衣机价格保持不变情况下,农村居民家庭电冰箱和洗衣机需求要到 2022 年才能达到饱和需求状态,即农村居民家庭电冰箱和洗衣机需求收入分布增长周期的波长大约为 37 年和 39 年,比城镇居民家庭电冰箱和洗衣机需求收入分布增长周期的波长要长 5 到 7 年。如果未来电冰箱和洗衣机价格下降,其需求收入分布增长周期波长会缩短,但未来农村居民人均纯收入的增速也可能低于 2000 年到 2012 年的平均增速,而收入增速的下降又会延长收入分布增长周期波长。

　　比较农村居民家庭彩电、电冰箱和洗衣机收入分布增长周期波长可以看到,农村居民彩电需求的收入分布增长周期波长短于洗衣机和电冰箱收入分布增长周期波长,重要原因是彩电的产品创新频度远高于洗衣机和电冰箱更新换代的频度。

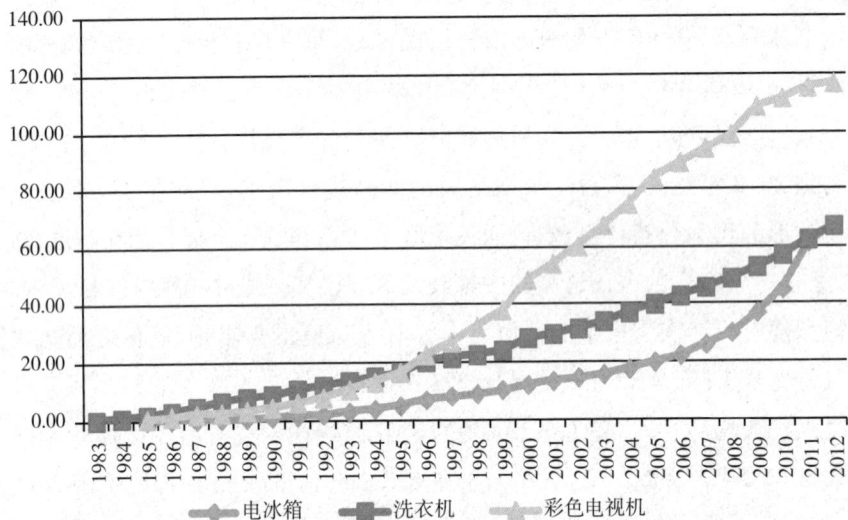

图 8-2 1983 年到 2012 年我国农村居民家庭每百户拥有家电数量(单位:台)

三、产品创新对耐用消费品需求增长周期波长的
影响——以农村居民家庭电视机需求为例

创新产品会部分替代原产品需求,并改变耐用消费品收入分布增长周期的波长。我国农村居民家庭电视机需求是创新需求部分替代原产品需求的典型例证。黑白电视机于 1980 年左右进入农村居民家庭后,每百户家庭拥有黑白电视机数量持续上升,但在 1985 年左右彩电进入农村居民家庭后,彩电对黑白电视机的替代效应不断增强,每百户农村居民家庭拥有的黑白电视机数量上升幅度逐步缩小,在 1997 年提高到 65.12 台之后趋于下降。即 1997 年之后彩电已完全替代了农村居民家庭对黑白电视机的更新需求,并部分替代了农村居民家庭对电视机的初次需求,使黑白电视机的需求增长周期提前结束。但在彩电拥有量持续上升的作用下,农村居民家庭电视机拥有量仍保持了耐用消费品累计需求量的"S"形上升趋势,并在 2004 年达到饱和需求状

态,其收入分布增长周期的波长在 24 年左右,短于彩电 27 年的收入分布增长周期波长。

根据国家统计局农村居民家庭抽样调查数据,黑白电视机于 1980 年左右进入农村居民家庭,每百户农村居民家庭拥有黑白电视机数量从 1980 年的 0.4 台提高到 1985 年 10.9 台。此时彩色电视机也开始进入农村居民家庭,1985 年每百户农村居民家庭拥有彩电 0.8 台,与 1981 年农村居民家庭拥有的黑白电视机数量相当(0.9 台)。但作为创新产品,1985 年以后彩电对黑白电视机的替代效应日渐增强,每百户农村居民家庭拥有的黑白电视机数量在 1997 年提高到 65.12 台之后趋于下降,到 2011 年降为 1.66 台。农村居民家庭黑白电视机拥有量的持续下降表明,农村居民家庭黑白电视机的收入分布增长周期到 1997 年已经结束,黑白电视机收入分布增长周期的波长只有 17 年,此后农村居民家庭的电视机更新需求和初次需求已被彩电替代。从农村居民家庭彩电拥有量看,1985 年以后彩电拥有量则持续提高,到 2012 年提高到 116.9 台,且彩电拥有量的上升趋势趋缓,显示我国农村居民家庭彩电的需求增长周期波长大约在 27 年。从农村居民家庭拥有的电视机总量(黑白电视机和彩电之和)看,其曲线依然呈"S"形,2004 年拥有量提高到 113.01 台之后,出现小幅度波动,此后拥有量的上升趋势明显趋缓,显示 2004 年农村居民家庭电视机需求已达到饱和需求状态,收入分布增长周期的波长在 24 年左右,介于黑白电视机收入分布增长周期波长 17 年和彩电收入分布增长周期波长 27 年之间。

四、我国家用电器与乘用车实际
需求增长周期的波长

受供给滞后、更新需求、技术进步以及出口等多方面因素影响,耐用消费品的实际需求会出现波长由供给滞后期、耐用消费品使用年限、产品创新频度等因素决定的价格调整周期、更新需求增长周期、创新需求增长周期、出口增长周期等实际需求增长周期,各类实际需求增长周期的波长要短于收入分布

增长周期波长,且因不同时期影响因素不同,实际需求增长周期的波长也会出现较大差别。我们以 1978 年到 2012 年彩电、电冰箱、洗衣机产量和民用载客汽车拥有量作为家用电器和家庭乘用车实际需求的替代指标,对耐用消费品实际需求增长周期波长的分析结果显示,1978 年到 2012 年期间彩电、电冰箱、洗衣机和乘用车实际需求存在 3 到 5 个增长周期,各周期的波长趋于延长,平均波长分别为 6 年、6.2 年、8 年和 12 年。与各种耐用消费品收入分布增长周期波长一样,受彩电产品创新频度较高等因素影响,彩电实际需求增长周期的波长明显短于洗衣机和电冰箱实际需求增长周期波长,而价格很高的乘用车实际需求增长周期的波长也明显高于价格相对较低的家用电器实际需求增长周期波长。

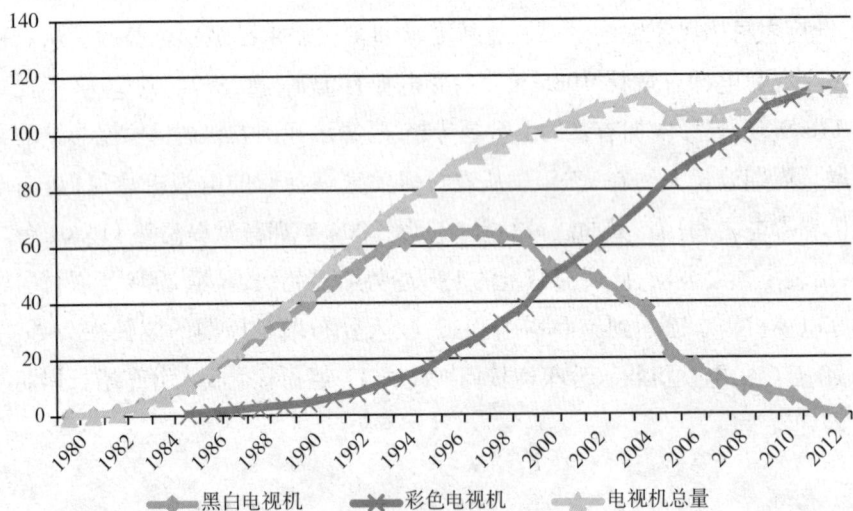

图 8-3 1980 年到 2012 年我国农村居民每百户家庭拥有电视机数量(单位:台)

(一)家用电冰箱实际需求增长周期波长

1978 年到 2012 年期间,按波峰到波峰计算,电冰箱实际需求有四个完整的增长周期,分别为 1984 年到 1988 年波长为 4 年的增长周期、1988 年到 1994 年波长为 6 年的增长周期、1994 年到 2003 年波长为 9 年的增长周期和 2003 年到 2009 年波长为 6 年的增长周期,平均每个增长周期的波长为 6.25

年。按波谷到波谷计算,电冰箱实际需求有五个增长周期,分别为1981年到1986年波长为5年的增长周期、1986年到1990年波长为4年的增长周期、1990年到1998年波长为8年的增长周期、1998年到2005年波长为7年的增长周期和2005年到2012年波长为7年的增长周期,平均波长为6.2。总体看,1978年以后电冰箱实际需求增长周期的波长趋于延长,平均波长在6.2年左右。

表8-1 1978年到2012年我国家用电冰箱实际需求增长周期的演变特点(年)

波谷发生时点	波峰发生时点	波峰到波峰	波谷到波谷	波谷到波峰	波峰到波谷
1981	1984			3	
1986	1988	4	5	2	2
1990	1994	6	4	4	2
1998	2003	9	8	5	4
2005	2009	6	7	4	2
2012			7		3

数据来源:根据WIND资讯提供电冰箱产量数据计算得到。

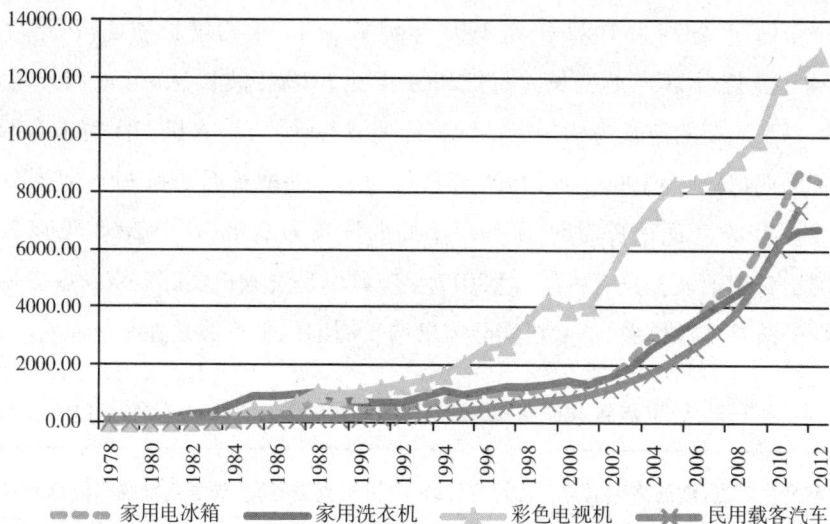

图8-4 1978年到2012年我国家用电器产量与民用
载客汽车拥有量(单位:万台、万辆)

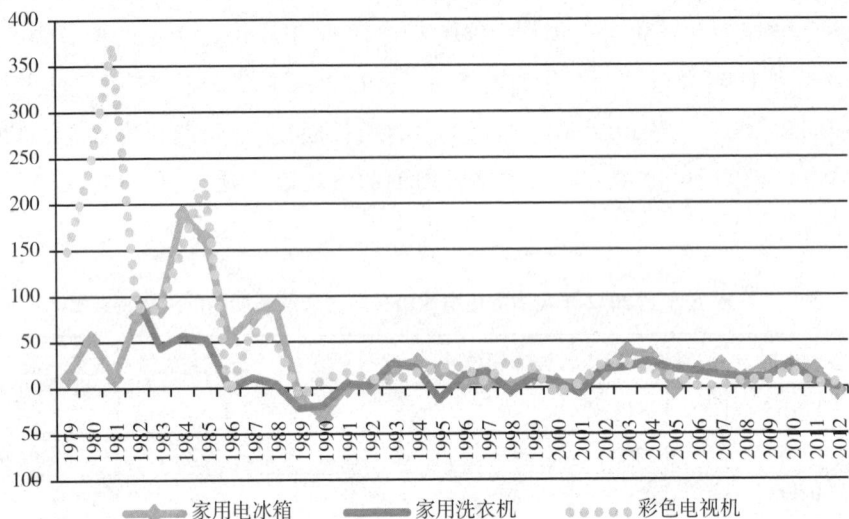

图 8-5 **1990 年到 2012 年我国彩电、家用电冰箱和洗衣机增长波动情况**（%）

（二）洗衣机实际需求增长周期波长

1978 年到 2012 年期间,按波峰到波峰计算,洗衣机实际需求有三个完整的增长周期,分别为 1982 年到 1993 年波长为 11 年的增长周期、1993 年到 2004 年波长为 11 年的增长周期和 2004 年到 2010 年波长为 6 年的增长周期,平均每个周期的波长为 9.3 年。按波谷到波谷计算,洗衣机实际需求有两个增长周期,分别为 1990 年到 1998 年波长为 8 年的增长周期和 1998 年到 2008 年波长为 10 年的增长周期,平均每个周期波长为 9 年,其中 2008 年到 2012 年的增长周期波长只有 4 年,但 2012 年应该不是洗衣机实际需求新一轮增长周期的波谷。总体看,洗衣机实际需求增长周期的平均波长在 9 年左右。

表 8-2 **1978 年到 2012 年我国洗衣机实际需求增长周期的演变特点**（年）

波谷发生时点	波峰发生时点	波峰到波峰	波谷到波谷	波谷到波峰	波峰到波谷
	1982				
1990	1993	11		3	8

波谷发生时点	波峰发生时点	波峰到波峰	波谷到波谷	波谷到波峰	波峰到波谷
1998	2004	11	8	6	5
2008	2010	6	10	2	4

数据来源:根据 WIND 资讯提供洗衣机产量数据计算得到。

(三)彩电实际需求增长周期的波长

1978 年到 2012 年期间,按波峰到波峰计算,彩电实际需求有五个完整的增长周期,分别为 1981 年到 1985 年波长为 4 年的增长周期、1985 年到 1991 年波长为 6 年的增长周期、1991 年到 1998 年波长为 7 年的增长周期、1998 年到 2003 年波长为 5 年的增长周期和 2005 年到 2010 年波长为 5 年的增长周期,平均每个周期的波长为 5.8 年。按波谷到波谷计算,彩电实际需求有五个完整的增长周期,分别为 1979 年到 1983 年波长为 4 年的增长周期、1983 年到 1989 年波长为 6 年增长周期、1989 年到 1993 年波长为 4 年的增长周期、1993 年到 2000 年波长为 7 年的增长周期、2000 年到 2007 年波长为 7 年的增长周期和 2007 年到 2012 年波长为 5 年的增长周期,但尚不确定 2012 年为新一轮周期的波谷,从已发生的五个波谷到波谷增长周期看,平均每个周期波长为 6 年。总体看,1979 年以后彩电实际需求增长周期的波长趋于延长,波长从第一个周期的 4 年延长到第四个和第五个周期的 7 年,平均波长在 6 年左右,低于电冰箱和洗衣机实际需求增长周期的平均波长。

表 8-3　1978 年到 2012 年我国彩色电视机实际需求增长周期的演变特点(年)

波谷发生时点	波峰发生时点	波峰到波峰	波谷到波谷	波谷到波峰	波峰到波谷
1979	1981			2	
1983	1985	4	4	2	2
1989	1991	6	6	2	4
1993	1996	5	6	3	2
2000	2003	7	7	3	4
2007	2010	7	7	3	4

数据来源:根据 WIND 资讯提供彩色电视机产量数据计算得到。

(四)乘用车实际需求增长周期的波长

　　按波峰到波峰计算,1975 年到 2011 年期间乘用车实际需求有三个完整的增长周期,分别为 1975 年到 1985 年波长为 10 年的增长周期、1985 年到 1993 年波长为 8 年的增长周期和 1993 年到 2010 年波长为 17 年的增长周期,平均每个周期波长为 12 年。按波谷到波谷计算,乘用车实际需求有三个增长周期,分别为 1983 年到 1990 年波长为 7 年的增长周期和 1990 年到 1998 年波长为 8 年的增长周期,1998 年以后进入新的增长周期,到 2012 年已持续 14 年,但尚不能确定 2012 年为新一轮周期的波谷,考虑到最近的增长周期尚未结束,按波谷到波谷计算的乘用车实际需求增长周期平均波长要超过 10 年。总体看,1975 年以后乘用车实际需求增长周期的波长也明显延长,各个周期的平均波长在 12 年左右,明显长于家用电器实际需求增长周期的波长。

表 8-4　1978 年到 2012 年我国乘用车实际需求增长周期的演变特点(年)

波谷发生时点	波峰发生时点	波峰到波峰	波谷到波谷	波谷到波峰	波峰到波谷
	1975				
1983	1985	10		2	8
1990	1993	8	7	3	5
1998	2010	17	8	12	5

数据来源:根据 WIND 资讯提供民用载客汽车拥有量数据计算得到。

五、耐用消费品需求对我国城乡
居民消费支出结构的影响

　　在城乡居民的六大非食品消费支出中,家庭设备用品和交通通讯两类消费支出是典型的耐用消费品支出。与每百户家庭耐用消费品拥有量的变化相对应,我国城乡居民耐用消费品支出结构也具有明显的阶段性特点:1991 年以前,随着家用电器进入城乡居民家庭,城乡居民耐用消费品支出以家庭设备用品及服务为主。1991 年以后随着民用载客汽车拥有量的迅速提高,城乡居

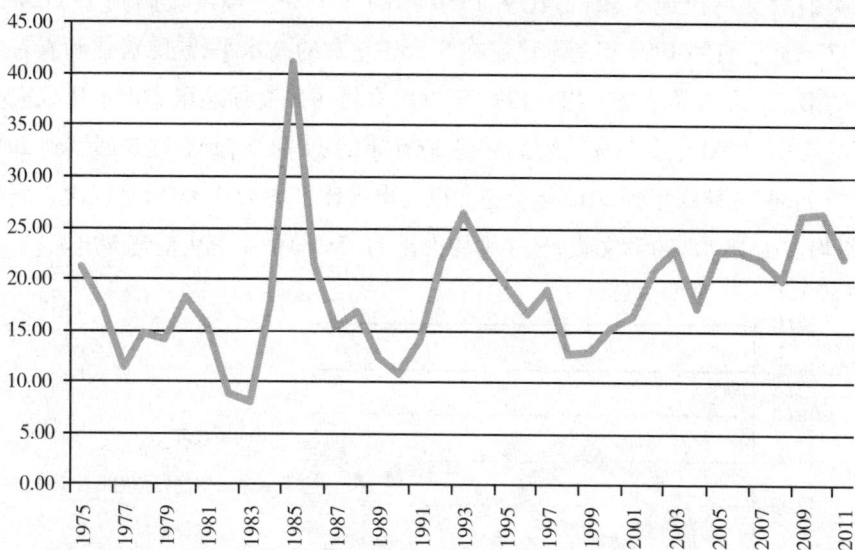

图 8-6　1975 年到 2012 年我国与民用载客汽车拥有量增长波动情况(%)
数据来源:根据 WIND 资讯提供民用载客汽车拥有量数据计算得到。

民交通通讯支出规模及其占比迅速提高,成为城乡居民消费支出的重点。

具体看,1982 年到 1991 年期间,城镇居民家庭人均消费支出中占比大幅度上升的是家庭设备用品及服务和居住类消费支出,其中家庭设备用品及服务占比从 1982 年的 9.22% 提高到 1988 年的 13.46%,此后逐步下降,到 1991 年降为 9.62%,1982 年到 1991 年期间平均占比为 10.27%,是仅次于衣着和居住之外的第三大消费支出。这一时期正是每百户城镇居民家庭家用电器拥有量大幅度提高的阶段,到 1991 年每百户城镇居民家庭拥有的彩电、电冰箱、洗衣机数量已提高到 66.96 台、80.91 台和 47.47 台。

1991 年以后城镇居民交通通讯类消费支出快速扩张,占比从 1991 年的 1.36% 大幅度提高到 2012 年的 14.73%,并从 2010 年开始占比超过居住类消费支出占比,成为城镇居民支出最大的消费支出。与此同时,民用载客汽车拥有量从 1991 年的 185.25 万辆提高到 2010 年的 6124.13 万辆,每百户城镇居民家庭拥有的乘用车数量也从 1999 年的 0.34 辆提高到 2010 年的 13.07 辆。

与城镇居民家庭消费支出结构变化情况类似,1980 年以后,随着电视机、电冰箱和洗衣机等家用电器步入农村居民家庭,农村居民家庭设备用品及服务类消费支出快速扩张,占比从 1980 年的 3.79%大幅度提高到 1983 年的 9.47%,此后直到 1993 年基本稳定在 8.56%左右的高水平,是除居住和衣着之外的第三大非食品消费支出。1990 年以后农村居民交通通讯支出占比也大幅度提高,从 1990 年 2.24%持续上升到 2006 年的 11.96%,此后逐步回调到 2012 年的 7.54%,2000 年到 2012 年交通通讯支出占比平均为 9.58%,是仅次于居住(平均占比 18.15%)和文教娱乐(平均占比 11.58%)的第三大消费支出。

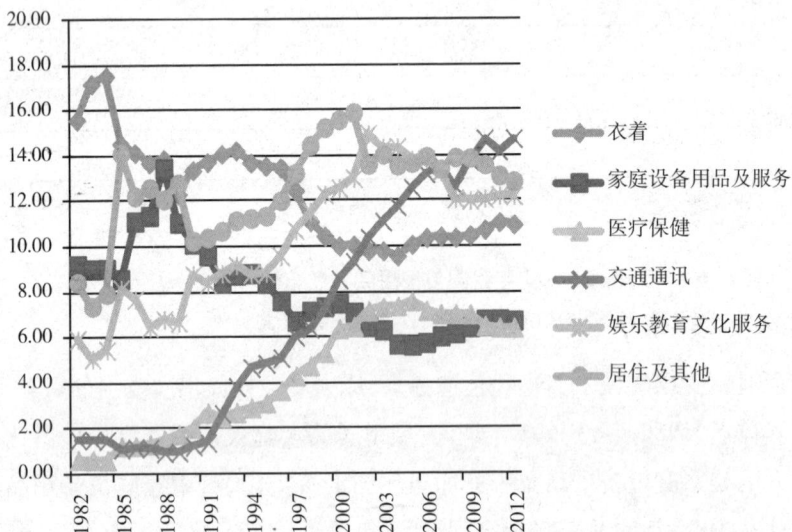

图 8-7　1982 年到 2012 年我国城镇居民非食品消费占消费支出比重(%)

数据来源:根据 WIND 资讯提供城镇居民消费支出数据计算得到。

六、耐用消费品需求增长周期对我国 经济增长周期波长的影响

耐用消费品是工业化时期经济增长及其周期性波动的需求基础,耐用消费品实际需求增长周期也必然对整个经济增长周期的走势起到决定性作用。1977 年以后我国经济经历了三个增长周期,各周期的波长及其上升期和下降期均不断延长,决定性因素之一是耐用消费品需求从价格较低、使用年限较短

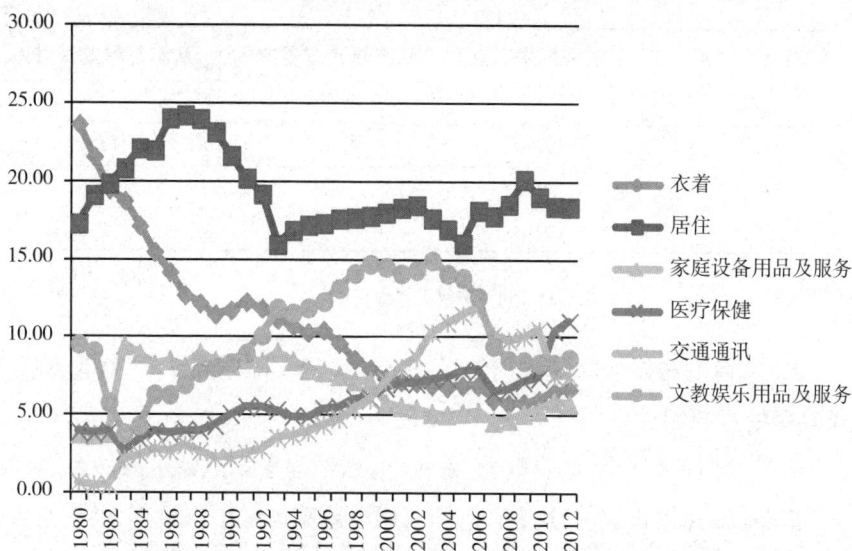

图 8-8　1980 年到 2012 年我国农村居民非食品消费占消费支出比重(%)

数据来源:根据 WIND 资讯提供农村居民消费支出数据计算得到。

的家用电器转向价格很高、使用年限很长的家庭乘用车,引致工业结构从轻工业为主转向重化工业化为主。

(一)1977 年以来我国经济增长周期波长逐步延长

1977 年到 2012 年期间,按波峰到波峰计算,我国 GDP 增速共有三个完整的周期,分别是 1978 年到 1984 年波长为 6 年的周期、1984 年到 1992 年波长为 8 年的周期和 1992 年到 2007 年波长为 15 年的周期。按波谷到波谷计算,我国 GDP 增速共有两个完整的周期,分别是 1981 年到 1990 年波长为 9 年的周期、1990 年到 1999 年波长为 9 年的周期,第三个周期从 1999 年开始,至今已延续 14 年,但尚未确定 2013 年是否即达到波谷。从三个增长周期的波长及上升期和下降期长度看,1977 年以来我国 GDP 的增长周期具有三个特点:一是经济增长周期的波长逐步延长,按波峰计算波长从 6 年延迟到 8 年和 15 年。二是上升期不断延长,从早期的 2 到 3 年大幅度提高到 8 年。三是下降期也逐步延长,从第一个下降期的 3 年、第二个下降期的 6 年提高到第三个下降期的 7 年,预计从 2007 年开始的第四个下降期至少 7 年。

表 8-5　1977 年到 2012 年我国 GDP 增长周期的演变特点（年）

波峰发生时点	波谷发生时点	从波峰到波谷时间	从波谷到波峰时间
1978	1981	3	
1984	1990	6	3
1992	1999	7	2
2007	2013	6	8

数据来源：根据 1990 年到 2012 年《中国统计年鉴》提供数据整理。

（二）家用电器需求的短周期波动，是 1978 年到 1984 年 GDP 增长周期波长较短的重要因素

1978 年到 1984 年期间，彩电、洗衣机、电冰箱等家用电器进入城乡居民家庭，产量处于高速增长状态，其中彩电和家用电冰箱产量增速最高，也是城乡居民耐用消费品支出的重点。这一时期轻工业产值增速明显高于重工业产值增速，工业增加值增速波动形态与轻工业产值增速波动形态高度一致，GDP 增速的波动由轻工业产值增速波动决定的工业增加值波动主导，而轻工业产值增长周期的波长主要由彩电、电冰箱等家用电器实际需求增长周期波长决定，家用电器实际需求增长周期波长较短是本轮 GDP 增长周期波长较短的重要因素。

1978 年以后，彩电、洗衣机、电冰箱等家用电器开始进入城乡居民家庭，家用电器由此成为我国居民消费和经济增长的新增长点。1978 年到 1984 年的 GDP 增长周期期间，作为新兴产业的彩电、电冰箱和洗衣机生产规模迅速扩张，产量从 1978 年的 0.38 万台、2.8 万台和 0.04 万台迅速扩展到 1984 年的 133.95 万台、54.74 万台和 578.06 万台，年均增速分别高达 165.78%、64.13% 和 393.54%。

从 GDP、工业增加值、轻工业产值、重工业产值增长周期波动形态看，这一周期中 GDP 增速从 1978 年开始进入下降期，1981 年达到波谷，1981 年到 1984 年为上升期。工业增加值和重工业产值增速的下降期与 GDP 增速的下降期重合，但上升期比 GDP 增速的上升期延长一年（第二个波峰滞后一年）。轻工业下降期从 1980 年开始，波谷（1982 年）比 GDP、工业增加值和重工业产值增速波谷滞后一年，第二个波峰与重工业产值和工业增加值增速的第二个波峰重合。

从耐用消费品需求增长周期看,轻工业产值增速波谷滞后是由彩电需求增长周期波谷滞后引致,电冰箱的波谷发生在1981年,与GDP、工业增加值增速波谷一致,彩电需求增速波谷发生在1983年,比GDP、工业增加值和重工业产值增速波谷滞后2年。工业增加值、轻工业产值和重工业产值增长周期的第二个波峰均比GDP增长周期的第二个波峰滞后一年,是由耐用消费品需求增长周期波峰滞后共同决定的:家用电冰箱需求增速的第二个波峰发生在1984年,与GDP增速的第二个波峰重合,但彩电和汽车需求增速的第二个波峰发生在1985年,洗衣机需求增速在1985年仍处于上升期,由此决定了轻工业产值、重工业产值和工业增加值增速的第二个波峰发生在1985年,比GDP增速的第二个波峰滞后一年。

从增长周期的波长看,本轮GDP增长周期的波长只有6年,明显短于此后几个增长周期的波长,重要原因是这一时期彩电和电冰箱的需求增长周期波长只有4年,轻工业产值增长周期的波长只有5年。

表8-6　不同时期我国家用电器和民用载客汽车平均增速(%)

时　　期	电冰箱	洗衣机	彩　电	民用载客汽车
1978年到1984年	64.13	393.54	165.78	13.74
1984年到1992年	31.38	2.57	33.27	18.99
1992年到2007年	15.82	12.25	13.13	19.31
2007年到2012年	13.89	10.98	8.63	23.68

数据来源:根据WIND资讯提供家用电器产量与民用载客汽车拥有量数据计算得到。

表8-7　按波峰到波峰计算的GDP、工业增加值、轻工业产值、
重工业产值和耐用消费品需求增长周期比较(年)

GDP增长周期	波动区间	1978年到1984年	1984年到1992年	1992年到2007年	2007年到2012年
	周期波长	6	8	15	5
工业增加值增长周期	波动区间	1978年到1985年	1985年到1993年	1993年到2007年	2007年到2012年
	周期波长	7	8	14	5

GDP 增长周期	波动区间	1978 年到1984 年	1984 年到1992 年	1992 年到2007 年	2007 年到2012 年
	周期波长	6	8	15	5
轻工业产值增长周期	波动区间	1980 年到1985 年	1985 年到1993 年	1993 年到2007 年	2007 年到2012 年
	周期波长	5	8	14	5
重工业产值增长周期	波动区间	1978 年到1985 年	1985 年到1992 年	1992 年到2007 年	2007 年到2012 年
	周期波长	7	7	15	5
彩电需求增长周期	波动区间	1981 年到1985 年	1985 年到1991 年	1991 年到1998 年	1998 年到2003 年
	周期波长	4	6	7	5
电冰箱需求增长周期	波动区间	1980 年到1984 年	1984 年到1988 年	1988 年到1994 年	1994 年到2003 年
	周期波长	4	4	6	9
洗衣机需求增长周期	波动区间	1982 年到1993 年	1993 年到2004 年	2004 年到2010 年	
	周期波长	11	11	6	
汽车需求增长周期	波动区间	1975 年到1985 年	1985 年到1993 年	1993 年到2010 年	
	周期波长	10	8	17	

数据来源：根据 1990 年到 2012 年《中国统计年鉴》提供数据整理。

（三）家用电器需求规模扩张和乘用车需求提速，引致 1984 年到 1992 年 GDP 增长周期波长延长

1984 年到 1992 年的第二个 GDP 增长周期波长为 8 年，比 1978 年到 1984 年增长周期的波长明显延长。从耐用消费品需求结构变化看，家庭户数占比最高的中等收入家庭彩电和电冰箱需求启动引致的彩电和电冰箱需求规模大幅度扩张与需求增长周期波长延长，以及波长较长的民用载客汽车需求提速引致的重工业产值增速提高，是决定本轮 GDP 增长周期波长延长的基础性需求因素。

1984 年以后，彩电和电冰箱等家用电器需求从前期的高收入家庭向家庭

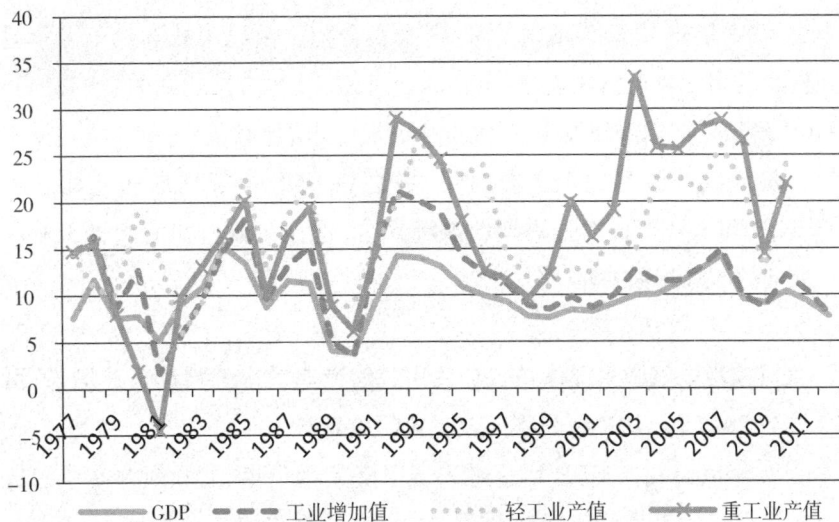

图 8-9   1977 年到 2012 年我国 GDP、工业增加值和轻重工业总产值实际增速(%)

数据来源:根据 1990 年到 2012 年《中国统计年鉴》提供数据计算得到。

户数占比最高的中等收入家庭拓展,彩电和电冰箱生产规模迅速扩张,与 1984 年相比,1992 年彩电和电冰箱产量分别增长 9.95 倍和 8.87 倍,年均增速分别高达 33.27% 和 31.38%。随着彩电和电冰箱需求规模的扩张和需求群体向中等收入家庭的拓展,彩电和电冰箱需求增长周期波长明显延长,彩电需求增长周期的波长从 1981 年到 1985 年增长周期的 4 年延长为 1985 年到 1991 年增长周期的 6 年,电冰箱需求增长周期的波长也从 1984 年到 1988 年增长周期的 4 年延长到 1988 年到 1994 年增长周期的 6 年,由此引致轻工业产值增长周期的波长从 1980 年到 1985 年增长周期的 5 年延长到 1985 年到 1993 年增长周期的 8 年。

1984 年以后汽车产业也加快增长,汽车产量从 1984 年的 31.64 万辆扩大到 1992 年的 106.67 万辆,增长 3.37 倍,民用载客汽车拥有量从 1984 年的 56.28 万辆增加到 1992 年的 226.16 万辆,增长了 4.02 倍,年均增长 18.99%,增速明显高于 1978 年到 1984 年期间年均增长 13.74% 的平均增速。民用载客汽车需求增速的提高引致重工业产值增速提高,重工业产值平均增速从 1978 年到 1984 年期间的 8.64% 提高到 1985 年到 1992 年期间的 15.64%,与同期轻工业产值平均增速的差距从 1978 年到 1984 年期间的 3. 54 个百分点缩小为 1985 年到 1992 年期间的 0. 48 个百分点。由民用载客汽车需求增速提高拉动的重工业产值加速增长,使重工业对 GDP 增长周期的影响提高,本轮 GDP 增长周期的波谷发生在 1990 年,与工业增加值、轻工业产值和重工业产值增长周期的波谷完全重合,但波谷之后 GDP 增长周期的波峰发生在 1992 年,与重工业产值增长周期的波峰重合,但比工业增加值和轻工业产值增长周期的波峰超前一年。

（四）家用电器需求群体扩大和民用载客汽车需求的持续高速增长,引致 1992 年到 2007 年 GDP 增长周期波长大幅度延长

1992 年以后我国 GDP 增速进入了下降期为 7 年、上升期为 8 年的长增长周期。从耐用消费品需求结构看,家用电器需求增长周期在出口和农村居民需求扩张作用下,增长周期波长延长,引致轻工业产值增长周期大幅度延长,对 GDP 增长周期波长的大幅度加长起到了重要作用,但民用载客汽车的持续高速增长是本轮 GDP 增长周期波长大幅度延长的决定性因素。

1. 家用电器需求群体扩大引致轻工业产值增长周期波长延长

1992 年以后,城镇居民家用电器需求逐步达到饱和需求状态,城镇居民家庭对彩电、电冰箱、洗衣机等家用电器的需求进入以更新需求和创新产品需求为主的低速增长时期。但 1992 年到 2007 年期间,彩电实际需求增长周期仍保持了平均波长为 6 年的两个周期,洗衣机实际需求增长周期仍保持了波长为 11 年的增长周期,电冰箱实际需求增长周期的波长从 1988 年到 1994 年增长周期的 6 年延长到 1994 年到 2003 年的 9 年。同时,1992 年到 2007 年期间,在城镇居民家用电器达到饱和需求状态后,彩电和电冰箱实际需求增速比 1984 年到 1992 年时期的增速有较大幅度下降,但仍保持了年均增长 13. 13% 和 15. 82% 的较快增长状态;洗衣机实际需求的平均增速高达 12. 25%,反而比 1984 年到 1992 年时期的平均增速(2. 57%)提高了近 10 个百分点。这一时期家用电器实际需求的较快增长和需求增长周期波长的延长,主要是由需求群体的扩大引致的。

一是农村居民家庭大量加入家用电器需求群体，使家用电器实际需求增长周期波长延长。1992年以后，农村居民家庭对家用电器的需求进入规模扩张期，农村居民家用电器的需求群体从1992年的最高收入家庭（1992年每百户农村居民家庭拥有彩电、电冰箱、洗衣机数量分别为 8.08 台、2.17 台和12.2 台，即只有占家庭户数不足 10% 的最高收入家庭实现家电需求）向高收入家庭和中等收入家庭扩展（2007年每百户农村居民家庭拥有彩电、电冰箱、洗衣机数量分别提高到 94.38 台、26.12 台和 45.94 台），农村居民家庭家用电器需求的扩大在拉动家用电器国内需求的同时，国内消费群体扩张引致的需求群体内部收入差距扩大，也延长了家用电器实际需求增长周期的波长。

二是出口规模的持续扩张引致家用电器需求增长周期波长延长。以彩电出口为例，1995年到2006年期间我国彩电出口规模持续大幅度扩张，从1995年的 573 万台提高到 2006 年的 10562 万台，增长了 18.43 倍，年均增长30.33%。家用电器出口的持续快速增长，既拉动了家用电器实际需求增速，也延长了家用电器实际需求增长周期的波长。

出口和农村居民家庭家用电器需求扩张引致的需求群体扩张，延长了家用电器实际需求增长周期的波长，也引致轻工业产值增长周期波长延长。同时，由于1992年到2007年期间彩电、电冰箱和洗衣机实际需求增长周期波峰与波谷错位，如1998年是电冰箱和洗衣机需求增长周期的波谷，但是彩电需求增长周期的波峰，也使本轮周期中轻工业产值增速的下降期和上升期延长。特别是在1999年到2007年的上升期中，轻工业产值增速发生了三次小幅度的回调，与家用电器等轻工业产品需求增长周期波峰与波谷的错位密切相关。

2. 民用载客汽车需求的持续高速增长，引致重工业产值增长周期波长大幅度延长

1992年以后，随着民用载客汽车需求规模的持续扩大，乘用车需求成为决定重工业及整个经济增长周期波动走势的重要需求因素。

从民用载客汽车拥有量增速与重工业产值增速的走势看，1992年到2010年期间重工业产值增速走势与民用载客汽车拥有量增速的走势高度吻合，居

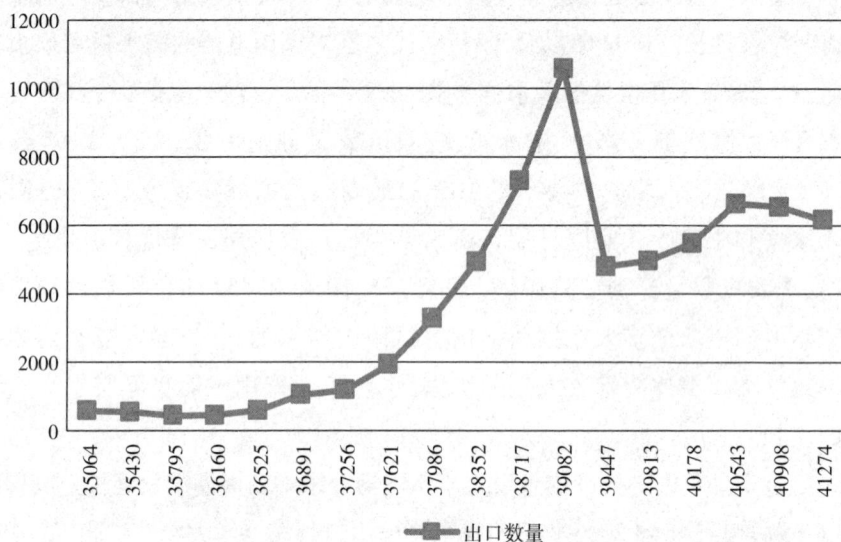

图 8-10 1995 年到 2012 年我国彩电出口数量(万台)

数据来源:WIND 资讯中国宏观经济数据库。

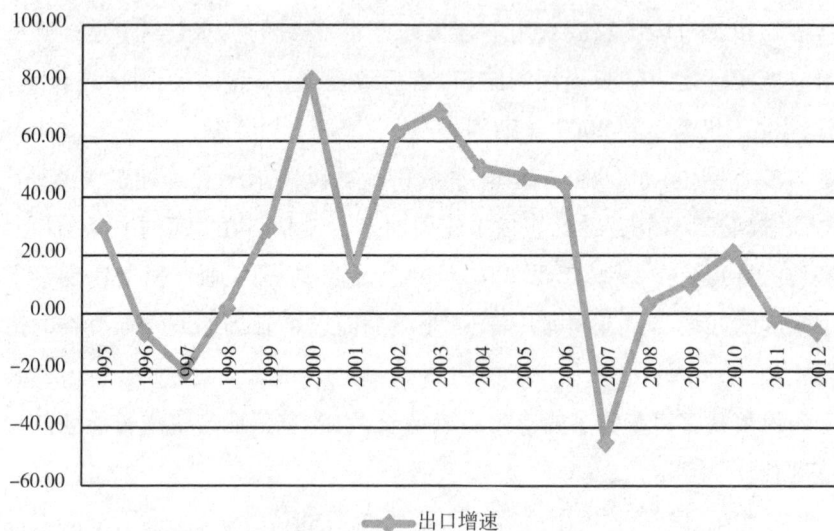

图 8-11 1995 年到 2012 年我国彩电出口数量增速(%)

资料来源:WIND 资讯中国宏观经济数据库。

民乘用车需求增长周期是重工业产值增长周期的决定性因素。1992年以后民用载客汽车增速持续下降,民用载客汽车拥有量增速从1993年的26.45%降为1998年的12.79%,重工业产值增速也从1993年的27.5%持续下降到1998年的9.7%。1998年以后民用载客汽车需求增速恢复上升趋势,到2010年民用载客汽车拥有量增速提高到26.4%,重工业产值增速也同步回升,到2008年提高到28.8%的波峰水平,2009年回调到14.52%,但2010年再度回升到22%。

从民用载客汽车需求增长周期波长对重工业产值及GDP增长周期波长的影响看,1992年到2007年期间民用载客汽车拥有量持续高速增长,年均增速高达19.31%,高于1984年到1992年期间18.99%的平均增速和1978年到1984年期间13.74%的平均增速,也大幅度高于同期彩电、电冰箱和洗衣机产量13.13%、15.82%和12.25%的平均增速。正是民用载客汽车需求的持续高速增长,使这一时期重工业产值增速高于轻工业,1992年到2007年期间重工业产值平均增速为20.91%,比同期轻工业产值平均增速(18.97%)高1.94个百分点,重工业对GDP增长周期波长的影响也相应提高:本轮GDP增长周期波长与重工业产值增长周期波长相同,GDP增长周期的波峰与重工业产值增长周期的波峰完全重合,只是重工业产值增长周期的波谷(1998年)比GDP增长周期的波谷(1999年)超前一年。

(五)2007年以后耐用消费品实际需求增速下降及其周期性回调,是GDP增速进入中长期回调阶段的基础性需求因素

2007年以后我国GDP增速进入周期性回调阶段,此后2008年爆发的美国金融危机导致全球经济衰退,我国出口也大幅度下降,加深了我国经济增速周期性回调的深度。从耐用消费品需求看,国内居民家用电器需求陆续进入低速增长的饱和需求状态,加上家用电器出口增速大幅度下降,家用电器实际需求增长周期先后进入周期性下降期,引致轻工业产值增速持续下降,是经济增速持续回调的基础性需求因素之一。2007年以后国内乘用车需求仍保持快速增长态势,但乘用车实际需求增长周期在2010年以后也进入周期性下降阶段,加上车辆出口增速大幅度下降,乘用车对重工业产值和GDP增速的拉

动作用也明显下降。

1. 家用电器需求增速的下降及其周期性回调，引致轻工业产值增速持续下降

2007 年以后，城镇居民家用电器和农村居民彩电需求陆续进入饱和需求状态，加上彩电等家用电器出口数量增速大幅度下降（图 8-9），家用电器实际需求进入低速增长期，2007 年到 2012 年彩电、电冰箱、洗衣机实际需求量平均增速分别为 8.63%、13.89% 和 10.98%，分别比 1992 年到 2007 年期间的平均增速下降 4.5 个百分点、1.93 个百分点和 1.27 个百分点。在实际需求量增速下降的同时，2007 年以后彩电、电冰箱、洗衣机实际需求量先后进入周期性下降期，其中电冰箱实际需求增速从 2010 开始进入周期性下降期，彩电和洗衣机实际需求增速从 2011 年开始进入周期性下降期。家用电器需求增速的下降及其周期性回调，引致轻工业产值增速从 2007 年波峰时的 26.1% 回调到 2012 年的 12.2%，是 2007 年以后 GDP 增速进入中长期回调阶段的基础性需求因素之一。

2. 乘用车实际需求增长周期进入下降期和车辆出口大幅度下降，引致重工业产值增速持续大幅度下降

2007 年到 2012 年是城镇居民家庭乘用车从最高收入家庭向高收入家庭拓展的时期，每百户家庭拥有的乘用车数量从 2007 年的 6.06 辆提高到 2012 年的 21.5 辆，民用载客汽车拥有量也从 2007 年的 3195.99 万辆扩大到 2011 年的 7478.37 万辆，年均增长 23.68%，是 1978 年以来平均增速最高的时期（如表 8-6 所示），为我国经济保持较快增长提供了重要的内需支持。但同期汽车和汽车底盘出口大幅度下降，出口数量从 2006 年的 164.24 万辆下降到 2009 年的 35 万辆，2011 年也仅回升到 82 万辆。车辆出口的大幅度下降部分抵消了国内乘用车需求快速扩张对经济增长的拉动作用，同时，国内居民乘用车实际需求增长周期在 2010 年已达到波峰，从 2011 年开始进入周期性下降期，其对经济增长的拉升作用也相对下降。在国内乘用车需求周期性回调和车辆出口大幅度下降的影响下，重工业产值增速从 2007 年的 28.8% 持续下降到 2012 年的 8.6%，是我国 GDP 增速深度回调的重要因素。

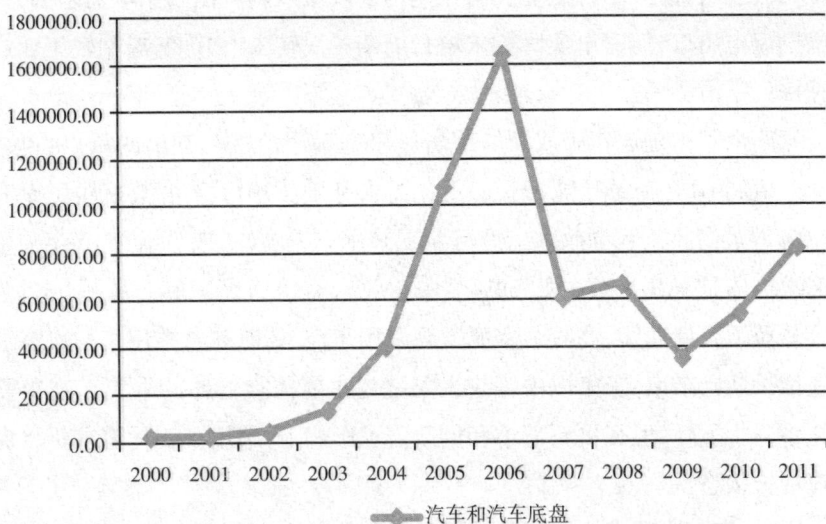

图 8-12　2000 年到 2011 年我国汽车和汽车底盘出口数量(辆)

资料来源:WIND 资讯中国宏观经济数据库。

七、结论与政策建议

从我国城乡居民耐用消费品需求的收入分布增长周期看,城镇居民家庭彩电、电冰箱和洗衣机等家用电器需求已进入饱和需求状态,农村居民彩电需求也已达到饱和需求状态,农村居民电冰箱和洗衣机需求已越过高峰期,2012年三分之二的农村居民家庭已实现电冰箱和洗衣机需求,未来国内城乡居民家用电器需求将以更新需求和创新需求为主,加大家用电器产品创新力度是刺激国内家用电器需求的主要途径。

从近年来家用电器实际需求增长状况看,在国内需求逐步趋于饱和的情况下,家用电器产量仍保持了较快增长状态,家用电器出口快速增长是决定性因素,2007 年以来彩电出口数量占国内彩电产量的比重超过 50%,扩大家用电器出口是保持家用电器行业持续增长的关键。家用电器是支撑轻工业发展的重要需求基础,2012 年彩电、电冰箱、洗衣机等家用电器实际需求增长周期已接近波谷,目前应尽快恢复实施家电下乡政策以刺激国内家电需求回升,同时鼓励家电出口,使家电实际需求增长周期尽快转入上升期,遏制轻工业产值增速深度下滑势头。

家庭乘用车是近年来我国城镇居民家庭耐用消费品支出的重点,也是重工业产值和 GDP 持续快速增长的重要需求基础。2012 年占城镇居民家庭户数 20%的最高收入和高收入家庭已实现乘用车需求,未来 5 年到 10 年乘用车的需求群体是家庭户数占比 60%的中等收入城镇居民家庭。从耐用消费品收入分布增长周期看,高收入家庭实现乘用车需求,意味着乘用车初次需求的加速增长期已结束,未来以中等收入家庭为主要需求群体的乘用车初次需求增速将逐步下降,但在更新需求和创新需求影响下,乘用车实际需求仍将保持快速增长状态。

同时,家庭户数占比很高的城镇居民中等收入家庭逐步实现乘用车需求,意味着乘用车需求规模会大幅度扩大,乘用车产值在重工业产值和整个经济产出中的占比会持续提高,对经济增速的影响会不断加大。在 2020 年城镇居民中等收入家庭实现乘用车需求之前,以高收入家庭更新需求和中等收入家庭初次需求为主的乘用车实际需求快速增长,仍将为我国重工业和经济快速增长提供重要需求支持。从延长乘用车需求增长期、提高乘用车对经济增长的贡献角度看,应加大对国内自主车型的支持力度,鼓励国内企业扩大出口和产品创新。

第九章　居民收入分布对我国城镇居民家庭乘用车及经济增长周期的影响

　　我国城乡居民收入分布均服从以家庭户数占比最高收入组中值为期望值的正态分布,跨年度居民收入分布也服从以家庭户数平均占比最高收入组中值为期望值的正态分布。居民收入分布的正态特征决定我国耐用消费品需求也服从正态分布,居民收入差距对处于成长期和成熟期的耐用消费品生产具有重要影响,收入差距缩小会提高处于成长期和成熟期耐用消费品需求增速,有利于即期经济增长,但会削弱处于初始发展阶段消费品生产企业的需求支持,不利于长期经济增长,适度收入差距是保障经济持续较快增长的必要条件。家庭乘用车是重化工业化时期最重要的耐用消费品,其生产链涉及矿业、钢铁、石化、化工、交通基础设施等多个行业,对产业结构转变和经济增长均具有重要影响。本书选择我国城镇居民家庭乘用车的发展为例,来分析验证居民收入分布结构对耐用消费品和经济增长的影响。分析表明,我国城镇居民家庭乘用车在 1990 年到 2005 年处于初始发展阶段、在 2006 年到 2010 年处于成长期,从 2011 年开始进入成熟期。从家庭乘用车成长期的需求函数看,我国轿车产量服从跨年度收入期望值为 9.13 万元、收入方差为 10.61 的正态分布,乘用车产量服从跨年度收入期望值为 10.67 万元、方差为 13.96 的正态分布,预计轿车产量和乘用车产量分别在 2015 年和 2016 年达到最大值。影响因素分析结果显示,1990 年到 2005 年城镇居民家庭收入差距的持续扩大对初始阶段的轿车产量起到了重要促进作用,2005 年以来城镇居民家庭收入差距的不断缩小又加快了进入成长期的轿车产量规模扩张。产业关联分析结果显示,2000 年到 2010 年期间,从汽车产量到重化工业总产值存在 1.2 的乘数,乘用车进入城镇居民家庭是 2000 年以后我国经济进入新的重化工业化发展阶段的重要内在推动因素,也是 2000 年以来我国经济进入上升期最长、平均增速最高的新一轮增长周期的内需基础。鉴于我国城镇居民家庭乘用车初次需求已经跨过快速增长的成长期,步入成熟期,城镇居民家庭对乘用车的初次需求已进入减速增长期,乘用车初次需求规模将在 2019 年左右达到极大值。要维持汽车工业对重化工业及经济增长的拉动作用,需要鼓励高收入家庭乘用车的更新需求,扩大出口,开拓家庭乘用车的新市场,也需要进一步缩小居民收入差距,鼓励城镇居民中等偏低收入家庭和农村居民家庭逐步实现家庭乘用车需求。

一、我国城镇居民家庭乘用车的结构变化及其发展阶段

近年来我国乘用车快速发展,乘用车产量从 2005 年的 393.18 万辆扩大到 2012 年的 1552.44 万辆,增长了 3.95 倍,年均增长 21.68%。轿车是我国城镇居民家庭乘用车的主力车型,轿车产量从 1990 年的 4.24 万辆增加到 2012 年的 1076.98 万辆,其中 2005 年到 2012 年增长了 3.89 倍,年均增长 21.42%,但轿车在乘用车产量中的占比从 2007 年的 75.2% 下降到 2012 年的 69.37%。MPV 主要是商务乘用车,其产量从 2005 年的 15.71 万辆扩大到 2012 年的 49.19 万辆,增长了 3.13 倍,年均增长 17.71%,在乘用车产量中的占比较低,平均只有 3.13%。SUV 是近年来规模扩张最快的乘用车,其产量从 2005 年的 19.47 万辆扩大到 2012 年的 199.55 万辆,增长了 10.25 倍,年均增长 39.43%,在乘用车产量中的占比从 2005 年的 4.95% 提高到 2012 年的 12.85%。交叉型车辆是乘用车的第二大车型,但增速是各种乘用车中最慢的车型,其产量从 2005 年的 81.18 万辆扩大到 2012 年的 226.72 万辆,仅增长了 2.79 倍,年均增速只有 15.8%,在乘用车产量中的占比从 2005 年的 20.65% 下降到 2012 年的 14.6%。从乘用车的结构变化看,我国乘用车发展迅速,2005 年以来轿车始终是乘用车的主力车型,SUV 是新兴乘用车车型,即

将发展为第二大主力车型。

那么,我国城镇居民家庭乘用车目前处于何种发展阶段? 在以前的理论分析中,根据服从正态分布的耐用消费品需求增速的三个拐点与两个极值点,我们将耐用消费品的生命周期划分为六个阶段,分别是实现消费需求家庭户数占比从 0 到 4.18% 的初始阶段、从 4.18% 到 15.87% 的成长期、从 15.87% 到 50% 的成熟期、从 50% 到 84.13% 的衰减期、从 84.13% 到 95.82% 的夕阳期和从 95.82% 到 100% 的终结期。从我国城镇居民每百户家庭拥有汽车的变化看,2001 年每百户城镇居民家庭拥有车辆只有 0.6 辆,即只有 0.6% 的家庭拥有汽车,按耐用消费品发展阶段划分,直到 2001 年我国家庭乘用车仍处于初始阶段的前期。2006 年城镇居民每百户家庭拥有车辆提高到 4.32 辆,即大约有 4.32% 的家庭实现乘用车需求,这一家庭户数占比已超过 4.18% 的初始发展阶段上限,家庭乘用车的发展从 2006 年开始进入成长期。2010 年每百户家庭拥有车辆提高到 13.07 辆,相当于 13.07% 的城镇居民家庭实现乘用车需求,这一比例已接近耐用消费品成长期 15.87% 的上限,即在 2010 年我国家庭乘用车发展的成长期即将结束。2011 年我国城镇居民每百户家庭拥有乘用车提高到 18.58 辆,相当于 18.58% 的家庭已实现乘用车需求,这一比例已跨过乘用车成熟期家庭户数占比 15.87% 的下限,显示我国家庭乘用车的发展从 2011 年开始已进入成熟期。

表 9-1　2005 年到 2012 年我国乘用车发展状况

年　度	产量(万辆)					结构(%)			
	乘用车	轿车	MPV	SUV	交叉型	轿车	MPV	SUV	交叉型
2005	393.18	276.82	15.71	19.47	81.18	70.41	4.00	4.95	20.65
2006	519.71	384.48	19.41	22.75	93.08	73.98	3.73	4.38	17.91
2007	638.00	479.75	22.45	35.94	99.86	75.20	3.52	5.63	15.65
2008	672.87	502.91	19.17	44.71	106.07	74.74	2.85	6.64	15.76
2009	1036.42	745.53	25.10	65.61	200.18	71.93	2.42	6.33	19.31
2010	1388.67	957.49	45.02	133.00	253.16	68.95	3.24	9.58	18.23
2011	1451.27	1014.29	50.57	162.46	223.94	69.89	3.48	11.19	15.43
2012	1552.44	1076.98	49.19	199.55	226.72	69.37	3.17	12.85	14.60

数据来源:WIND 资讯中国宏观数据库。

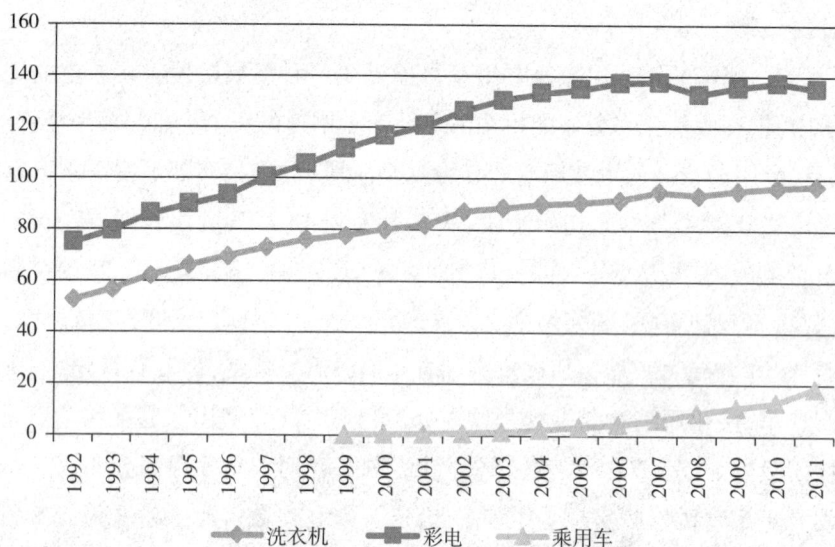

图 9-1　1992 年到 2011 年每百户城镇居民家庭拥有耐用消费品数量(台、辆)
资料来源:WIND 资讯中国宏观经济数据库。

二、我国城镇居民收入差距的演变情况

1990 年以来,我国城镇居民家庭平均收入水平不断提高,收入差距在 1990 年到 2005 年期间持续扩大,但 2005 年以后收入差距趋于缩小,收入差距的变化正好与家庭乘用车的初始阶段与成长期相对应。

我们根据城镇居民人均可支配收入和各收入组家庭平均人口,计算得到 1990 年到 2011 年按收入等级划分的各收入组城镇居民家庭可支配收入,以全国城镇居民家庭平均可支配收入为期望值和各收入组家庭户数占比为权重,计算得到 1990 年到 2011 年城镇居民家庭可支配收入方差,如表 9-2 所示,随着家庭平均收入水平的提高,城镇居民家庭可支配收入方差从 1990 年的 0.0141 提高到 2011 年的 12.4425。由于收入方差取决于家庭平均收入水平和收入差距两大因素,收入方差的扩大并不意味着家庭收入差距的扩大,由此我们以家庭可支配收入标准差占全国家庭平均可支配收入的比例作为反映

家庭收入差距的指标,从中可以看到,1990年到2005年城镇居民家庭收入差距处于不断扩大状态,收入标准差与家庭平均可支配收入比例从1990年的0.2228扩大到2005年的0.5947;2005年以后城镇居民家庭收入差距趋于缩小,到2010年收入标准差与家庭平均可支配收入比例降为0.5587,2011年再度提高到0.5635。城镇居民家庭收入差距从扩大转为缩小的2005年,也正是我国城镇居民家庭乘用车从初始阶段向成长期转化的时点。下面的分析将显示,城镇居民收入差距转换的时点对我国城镇居民家庭乘用车的发展阶段转换具有重要影响。

表9-2　1990年到2011年我国城镇居民家庭平均可支配收入(万元)

年　度	全国平均	最低收入户	低收入户	中等偏下户	中等收入户	中等偏上户	高收入户	最高收入户
1990	0.5330	0.3517	0.4179	0.4699	0.5197	0.5797	0.6506	0.7679
1991	0.5876	0.4016	0.4661	0.5166	0.5683	0.6420	0.7078	0.8456
1992	0.6848	0.4395	0.5227	0.5877	0.6643	0.7479	0.8550	1.0256
1993	0.8550	0.5154	0.6221	0.7064	0.8122	0.9435	1.1061	1.3834
1994	1.1488	0.6453	0.7991	0.9225	1.0836	1.2890	1.5072	1.9214
1995	1.3834	0.7060	0.8745	1.0217	1.1946	1.4078	1.6456	2.1031
1996	1.5484	0.7697	0.9717	1.1279	1.3270	1.5734	1.8323	2.3697
1997	1.6461	0.8749	1.1088	1.3247	1.5614	1.8559	2.1934	2.7883
1998	1.7143	0.8693	1.1297	1.3513	1.6330	1.9239	2.2845	3.0146
1999	1.8382	0.9136	1.1839	1.4313	1.7473	2.0853	2.4774	3.2264
2000	1.9656	0.9445	1.2354	1.5165	1.8519	2.2237	2.7076	3.5407
2001	2.1265	0.9838	1.3035	1.6076	1.9799	2.4248	2.9361	3.9903
2002	2.3417	0.8261	1.2188	1.5782	2.0237	2.5810	3.2728	5.0909
2003	2.5501	0.8807	1.3022	1.6831	2.2055	2.8021	3.6220	5.8524
2004	2.8076	0.9618	1.4350	1.8675	2.4418	3.1385	4.1020	6.7250
2005	3.1059	1.0470	1.5731	2.0803	2.7111	3.5163	4.6104	7.5961
2006	3.4690	1.1812	1.7730	2.3342	2.9988	3.9197	5.1295	8.3754
2007	4.0117	1.3893	2.0815	2.7147	3.4682	4.4897	5.8474	9.4904
2008	4.5922	1.5829	2.3710	3.1198	4.0414	5.2756	6.8775	10.9471
2009	4.9635	1.7283	2.6363	3.4180	4.3736	5.6959	7.4089	11.7533
2010	5.5035	1.9569	2.9713	3.8360	4.8572	6.2610	8.1025	12.9093
2011	6.2594	2.2691	3.4150	4.3640	5.5117	7.0541	9.1439	14.8870

数据来源:根据国家统计局城镇居民人均可支配收入和各收入组家庭平均人口计算得到。

表 9-3　1990 年到 2011 年我国城镇居民家庭平均可支配收入方差和收入差距

年　度	收入方差	最低收入户	低收入户	中等偏下户	中等收入户	中等偏上户	高收入户	最高收入户	收入差距
1990	0.0141	0.0033	0.0026	0.0008	0.0000	0.0004	0.0014	0.0055	0.2228
1991	0.0162	0.0035	0.0030	0.0010	0.0001	0.0006	0.0014	0.0067	0.2165
1992	0.0285	0.0060	0.0053	0.0019	0.0001	0.0008	0.0029	0.0116	0.2467
1993	0.0630	0.0115	0.0108	0.0044	0.0004	0.0016	0.0063	0.0279	0.2935
1994	0.1374	0.0254	0.0245	0.0102	0.0008	0.0039	0.0128	0.0597	0.3226
1995	0.1898	0.0459	0.0518	0.0262	0.0071	0.0001	0.0069	0.0518	0.3149
1996	0.2480	0.0606	0.0665	0.0354	0.0098	0.0001	0.0081	0.0674	0.3216
1997	0.3085	0.0595	0.0577	0.0207	0.0014	0.0088	0.0300	0.1304	0.3374
1998	0.3778	0.0714	0.0684	0.0264	0.0018	0.0088	0.0325	0.1691	0.3585
1999	0.4516	0.0855	0.0856	0.0331	0.0016	0.0122	0.0409	0.1927	0.3656
2000	0.5703	0.1043	0.1067	0.0403	0.0026	0.0133	0.0551	0.2481	0.3842
2001	0.7549	0.1306	0.1355	0.0538	0.0043	0.0178	0.0656	0.3474	0.4086
2002	1.4726	0.2297	0.2522	0.1166	0.0202	0.0115	0.0867	0.7558	0.5182
2003	1.9824	0.2787	0.3115	0.1504	0.0238	0.0127	0.1149	1.0905	0.5521
2004	2.6451	0.3407	0.3768	0.1768	0.0268	0.0219	0.1675	1.5345	0.5793
2005	3.4116	0.4239	0.4699	0.2104	0.0312	0.0337	0.2263	2.0162	0.5947
2006	4.1241	0.5234	0.5753	0.2576	0.0442	0.0406	0.2757	2.4073	0.5854
2007	5.2127	0.6877	0.7451	0.3364	0.0591	0.0457	0.3370	3.0017	0.5691
2008	7.0407	0.9056	0.9868	0.4336	0.0607	0.0934	0.5223	4.0384	0.5778
2009	7.9925	1.0466	1.0831	0.4777	0.0696	0.1073	0.5980	4.6102	0.5696
2010	9.4548	1.2578	1.2824	0.5561	0.0836	0.1148	0.6755	5.4846	0.5587
2011	12.4425	1.5922	1.6181	0.7185	0.1118	0.1263	0.8320	7.4435	0.5635

注：收入差距为收入标准差与全国城镇居民家庭平均可支配收入的比例。
数据来源：根据表 9-2 数据计算得到。

三、我国乘用车产量的需求
函数及其未来发展趋势

　　根据耐用消费品正态分布的需求密度函数,将城镇居民家庭平均收入和收入方差与收入差距平方值比率作为轿车产量对数值解释变量的回归分析结果表明,不同时期我国轿车产量均服从以城镇居民家庭平均收入和年度收入方差与收入差距比率为解释变量的正态分布,但不同时期跨年度收入期望值和收入方差存在较大差别:从 1990 年到 2004 年家庭乘用车的初始发展阶段看,跨年度收入方差和期望值较小,分别为 3.72 万元和 6.98 万元,这意味着轿车产量的分布曲线很陡、极值很高(2160.74 万辆),且成长期和成熟期较短,据此估计的极大值时间为 2012 年。但随着收入水平的提高,在 2005 年到 2011 年的家庭乘用车成长期跨年度收入方差和收入期望值提高到 10.61 万元、9.13 万元,收入方差的提高导致轿车产量分布曲线更为扁平,未来轿车产量的极大值降低到 1613.17 万辆,达到极大值的时间延迟到 2015 年。同时,对 2005 年到 2011 年乘用车产量需求函数的正态估计结果显示,乘用车产量服从跨年度收入方差为 13.96、期望值为 10.67 万元的正态分布,2016 年城镇居民家庭平均收入已接近乘用车产量需求函数的期望值,按未来城镇居民家庭年均收入增长 6% 估算,预计我国乘用车需求量的成熟期将延续到 2019 年,即在 2019 年乘用车产量将达到极大值。

(一)家庭乘用车影响因素及其需求函数

以前的理论分析表明,在跨年度居民收入服从正态分布的情况下,耐用消费品需求量也呈正态分布,其需求函数为 $Q(x) = \dfrac{1}{\sigma\sqrt{2\pi}} e^{-\frac{(x-u)^2}{2\sigma^2}}$,其中 x 为收入价格比率,u、$\sigma$ 分别为收入价格比率的期望值和标准差。由于缺乏 1990 年以来轿车价格数据,我们无法对家庭乘用车的需求函数进行严谨的正态分析,只能在不考虑轿车价格对轿车需求量影响的情况下,对城镇居民家庭平均可支配收入及其差距变化对轿车产量的影响作出估计。从耐用消费品需求函数可知,在将跨年度家庭平均收入作为解释变量、将跨年度平均收入分布的期望值和方差作为常数的情况下,居民平均收入与耐用消费品需求量之间是非线性关系,对需求函数求对数后,需求量对数值与居民收入依然是指数关系,其关系式为 $\mathrm{LOG}(Q(x)) = \mathrm{LOG}(\dfrac{1}{\sigma\sqrt{2\pi}}) - \dfrac{u^2}{2\sigma^2} - \dfrac{1}{2\sigma^2}x^2 + \dfrac{u}{\sigma^2}x$ (以下简称关系式 1)。关系式 1 中的家庭平均收入平方值 X^2 可转换为年度收入方差与收入差距平方值之比,由此耐用消费品需求量对数值关系式转变为 $\mathrm{LOG}(Q(x)) = \dfrac{u}{\sigma^2}x -$

$$\frac{1}{2}\frac{\rho^2}{\sigma^2\theta^2}+LOG(\frac{1}{\sigma\sqrt{2\pi}})-\frac{u^2}{2\sigma^2}(以下简称关系式2)，其中\rho^2、\theta 分别为年度收入$$

方差和收入差距。关系式 2 表明，平均收入水平与耐用消费品需求量对数值
呈线性关系，收入水平越高，耐用消费品需求量对数值越大；收入方差和收入
差距与耐用消费品需求量对数值呈指数关系，收入方差越大，收入差距越小，
耐用消费品需求量对数值越低。

(二)我国轿车产量的影响因素及其需求函数

在耐用消费品需求函数关系式 2 中，需求量取决于人均收入水平、各年度
收入方差和收入差距三个变量，但还有两个被视为常数的参数——跨年度收
入期望值 u 和收入方差 σ^2，在固定时期内，跨年度收入期望和收入方差是确
定的，但从动态变化看，随着分析区间的扩大，收入水平的提高和收入差距的
改变会引致跨年度收入期望值和收入方差的不断提高，跨年度耐用消费品需
求函数依然服从正态分布，但分布曲线的形态以及发展阶段的长度都会因跨
年度收入方差的改变而改变。因此，不同时期同一耐用消费品的需求函数会
存在一定程度的差别。就轿车产量而言，1990 年到 2011 年期间的需求函数
与 1990 年到 2004 年和 2004 年到 2011 年两个分区间的需求函数就存在较大
不同。

根据耐用消费品需求函数关系式 2，我们对 1990 年到 2011 年轿车产量对
数值进行回归分析，结果如下：

1990 年到 2011 年期间，城镇居民家庭平均收入和收入方差与收入差距
平方值比率与轿车产量的对数值高度显著相关，家庭平均收入每提高 1 万元，
轿车产量对数值会提高 1. 7352，收入方差与收入差距比率每扩大 1 个点，轿
车产量对数值会下降 0. 1351。回归分析方程(1)与关系式 2 完全吻合，说明
1990 年到 2011 年期间我国轿车产量服从正态分布。根据关系式 2 和回归分
析方程(1)，我们可以推算出轿车产量函数的收入方差大约为 4. 2($\frac{1}{2\sigma^2}=$
0. 119, $\sigma^2=4. 2016$)，期望值大约为 6. 67($\frac{u}{\sigma^2}=1. 5879, u=6. 6717$)，由此得到
我国轿车产量的需求函数为服从期望值为 6. 67、收入方差为 4. 2 的正态分布

密度函数,其表达式为 $Q(x) = A \times \dfrac{1}{2.05\sqrt{2\pi}} e^{-\frac{(x-6.67)^2}{8.4}}$,其中 A 为常数因子,1990

年到 2011 年期间均值为 4768.52。

1990 年到 2011 年轿车产量(JCCL)与城镇居民家庭平均收入(JTSR)的
收入方差(SRFC)和收入差距(SRCJ)的回归分析方程(1):

LOG(JCCL) = 1.5879×JTSR-0.119×SRFC/SRCJ^2+1.676+[AR(1) =
0.4146]

(8.03)(-4.5)(5.45)(2.53)

R^2 = 0.987732,调整后的 R^2 = 0.985567,DW 统计值 = 1.44,AR(1)为方程
残差一阶自回归项。

从分区间看,家庭乘用车处于初始阶段的 1990 年到 2005 年期间,城镇居
民家庭平均收入和收入方差与收入差距平方值比率与轿车产量的对数值也高
度显著相关,家庭平均收入和收入方差与收入差距比率对轿车产量对数值的
贡献分别是 1.8758 和-0.1343,回归分析方程(2)与关系式 2 也完全吻合,说
明 1990 年到 2005 年期间我国轿车产量也服从正态分布,但跨年度收入方差
和期望值与 1990 年到 2011 年期间需求函数的期望值与方差存在较大差别,
根据关系式 2 和回归分析方程(2)推算得到的轿车产量需求函数的收入方差
为 3.72($\dfrac{1}{2\sigma^2}$ = 0.1343,σ^2 = 3.7217),期望值大约为 6.98($\dfrac{u}{\sigma^2}$ = 1.8758,u =
6.9813),这一时期轿车产量的需求函数为 $Q(x) = A \times \dfrac{1}{1.93\sqrt{2\pi}} e^{-\frac{(x-6.98)^2}{7.44}}$。

1990 年到 2004 年轿车产量(JCCL)与城镇居民家庭平均收入(JTSR)的
收入方差(SRFC)和收入差距(SRCJ)的回归分析方程(2):

LOG(JCCL)= 1.8758×JTSR-0.1343×SRFC/SRCJ^2+1.1302

(4.35)(-1.1)(3.33)

R^2 = 0.94506,调整后的 R^2 = 0.936608,DW 统计值 = 0.91,方程通过 Q
检验。

在家庭乘用车处于成长期的 2005 年到 2011 年期间,城镇居民家庭平均
收入和收入方差与收入差距平方值比率与轿车产量的对数值同样高度显著相
关,家庭平均收入和收入方差与收入差距比率对轿车产量对数值的贡献分别

是 0.8608 和 -0.0417,回归分析方程(3)与关系式 2 也完全吻合,这一时期轿车产量也服从正态分布,但与初始发展阶段相比,这一时期跨年度收入方差明显提高,期望值下降,根据关系式 2 和回归分析方程(3)推算得到的轿车产量需求函数的收入方差为 10.61($\frac{1}{2\sigma^2} = 0.0471$,$\sigma^2 = 10.6117$),期望值为 9.13($\frac{u}{\sigma^2} = 0.8608$,$u = 9.1347$),这一时期轿车产量的需求函数为 $Q(x) = A \times \frac{1}{3.26\sqrt{2\pi}} e^{-\frac{(x-9.13)^2}{21.22}}$。

2005 年到 2011 年轿车产量(JCCL)与城镇居民家庭平均收入(JTSR)的收入方差(SRFC)和收入差距(SRCJ)的回归分析方程(3):

LOG(JCCL) = 0.8608×JTSR−0.0471×SRFC/SRCJ^2+3.4503

(1.94)(−0.99)(3.46)

$R^2 = 0.957008$,调整后的 $R^2 = 0.935512$,DW 统计值 = 2.45。

比较 1990 年到 2011 年、1990 年到 2005 年和 2005 年到 2011 年三个区间的轿车需求函数,分区间需求函数的期望值和方差与全区间需求函数的期望值和方差存在很大差别,初始阶段(1990 年到 2005 年)的跨年度收入方差低于全区间的跨年度收入方差,但跨年度收入期望值略高于全区间的收入期望值;随着收入水平的提高,成长期(2005 年到 2011 年)跨年度收入方差和期望值明显大于初始阶段及全区间的收入方差和期望值。从前述分析已知,初始阶段我国城镇居民家庭收入差距不断扩大,成长期收入差距趋于缩小,成长期居民跨年度收入方差和期望值的扩大主要是由家庭平均收入水平提高引致的。但成长期收入方差和期望值的提高对轿车需求量极值及其发展阶段的长度有重要影响,收入方差的扩大延长了轿车需求成长期和成熟期的长度,降低了需求量的极大值。从全区间看,2011 年我国城镇居民家庭平均可支配收入为 6.26 万元,已接近 1990 年到 2011 年我国轿车产量需求函数的期望值 6.67 万元,这预示以城镇居民家庭为主的初次轿车需求规模在 2012 年即达到最高值(1055 万辆)。从分区间看,1990 年到 2005 年我国轿车需求函数的期望值为 6.98 万元,按 2005 年到 2011 年城镇居民家庭平均收入年均增长 12% 估算,2012 年城镇居民家庭平均收入就达到轿车产量需求函数的期望值,2012 年即达到轿车产量最大值 2160.74 万辆。而成长期收入方差提高后,城镇居民家庭平均收入的期望值提高到 9.13 万元,轿车产量的最大值降为 1613.17 万辆,按 2005 年到 2011 年城镇居民家庭平均收入年均增长 12%估算,轿车产量达到极大值的时间将延迟到 2015 年。

(三)我国乘用车产量的影响因素及其需求函数

轿车是我国基本型乘用车,但随着 SUV 等乘用车型的快速发展,轿车占乘用车产量的比重从 2008 年开始持续下降,轿车产量的发展趋势不能全面反映乘用车的发展趋势。为此,我们以 2005 年到 2011 年乘用车产量数据为样本,根据关系式 2 进行回归分析,结果如下:2005 年到 2011 年期间,城镇居民家庭平均收入、收入方差和收入差距与乘用车产量显著相关,家庭平均收入每增加 1 万元,会引致乘用车产量对数值提高 0.7645,收入方差与收入差距比例每下降 1 个点会引致乘用车产量对数值提高 0.0358。

根据关系式 2 和回归分析方程(4),我们可以推算得到乘用车正态分布需求函数的方差为 13.9637($\frac{1}{2\sigma^2} = 0.0358, \sigma^2 = 13.9637$),期望值为 10.6753($= 0.7645, u = 10.6753$),即我国乘用车产量服从期望值为 10.67、方差为 13.96 的正态分布,其表达式为 $Q(x) = A \times \frac{1}{3.74\sqrt{2\pi}} e^{-\frac{(x-10.67)^2}{27.93}}$,其中 A 为常数因子。

2011 年我国城镇居民家庭平均可支配收入为 6.26 万元,与乘用车产量需求函数的期望值 10.67 万元还有较大差距,这意味着 2011 年家庭乘用车需求量进入成熟期后,家庭乘用车的需求减速增长阶段还会持续一段时间,未来几年我国乘用车产量还会持续扩大。按照 2005 年到 2011 年城镇居民家庭平均收入年均增长 12%的增速推算,2016 年我国城镇居民家庭平均收入能够达到乘用车需求函数 10.67 万元的期望值,即在 2016 年左右我国乘用车产量将达到最大值,按乘用车需求函数估计,乘用车产量的极值在 3114.89 万辆左右。

1990 年到 2011 年乘用车产量(CYC)与城镇居民家庭平均收入(JTSR)的收入方差(SRFC)和收入差距(SRCJ)的回归分析方程(4):

LOG(CYC)= 0.7645×JTSR−0.0358×SRFC/SRCJ^2+3.9633

(1.51)(−0.66)(3.49)

$R^2 = 0.946884$,调整后的 $R^2 = 0.920326$,DW 统计值 $= 2.33$。

四、城镇居民家庭平均收入水平与
收入差距对乘用车产量的影响

根据轿车产量和乘用车产量的回归分析方程,我们仅能确定城镇居民家庭平均收入对轿车产量和乘用车产量的贡献,难以区分收入方差,特别是收入差距对乘用车产量的具体影响。为了更为直观地分析城镇居民家庭平均收入和收入差距对家庭乘用车需求量的影响,我们将城镇居民家庭平均收入和收入差距作为轿车产量和乘用车产量对数值的解释变量进行回归分析,结果显示:从 1990 年到 2011 年全区间看,居民收入水平提高和收入差距扩大均会刺激轿车产量对数值提高。从分区间看,在家庭乘用车处于初始阶段的 2005 年以前,城镇居民家庭平均收入水平的提高和收入差距扩大均会刺激轿车产量对数值提高,但在家庭乘用车进入成长期、收入差距缩小的 2005 年到 2011 年期间,收入差距缩小会刺激轿车产量和乘用车产量对数值提高。

(一)1990 年到 2011 年家庭平均收入和收入差距对轿车产量的贡献

从 1990 年到 2011 年全区间看,城镇居民家庭平均收入和收入差距与轿车产量的对数值高度显著相关,家庭平均收入每提高 1 万元,轿车产量对数值会提高 0.5164,家庭收入差距每扩大 0.1 个点,轿车产量对数值会提高 0.524。总体看,家庭平均收入水平的提高和收入差距的扩大均会刺激轿车产量增加。

1990 年到 2011 年轿车产量(JCCL)与城镇居民家庭平均收入(JTSR)和收入差距(SRCJ)的回归分析方程(5):

$LOG(JCCL) = 0.5164 \times JTSR + 5.2396 \times SRCJ + 0.9806 + [MA(1) = 0.6957]$

$(5.91)(4.67)(2.93)(5.72)$

$R^2 = 0.98162$,调整后的 $R^2 = 0.978557$,DW 统计值 $= 2.23$,MA(1)为方程

残差一阶移动平均项。

（二）初始阶段（1990 年到 2005 年）家庭平均收入和收入差距对轿车产量的贡献

在家庭乘用车初始阶段，居民家庭收入差距扩大会刺激轿车产量增加。回归分析结果表明，1990 年到 2005 年期间，轿车产量对数值与城镇居民家庭平均收入和收入差距高度显著相关，家庭平均收入每增加 1 万元会引致轿车产量对数值提高 0.6364，家庭收入差距每扩大 0.1 个点会引致轿车产量对数值提高 0.3656。按照这一时期家庭平均收入、收入差距对轿车产量对数值的贡献计算，家庭平均收入和收入差距分别提高了 2.573 万元和 0.3719，引致轿车产量对数值分别提高了 1.6373 和 1.3596，占同期轿车产量对数值提升幅度（4.1784）的 39.19% 和 32.54%，即这一时期轿车产量增加的 272.53 万辆中，直接由城镇居民平均收入水平提高和收入差距扩大拉动的规模分别是 106.79 万辆和 88.67 万辆。

1990 年到 2005 年轿车产量与城镇居民家庭平均收入和收入差距的回归分析方程（6）：

$$LOG(JCCL) = 0.6364 \times JTSR + 3.656 \times SRCJ + 1.4914 + [AR(1) = 0.3698]$$

（2.69）（2.67）（6.32）（2.85）

$R^2 = 0.986208$，调整后的 $R^2 = 0.982447$，DW 统计值 $= 2.47$。

（三）初始阶段前期和后期家庭平均收入和收入差距对轿车产量贡献的变化

在乘用车发展的初始阶段，虽然城镇居民家庭平均收入不断提高，收入差距持续扩大，但在初始阶段后期家庭平均收入的年均提升幅度和收入差距的年均扩大幅度远大于前期，对轿车产量的贡献也明显提高。其中在初始阶段前期的 1990 年到 2001 年期间，平均收入和收入差距对轿车产量对数值的贡献明显偏低，其贡献只有 0.5071 和 0.1864，仅相当于整个初始阶段平均贡献的 80% 和 51%，按家庭平均收入、收入差距对轿车产量对数值的贡献计算，家庭平均收入和收入差距分别提高了 1.5935 万元和

0.1858,由此引致的轿车产量对数值提高幅度分别为0.8081和0.3463,占同期轿车产量对数值提升幅度(2.8087)的比重分别为28.77%和12.83%,即初始阶段前期轿车产量增加的66.11万辆中,直接由城镇居民平均收入水平提高和收入差距扩大拉动的规模只有19.06万辆和8.15万辆,其余41%的轿车产量增加是由家庭收入和收入差距之外的其他因素引致的。

在收入差距大幅度扩大的2001年到2006年或初始阶段后期,家庭平均收入和收入差距对轿车产量对数值的贡献显著提高,其贡献分别为0.7233和0.4114,相当于初始阶段前期贡献的143%和221%。按家庭平均收入、收入差距对轿车产量对数值的贡献计算,家庭平均收入和收入差距分别提高了1.3426万元和0.1768,由此引致的轿车产量对数值提高幅度分别为0.971和0.7274,占同期轿车产量对数值提升幅度(1.7048)的比重分别为56.96%和42.67%,二者合计占比为99.63%,即这一时期轿车产量规模的增加几乎全部由居民家庭平均收入提高和收入差距扩大引致。换算为轿车产量增加规模,初始阶段后期轿车产量增加的316.6万辆中,直接由城镇居民平均收入水平提高和收入差距扩大拉动的规模分别为180.33万辆和135.09万辆。与初始阶段前期相比,在家庭乘用车发展的初始阶段后期,城镇居民收入差距的扩大是轿车产量大幅度扩张的重要因素。

1990年到2001年轿车产量与城镇居民家庭平均收入和收入差距的回归分析方程(7):

$$LOG(JCCL) = 0.5071 \times JTSR + 1.864 \times SRCJ + 2.3853 + [AR(1) = 0.5658]$$

(1.45)(0.57)(1.86)(2.85)

$R^2 = 0.978959$,调整后的 $R^2 = 0.969942$,DW 统计值=2.28。

2001年到2006年轿车产量与城镇居民家庭平均收入和收入差距的回归分析方程(8):

$$LOG(JCCL) = 0.7233 \times JTSR + 4.114 \times SRCJ + 1.0175$$

(3.15)(2.52)(1.96)

$R^2 = 0.967318$,调整后的 $R^2 = 0.94553$,DW 统计值=2.94。

（四）成长期（2005 年到 2011 年）家庭平均收入和收入差距对轿车产量的贡献

在 2006 年到 2011 年家庭乘用车的成长期，城镇居民家庭平均收入不断提高，收入差距持续缩小，正如前述理论分析所示，耐用消费品成长期和成熟期收入差距缩小会缩短成长期与成熟期长度，提高耐用消费品需求量和需求增速，回归分析结果表明，2005 年到 2011 年期间家庭平均收入与轿车产量对数值显著正相关，其贡献为 0.289；家庭收入差距与轿车产量对数值负相关，其贡献为－13.7076，即收入差距每缩小 0.1 个点，轿车产量对数值会提高 1.371。

比较家庭平均收入和收入差距的贡献可以看到，2005 年到 2011 年收入差距缩小对轿车产量对数值的贡献远高于家庭平均收入的贡献，但这一时期居民家庭平均收入年均提升幅度远大于初始阶段的提升幅度，而收入差距的年均缩小幅度却大幅度小于初始阶段收入差距的年均扩大幅度，因此，按家庭平均收入、收入差距对轿车产量对数值的贡献计算，家庭平均收入提高引致的轿车产量对数值提升幅度，仍大幅度高于收入差距缩小引致的轿车产量对数值提升幅度。具体看，2005 年到 2011 年，城镇居民家庭平均收入提高了 3.135 万元、收入差距缩小了 0.0311，由此引致的轿车产量对数值提高幅度分别为 0.9113 和 0.427，占同期轿车产量对数值提升幅度（1.3286）的比重分别为 68.59% 和 32.14%，二者合计占比为 100.73%。换算为轿车产量增加规模，由家庭平均收入提高和收入差距缩小引致的轿车产量增加量分别为 526.93 万辆和 246.89 万辆。即这一时期轿车产量规模的增加全部由居民家庭平均收入提高和收入差距缩小引致，其中居民家庭平均收入水平提高是主要因素，居民收入差距缩小的边际贡献很高，但因收入差距缩小幅度有限，对轿车产量增加的作用仍小于平均收入水平提高的作用。

2005 年到 2011 年轿车产量与城镇居民家庭平均收入和收入差距的回归分析方程（9）：

$LOG(JCCL) = 0.289 \times JTSR - 13.7076 \times SRCJ + 12.8968$

$(4.47)(-2.39)(3.63)$

$R^2 = 0.977949$，调整后的 $R^2 = 0.966924$，DW 统计值 = 2.41。

表 9-4 1990 年到 2011 年城镇居民家庭平均收入和收入差距对轿车产量的贡献

区　间	平均收入变化	收入差距变化	轿车产量对数值变化	平均收入变化的贡献	收入差距变化的贡献	平均收入变化的贡献占比	收入差距变化贡献占比
1990—2001年	1.5935	0.1858	2.8087	0.8081	0.3463	28.77	12.33
2001—2006年	1.3426	0.1768	1.7048	0.9710	0.7274	56.96	42.67
1990—2005年	2.5730	0.3719	4.1784	1.6373	1.3596	39.19	32.54
2005—2011年	3.1535	-0.0311	1.3286	0.9113	0.4270	68.59	32.14

数据来源:根据表 9-1 和表 9-2 数据及各因素对轿车产量对数值贡献计算得到。

(五)2005 年到 2011 年家庭平均收入和收入差距对乘用车产量的贡献

回归分析结果表明,2005 年到 2011 年期间家庭平均收入与乘用车产量对数值显著正相关,其贡献为 0.3039;家庭收入差距与乘用车产量对数值负相关,其贡献为 -13.0815,即收入差距每缩小 0.1 个点,乘用车产量对数值会提高 1.31。具体看,2005 年到 2011 年,城镇居民家庭平均收入提高了 3.135 万元、收入差距缩小了 0.0311,由此引致的乘用车产量对数值提高幅度分别为 0.9583 和 0.4081,占同期乘用车产量对数值提升幅度 (1.3059) 的比重分别为 73.38% 和 31.25%,二者合计占比为 104.63%。换算为乘用车产量增加规模,由家庭平均收入提高和收入差距缩小引致的乘用车产量增加规模分别为 850.66 万辆和 361.71 万辆。总之,2005 年到 2011 年期间,城镇居民家庭平均收入提高和收入差距缩小是乘用车产量规模快速扩张的重要因素。

2005 年到 2011 年乘用车产量(CYC)与城镇居民家庭平均收入(JTSR)和收入差距(SRCJ)的回归分析方程(10):

$$LOG(CYC) = 0.3039 \times JTSR - 13.0815 \times SRCJ + 12.7905$$

$$(\ , 3.84)(-1.86)(2.94)$$

$R^2 = 0.968444$,调整后的 $R^2 = 0.952666$,DW 统计值 =1.96。

五、我国城镇居民家庭乘用车对
汽车工业与经济增长的影响

在乘用车进入城镇居民家庭的拉动下,2001 年以后轿车取代载货车和客车成为汽车工业的主导产业,我国汽车工业在轿车生产规模迅速增长的带动下进入快速扩张期,整个经济也因此进入新的重化工业化阶段,并引致我国经济步入改革开放以来上升期最长、平均增速最高的新增长周期。从回归分析结果看,汽车产量与汽车工业总产值同步增长,汽车工业总产值每增加一个百分点会引致重工业总产值增加 1.21 个百分点,从汽车产量到重工业总产值的乘数大约为 1.2,即城镇居民家庭乘用车的快速发展,是 2000 年以后我国经济进入新的重化工业化阶段后经济保持持续高速增长的重要推动力量。

(一)乘用车进入城镇居民家庭引致汽车工业产出规模迅速扩大

1990 年以来我国汽车工业产出持续扩大,特别是轿车产量持续快速增加,但整个发展过程以 2001 年乘用车大量进入城镇居民家庭为界分为两个不同阶段:

2001 年以前,我国汽车工业发展较慢,汽车产量在 1991 年到 2001 年期间仅从 70.88 万辆增加到 234.15 万辆,增长 3.3 倍,其中载货车、客车和轿车分别增长 1.78 倍、4.75 倍和 8.68 倍,这一时期轿车产量增加较快,轿车在汽车产量中的占比不断提高,从 1991 年的 11.44%提高到 2001 年的 30.05%,但作为汽车工业主导产业的载货车增长缓慢,整个汽车工业发展相对较慢。

2001 年以后乘用车进入家庭步伐加快,由此引致轿车产量大幅度增加,轿车产量占汽车总产量的比重从 2002 年开始超过载货车和客车占比,轿车取代载货车和客车成为汽车工业的主导产业,整个汽车工业产出规模也在轿车产量快速扩张的拉动下迅速扩大,到 2010 年汽车产量增加到 1826.47 万辆,比 2001 年增长 7.8 倍,载货车、客车和轿车分别增长 4.88 倍、5.71 倍和 13.61 倍,2010 年轿车在汽车产量的占比也提高到 52.43%。

在汽车工业产出快速扩张的同时,汽车工业总产值也迅速扩大,从 2000 年的 1985.8 亿元扩大到 2010 年的 18937.8 亿元,增长 9.54 倍。从 2001 年到 2010 年汽车产量与汽车工业总产值的对数回归分析结果看,汽车产量每增加 1 个百分点,汽车工业总产值会提高 0.9926 个百分点,即汽车工业总产值与汽车产量基本同步增长,而轿车产量在 2001 年到 2010 年期间增长最快,对汽车工业总产值规模的迅速扩大贡献最大。

2001 年到 2010 年轿车产量(JCCL)与汽车工业总产值(QCCZ)的相关关系:

$$LOG(QCCZ)=0.9926×LOG(QCCL)+2.4163+[MA(1)=0.7955]$$

(21.35)(8.02)(3.22)

$R^2=0.993989$,调整后的 $R^2=0.992487$,DW 统计值=2.67。

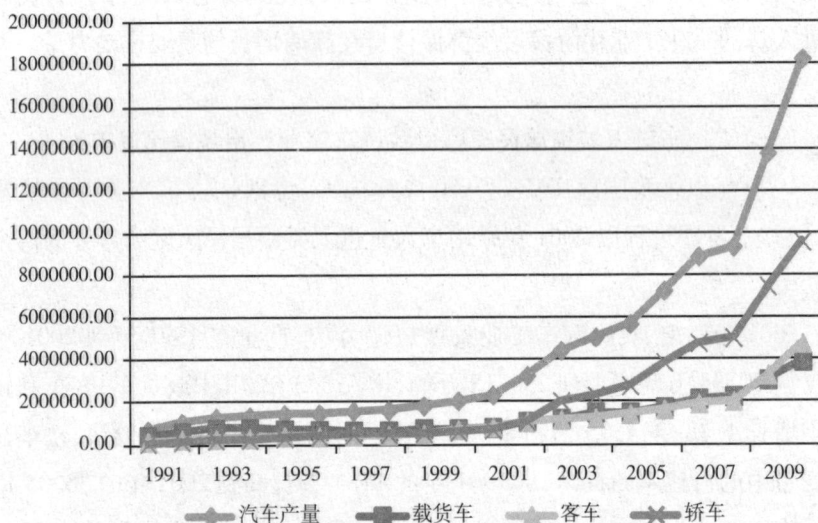

图 9-2　1991 年到 2010 年汽车产量变化情况(辆)

数据来源:WIND 资讯中国宏观经济数据库。

(二)汽车工业的持续扩张引致我国经济进入加速增长的新重化工业化阶段

在经过 1990 年到 1997 年家电产业快速发展引致的新型轻工业化发展阶

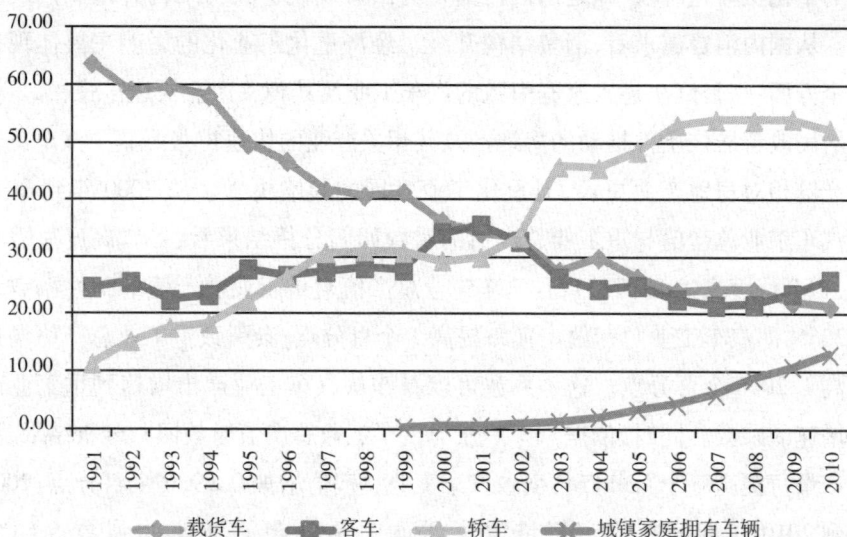

图 9-3　1991 年到 2010 年每百户城镇居民家庭拥有车辆与汽车工业结构变化(%)

数据来源:根据 WIND 资讯中国宏观经济数据库提供数据计算得到。

段之后,1998 年以后我国经济逐步进入新的重化工业化阶段,重化工业化总产值占工业总产值的比重持续提高,从 1998 年的 58.03%提高到 2011 年的 71.85%,这一时期工业总产值的增速及其波动形态主要取决于重工业总产值的增速及其走势。同时,这一时期第二产业增加值和工业增加值占 GDP 的比重一直保持在 46.5%和 40.6%左右的高水平,第三产业增加值占 GDP 比重的提高又与服务于第二产业,特别是工业的生产性服务业发展较快相关,如批发贸易和金融业增加值占 GDP 的比重分别从 2000 年的 8.22%和 4.18%提高到 2011 年的 9.18%和 5.66%,2000 年以后重化工业是决定我国 GDP 增速及其波动形态的主要产业因素。也就是说,我国 GDP 增速从 2000 年的 8.4%提高到 2007 年的 14.2%,此后回调到 2011 年的 9.3%,GDP 增速的大幅度波动主要是由重化工业化增加值增速的大幅度波动引致,这也是各国经济重化工业化时期经济增长波动的基本特征。这一时期我国 GDP 年均增长 10.37%,是改革开放以来经济增速上升期最长(从 2000 年到 2007 年连续 8 年)、平均增速最高的增长周期。

国内消费和出口是决定经济增长的基础需求,2000 年以来我国经济进入新的重化工业化阶段,即是由国内消费与出口规模扩大与结构升级共同决定的。从国内消费需求看,消费结构升级对经济重化工业化的影响主要体现在两个方面:一是汽车进入家庭引致的汽车工业及其相关产业快速扩张,二是城镇居民改善居住条件推动的房地产及其相关产业的快速扩张。其中汽车工业生产链相对房地产业更长,对重化工业发展的影响更大。从 2000 年到 2010 年汽车工业总产值与重工业总产值的对数回归分析结果看,二者高度显著相关,拟合优度高达 0.97557,且汽车工业总产值对重工业总产值的弹性系数为 1.2066,即汽车工业总产值增速每提高 1 个百分点,会引致重工业总产值增速提高 1.2066 个百分点。这一系数可以看作从汽车工业产出增速到重工业产出增速的乘数。同时,依据汽车产量与汽车工业总产值对数回归分析结果,汽车产量每提高一个百分点会引致汽车工业总产值增加 0.9926 个百分点,2000 年到 2010 年期间从汽车产量增速到重工业总产值增速的乘数大约为 1.1976,即汽车产量每提高一个百分点会引致重工业总产值提高 1.1976 个百分点。据此可以得到结论,2000 年以后我国经济进入新的重化工业化阶段后经济保持持续高速增长,重要推动力量即为城镇居民家庭乘用车的快速发展。

同时,2007 年下半年以后我国经济增长进入中长期调整时期,除美国金融危机造成的出口增速下降外,由轿车产量增速下降引致的汽车产量增速下降也是重要因素:2001 年到 2007 年我国轿车产量和汽车产量平均增速分别高达 34.31% 和 23.15%,2008 年到 2011 年轿车产量和汽车产量平均增速分别下降到 21.48% 和 20%,年均增速分别比 2001 年到 2007 年下降 12.83 个百分点和 3.15 个百分点。按照从汽车产量到重工业总产值的乘数估算,2008 年到 2011 年期间由汽车产量增速下降引致的重化工业总产值年均增速降幅为 3.78 个百分点。

2000 年到 2010 年汽车工业总产值(QCCZ)与重工业总产值(ZGYCZ)的相关关系:

$$LOG(ZGYCZ) = 1.2066 \times LOG(QCCZ) + 1.4396 + [MA(1) = 0.9999]$$
$$(9.72)(1.3)(9.06)$$

$R^2 = 0.975572$,调整后的 $R^2 = 0.969465$,DW 统计值 = 1.99。

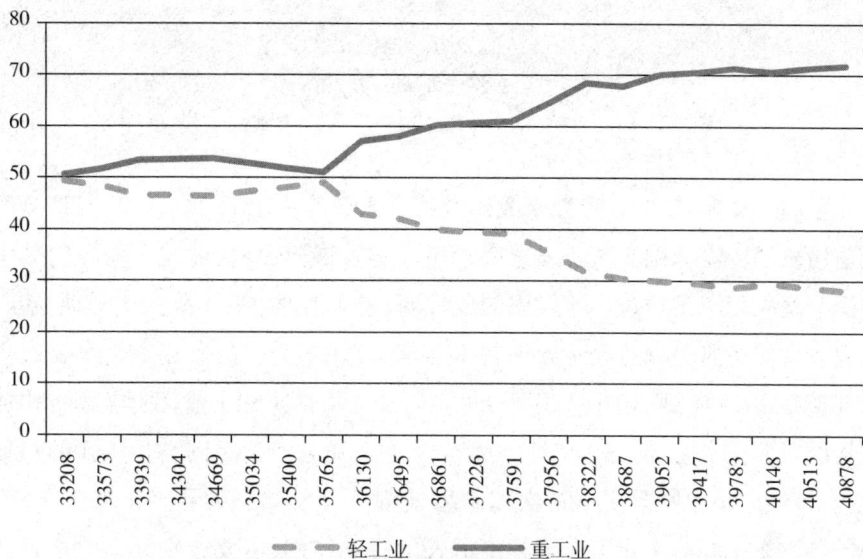

图 9-4　1990 年到 2011 年我国工业总产值结构变化（%）

数据来源：WIND 资讯中国宏观经济数据库。

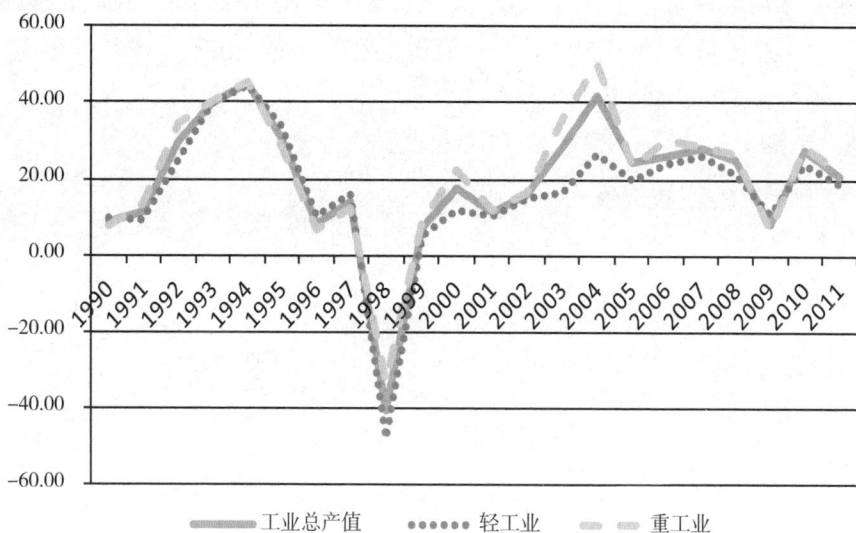

图 9-5　1990 年到 2011 年我国工业总产值名义增速变化情况（%）

数据来源：WIND 资讯中国宏观经济数据库。

六、结论与政策建议

　　家庭乘用车是 2000 年以来我国经济进入新的重化工业化阶段、经济持续快速增长的内需基础。从我国家庭乘用车的发展阶段看，以轿车为主的城镇居民家庭乘用车已跨过快速发展的成长期，进入增速不断下降的成熟期，随着中等收入城镇居民家庭逐步实现购车需求，以轿车为主的家庭乘用车初次需求规模在 2015 年到 2016 年达到极大值。作为支撑重化工业化阶段经济快速增长的重要需求基础，加上汽车产量与重化工业总产值之间高达 1.2 的乘数效应，城镇居民家庭乘用车初次需求增速的下降必然会导致经济增速下降。要维持汽车工业对重化工业及经济增长的拉动作用，需要鼓励汽车生产企业加大产品创新力度，刺激高收入家庭乘用车的更新需求，也需要开拓家庭乘用车的新市场，在鼓励城镇居民中等偏低收入家庭和农村居民家庭逐步实现家庭乘用车需求的同时，扩大车辆出口，开辟国外市场。鉴于我国城乡居民内部收入差距依然偏大，缩小居民收入差距是刺激现阶段国内乘用车需求、提高汽车工业发展速度的有效措施。

第十章　我国经济增速周期性波动及其动态均衡增长状态的演变特征与影响因素

我国 GDP 增速存在多种不同的周期性波动,短期波动和中期波动振幅较大、受外部因素影响较大,中长期波动振幅不断下降、波动趋于微波化,长期波动的周期峰值与周期谷值不断提高,动态均衡值呈周期性下降趋势。GDP 增速的周期性波动是由投资、居民消费、进出口、工业存货等多种需求因素增速的周期性波动共同决定的,居民消费是最重要的因素,出口对经济增速周期性波动的影响大于投资,进口和工业存货对 GDP 增速的周期性波动起到重要抑制作用。

一、我国 GDP 增速周期性波动及其动态均衡值的演变特征

经济增速的周期性波动是经济运行的常态,经济增速的周期性波动又同时存在其动态均衡增长状态。[①] 我们运用 BP 滤波和 HP 滤波技术,对 1992 年一季度到 2014 年四季度我国 GDP 季度累计增速进行周期分离后,将 GDP 增速分为短期波动、中期波动、中长期波动、长期波动和动态均衡值五个部分。从波动特征看,包含短期波动的 GDP 增速围绕包含均衡值的中期波动展开,

---

① 参见本书第七章。

包含均衡值的中期波动又以包含均衡值的中长期波动为动态均衡值展开,包含均衡值的中长期波动和长期波动又分别以包含均衡值的长期波动和动态均衡值为中心展开,即包含均衡值的较短波动总是以包含均衡值的较长波动为动态均衡值进行波动(如图 10-1 和图 10-2 所示)。剔除各种波动的动态均衡值之后,可以看到,我国 GDP 增速具有特征不同的多种周期性波动:短期波动和中期波动振幅较大,受外部因素影响较大;中长期波动振幅不断下降,波动趋于微波化;长期波动的周期峰值与周期谷值不断提高,波动呈周期性上升趋势,GDP 增速的动态均衡值呈周期性下降趋势。

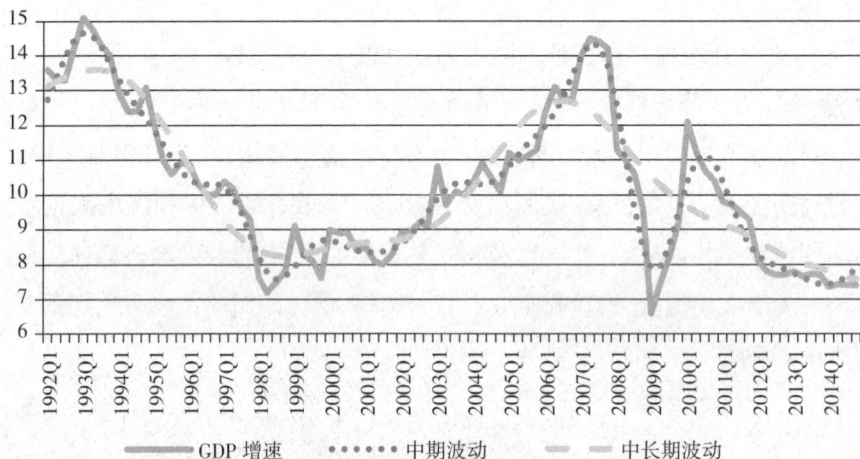

图 10-1　1992 年一季度到 2014 年四季度 GDP 增速包含
均衡值的短期波动、中期波动和中长期波动(%)

数据来源:根据 WIND 资讯提供 GDP 增速数据经滤波处理后得到。

(一)短期波动规律性较差,受外部因素冲击影响明显

1992 年一季度到 2014 年四季度期间共有 16 个周期,平均波长为 5.4 个季度,主要有以下三大特点:

第一,短期波动振幅较大。16 个周期的平均振幅高达 1.32 个百分点,从波峰到波谷最大下降幅度(周期降幅)和从波谷到波峰的最大上升幅度(周期升幅)均发生在 2008 年四季度到 2010 年一季度期间,周期降幅和升幅分别为

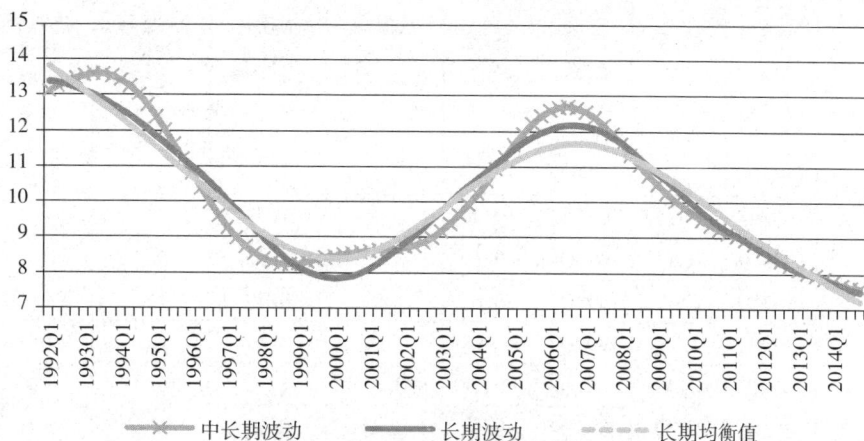

**图 10-2　1992 年一季度到 2014 年四季度 GDP 增速包含
均衡值的中长期波动、长期波动和动态均衡值(%)**

数据来源:根据 WIND 资讯提供 GDP 增速数据经滤波处理后得到。

2.28 个百分点和 3 个百分点。最小振幅发生在 2000 年三季度到 2001 年一季
度期间,周期降幅与升幅分别为 0.73 个百分点和 0.69 个百分点。

第二,短期波动的波长变化较大。按波峰到波峰和波谷到波谷计算,短期
波动的 16 个周期平均波长分别为 5.4 个季度和 5.1 个季度,但不同周期的波
长差别较大,波长最短的周期(2004 年二季度到 2005 年一季度)波长只有 3
个季度,最长的周期波长高达 8 个季度(2011 年四季度到 2013 年四季度)。

第三,短期波动受外部冲击影响明显。短期波动的最大振幅发生在
2008 年一季度到 2010 年一季度美国金融危机期间,波动幅度从 2009 年一
季度的-1.28 个百分点到 2010 年一季度的 1.72 个百分点,振幅高达 3 个
百分点。同时,1997 年亚洲金融危机之后,短期波动振幅也很大,从 1999
年一季度的 1.18 个百分点下降到 1999 年四季度的-1.09 个百分点,振幅
高达 2.27 个百分点。除此之外,其他短期波动周期振幅在 1.5 个百分点
左右。

短期波动最近的波峰发生在 2013 年四季度,峰值为 0.27 个百分点,2014
年四季度短期波动值已下降到-0.47 个百分点。

表 10-1　1992 年一季度到 2014 年四季度 GDP 增速短期波动情况

周期	波峰时点	峰值(%)	波谷时点	谷值(%)	从波峰到波谷降幅(%)	从波谷到波峰升幅(%)	波峰到波峰(季度)	波谷到波谷(季度)
	1992Q1	0.87	1992Q3	-0.67	1.54			
1	1993Q1	0.44	1994Q2	-0.47	0.91	1.11	4	3
2	1994Q4	0.92	1995Q2	-0.46	1.38	1.39	7	4
3	1996Q1	0.47	1996Q4	-0.32	0.79	0.93	5	6
4	1997Q4	0.47	1998Q1	-0.62	1.09	0.79	7	5
5	1999Q1	1.18	1999Q4	-1.09	2.27	1.80	5	7
6	2000Q3	0.40	2001Q3	-0.37	0.77	1.50	6	7
7	2002Q1	0.32	2002Q4	-0.41	0.73	0.69	6	5
8	2003Q1	0.92	2003Q2	-0.48	1.39	1.33	4	2
9	2004Q2	0.60	2004Q4	-0.44	1.05	1.08	5	6
10	2005Q1	0.37	2005Q4	-0.42	0.79	0.82	3	4
11	2006Q2	0.75	2006Q4	-0.72	1.47	1.17	5	4
12	2007Q4	0.53	2008Q1	-1.24	1.77	1.25	6	5
13	2008Q4	1.14	2009Q1	-1.28	2.42	2.38	4	4
14	2010Q1	1.72	2011Q1	-0.56	2.28	3.00	5	8
15	2011Q4	0.74	2012Q3	-0.26	1.00	1.30	7	6
16	2013Q4	0.27	2014Q4	-0.47	0.74	0.53	8	5
平均		0.71		-0.61	1.32	1.32	5.4	5.1

数据来源：根据国家统计局提供 GDP 增速数据经滤波处理后得到。

（二）中期波动振幅很大，规律性较强，但受外部因素冲击依然明显

1992 年一季度到 2014 年四季度期间共有 5 个周期，分别是 1993 年一季度到 1997 年一季度的周期、1997 年一季度到 1999 年四季度的周期、1999 年四季度到 2003 年二季度的周期、2003 年二季度到 2007 年三季度的周期和 2007 年三季度到 2010 年三季度的周期，主要波动特点如下：

第一，中期波动振幅很大。5 个周期波动值平均降幅为 2.08 个百分点，平均升幅为 2.18 个百分点，这一振幅大幅度高于短期波动的振幅。其中最大振幅发生在 2007 年三季度到 2010 年三季度美国金融危机期间，周期降幅和

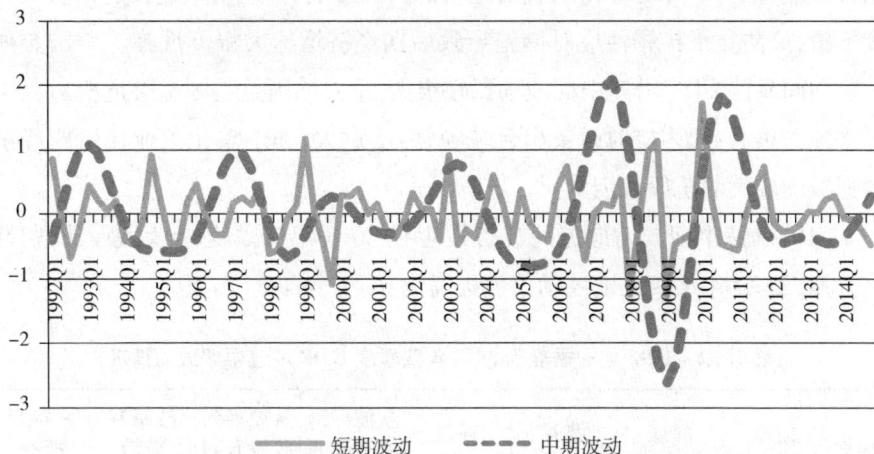

图 10-3 1992 年一季度到 2014 年四季度剔除动态均衡
值之后的 GDP 增速短期波动和中期波动(%)

数据来源:根据 WIND 资讯提供 GDP 增速数据经滤波处理后得到。

周期升幅分别为 4.7 个百分点和 4.43 个百分点,最小振幅发生在 1997 年二
季度到 1999 年四季度亚洲金融危机期间,周期降幅和周期升幅分别只有
0.58 个百分点和 0.95 个百分点。

第二,中期波动波长趋于延长,下降期长于上升期。按波峰到波峰和波谷
到波谷计算,5 个周期平均波长分别为 13.4 个季度和 14.4 个季度。5 个周期
从波峰到波峰的长度趋于缩短,从第一个周期的 17 个季度收缩到第 5 个周期
的 12 个季度,而从波谷到波谷的长度趋于延长,从第一个周期的 12 个季度增
加到第 5 个周期的 18 个季度。从每个周期上升期和下降期长度看,第一个周
期的下降期为 10 个季度,长于上升期的 7 个季度,第二个周期的上升期和下
降期均为 5 个季度,第三个周期的下降期为 6 个季度,上升期为 8 个季度,第
四个周期的下降期为 7 个季度,上升期为 6 个季度,第五个周期的下降期为 6
个季度,上升期为 6 个季度,2010 年三季度以后的新一轮周期下降期为 8 个
季度。总体看,GDP 增速中期波动的波长趋于延长,下降期的长度长于上
升期。

第三,中期波动受外部冲击影响明显。亚洲金融危机期间 GDP 增速中期
波动幅度最小,说明当时我国政府针对亚洲金额危机采取的应对措施比较得

当,既成功抵御了外部冲击对我国经济的负面影响,使经济增速没有出现大幅度下滑,又防止了扩张性应对措施导致后期经济增速大幅度反弹。美国金融危机期间我国 GDP 增速中期波动振幅很大,重要原因是美国金融危机对我国经济冲击很大,国内应对政策出台较晚、力度过大,加上重化工业化阶段经济增速波动较大的阶段性因素。

GDP 增速中期波动最近的波谷发生在 2013 年三季度,此后进入周期性上升期,到 2014 年四季度波动值已提高到 0.27 个百分点。

表 10-2　1992 年一季度到 2014 年四季度 GDP 增速中期波动情况

周期	波峰时点	峰值(%)	波谷时点	谷值(%)	从波峰到波谷降幅(%)	从波谷到波峰升幅(%)	波峰到波峰(季度)	波谷到波谷(季度)
	1993Q1	1.09	1995Q3	−0.59	1.68			
1	1997Q2	0.97	1998Q3	−0.67	1.64	1.56	17	12
2	1999Q4	0.276	2001Q2	−0.303	0.58	0.95	10	11
3	2003Q2	0.79	2005Q1	−0.81	1.60	1.10	14	15
4	2007Q3	2.08	2009Q1	−2.62	4.70	2.89	13	16
5	2010Q3	1.81	2013Q3	−0.45	2.26	4.43	12	18
平均		1.17		−0.91	2.08	2.18	13.4	14.4

数据来源:根据 WIND 资讯提供 GDP 增速数据经滤波处理后得到。

(三)中长期波动趋于微波化

1992 年一季度到 2014 年四季度期间 GDP 增速的中长期波动共有 2 个完整的周期,按波峰到波峰计算,分别是 1994 年一季度到 2000 年二季度波长为 25 个季度的周期和 2000 年二季度到 2006 年二季度波长为 24 个季度的周期;按波谷到波谷计算,分别是 1997 年二季度到 2003 年二季度波长为 24 个季度的周期和 2003 年二季度到 2009 年二季度波长为 24 个季度的周期,即 GDP 增速中长期波动的波长大约为 24 个季度。

GDP 增速中长期波动的重要特点是振幅不断下降,波动趋于微波化。1992 年一季度以来,GDP 增速中长期波动的峰值不断下降,从 1994 年一季度的 0.85 个百分点逐步下降到 2000 年二季度的 0.66 个百分点和 2006 年二季

度的 0.54 个百分点。同时,中长期波动的谷值不断提高,从 1997 年二季度
的-0.79 个百分点,逐步提高到 2003 年二季度的-0.6 个百分点和 2009 年二
季度的-0.36 个百分点。在峰值下降和谷值提高的共同影响下,GDP 增速中
长期波动的振幅不断缩小,周期降幅从 1994 年一季度到 1997 年二季度的
1.64 个百分点,逐步下降到 2000 年二季度到 2003 年二季度的 1.26 个百分点
和 2006 年二季度到 2009 年二季度的 0.9 个百分点,周期升幅也逐步从 1997
年二季度到 2000 年二季度的 1.45 个百分点,下降到 2003 年二季度到 2006 年
二季度的 1.16 个百分点和 2009 年二季度到 2012 年二季度的 0.42 个百分点。

GDP 增速中长期波动最近的波谷发生在 2009 年二季度,此后进入周期
性上升期,到 2014 年四季度波动值提高到 0.08 个百分点。

表 10-3　1992 年一季度到 2014 年四季度 GDP 增速中长期波动情况

周期	波峰时点	峰值（%）	波谷时点	谷值（%）	从波峰到波谷降幅（%）	从波谷到波峰升幅（%）	波峰到波峰（季度）	波谷到波谷（季度）
	1994Q1	0.85	1997Q2	-0.79	1.64			
1	2000Q2	0.66	2003Q2	-0.60	1.26	1.45	25	24
2	2006Q2	0.54	2009Q2	-0.36	0.90	1.14	24	24
3	2014Q4	0.09				0.44		
平均		0.53		-0.58	1.27	1.01	24.50	24.00

数据来源:根据 WIND 资讯提供 GDP 增速数据经滤波处理后得到。

(四)长期波动呈周期性上升趋势

1992 年一季度以来 GDP 增速的长期波动只有一个完整的周期,即按波
峰到波峰计算的 1995 年四季度到 2006 年三季度波长为 43 个季度的周期,或
按波谷到波谷计算的 2000 年一季度到 2010 年四季度波长为 43 个季度的周
期。长期波动的重要特点是周期峰值与周期谷值均趋于提高,波动呈周期性
上升趋势,其中周期波动的峰值从 1995 年四季度的 0.32 个百分点提高到
2006 年三季度的 0.52 个百分点,周期波动的谷值从 2000 年一季度的-0.56
个百分点提高到 2010 年四季度的-0.32 个百分点。同时,长期波动的周期降

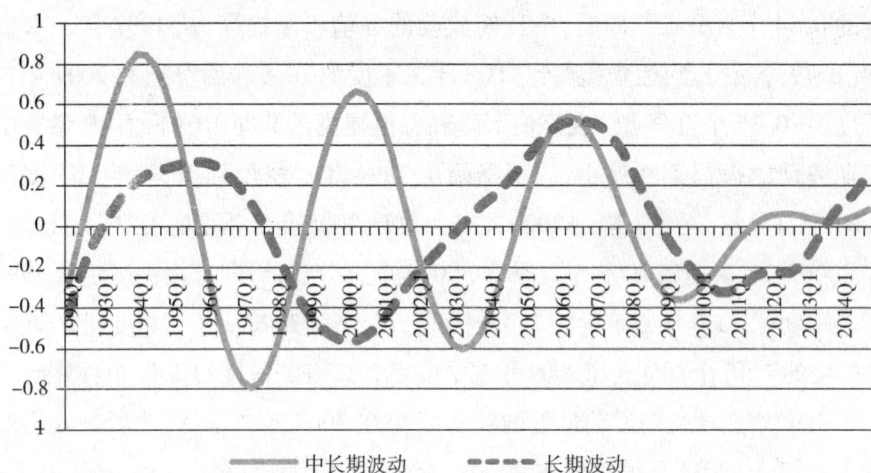

图 10-4   1992 年一季度到 2014 年四季度 GDP 增速的中长期波动和长期波动(%)

数据来源:根据 WIND 资讯提供 GDP 增速数据经滤波处理后得到。

幅趋于下降,从 1995 年四季度到 2000 年一季度的 0.88 个百分点下降到 2006
年三季度到 2010 年四季度的 0.84 个百分点,而周期升幅趋于上升,从 1992
年一季度到 1995 年四季度的 0.74 个百分点提高到 2000 年一季度到 2006 年
三季度的 1.08 个百分点。

长期波动在 2010 年四季度达到新的波谷,2013 年三季度长期波动值已
由负转正,进入新一轮周期的扩张期,到 2014 年四季度波动值已提高到 0.29
个百分点。

表 10-4   1992 年一季度到 2014 年四季度 GDP 增速长期波动情况

周期	波峰时点	峰值(%)	波谷时点	谷值(%)	从波峰到波谷降幅(%)	从波谷到波峰升幅(%)	波峰到波峰(季度)	波谷到波谷(季度)
			1992Q1	-0.42	0.42			
1	1995Q4	0.32	2000Q1	-0.56	0.88	0.74		32
2	2006Q3	0.52	2010Q4	-0.32	0.84	1.08	43	43
3	2014Q4	0.29				0.61	32	
平均		0.38		-0.44	0.72	0.81	37.50	37.50

数据来源:根据 WIND 资讯提供 GDP 增速数据经滤波处理后得到。

(五)GDP 增速的动态均衡值呈周期性下降趋势

剔除各种周期性波动之后,GDP 增速的动态均衡值仍呈周期性波动状态,均衡值在从 1992 年一季度的 13.83%下降到 2000 年一季度的 8.4%之后,回升到 2006 年四季度的 11.66%,此后再度进入下降状态,到 2014 年四季度回调到 7.22%。从长期均衡值的线性趋势看,动态均衡值的周期性波动呈下降趋势,其线性趋势值从 1992 年一季度的 11.55%下降到 2014 年四季度的 9%。

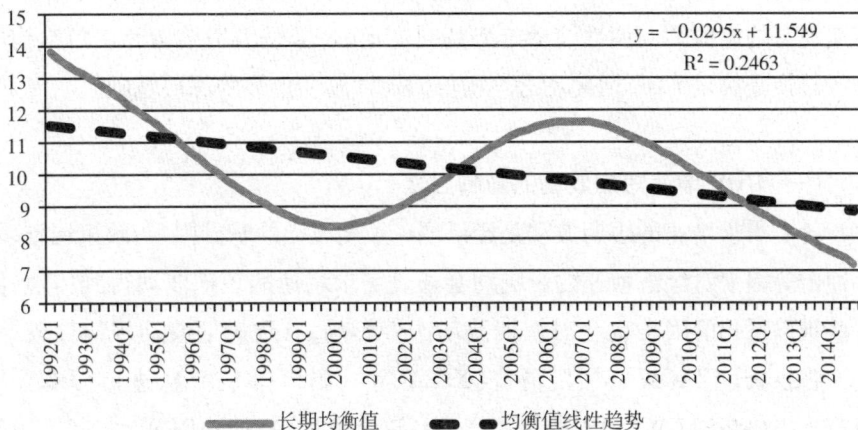

图 10-5 1992 年一季度到 2014 年四季度 GDP 增速的动态均衡值及其内在趋势(%)
数据来源:根据 WIND 资讯提供 GDP 增速数据经滤波处理后得到。

二、我国经济增速周期性波动及其
动态均衡值的影响因素

经济增速的周期性波动及其动态均衡值的演变趋势是整个经济运行的集中表现,影响经济运行的各种因素最终都体现在经济增速的周期性波动上。我们将投资实际增速、居民消费实际增速①、出口增速、进口增速和工业企业

---

① 居民消费根据城镇居民和农村居民人均消费支出和各年度城乡居民人口计算得到,居民消费实际增速为居民消费名义增速扣除居民消费价格因素之后的实际增速。

产成品资金占用(以下简称工业存货)实际增速作为 GDP 增速的解释变量进行影响因素分解,结果表明,1992 年一季度以来,居民消费实际增速的周期性波动是决定我国 GDP 增速周期性波动最重要的需求因素,出口增速周期性波动对 GDP 增速周期性波动的影响要大于投资实际增速的影响,进口增速和工业存货实际增速的周期性波动对 GDP 增速周期性波动的振幅起到了重要抑制作用。GDP 增速动态均衡值的周期性波动走势反映了我国经济从轻工业化向重化工业化和工业化后期演变的阶段性特征,是由消费、出口和投资实际增速动态均衡值的周期性波动走势共同决定的,居民消费结构和出口结构的升级转换是决定 GDP 增速动态均衡值周期性波动走势的深层基础。

(一)GDP 增速短期波动的影响因素

各类需求增速的短期波动是经济增速短期波动的基础因素,政策调整、外部冲击等因素对经济增速的影响均会通过需求增速的短期波动得到体现,但一些难以量化的因素也会对短期波动产生影响,导致短期波动规律性较差。我们将投资(TZAGW)、居民消费(XFZAGW)、出口(CKZW)、进口(JKZW)、政府支出(FISEAGW)和工业企业产成品资金占用(INDHARGW)实际增速的短期波动作为 GDP 增速短期波动(GDPAGW)的解释变量进行回归分析,得到 GDP 增速短期波动的影响因素分解方程。从回归分析结果看,方程的拟合优度(R^2)为 0.71,调整后的拟合优度只有 0.67,即所有需求因素(解释变量)只能解释 GDP 增速短期波动的 70%,其他 30% 的短期波动难以通过各种需求实际增速的短期波动进行解释。

从各需求因素对 GDP 增速短期波动的弹性贡献看,居民消费实际增速的短期波动对 GDP 增速短期波动影响最大,消费增速短期波动值每提高一个百分点,GDP 增速的短期波动值会提高 0.1857 个百分点,即居民消费实际增速短期波动对 GDP 增速短期波动的弹性贡献为 0.1857 个百分点。投资、出口和进口实际增速的短期波动对 GDP 增速短期波动的弹性贡献基本相当,分别为 0.0363 个百分点、0.0365 个百分点和 0.0358 个百分点,工业存货实际增速的短期波动对 GDP 增速短期波动的弹性贡献很低,只有 0.0059 个百分点。

从各需求因素对 GDP 增速短期波动的实际贡献看,投资、消费、出口和进口增速的下降,共同导致了 2014 年 GDP 增速短期波动值降幅持续加大,特别是出口和进口增速的大幅度下降,是 2014 年下半年 GDP 增速降幅扩大的重要因素。

从利用影响因素分解方程进行模拟的情况看,受影响因素分解方程拟合优度较低影响,2003 年到 2010 年模拟值与实际值偏差较大,2010 年以后偏差趋于缩小,各需求因素对 GDP 增速短期波动的解释能力相对提高,但 2014 年四季度模拟值与实际值偏差再度扩大,达到-0.23 个百分点,相当于实际短期波动值的 49.6%,其中各需求因素对 GDP 增速短期波动的实际贡献值只有-0.234 个百分点,仅相当于 GDP 增速短期波动值(-0.469 个百分点)的50%,这说明需求因素之外的其他因素对 GDP 增速短期波动的影响加大。

GDP 增速短期波动的影响因素分解方程:

GDPAGW = 0.0363×TZAGW+0.1857×XFZAGW+0.0365×CKZW+0.0358×JKZW+0.0059×INDHARGW−0.0027

R^2 = 0.709573,调整后 R^2 = 0.674998,DW 统计值[①] = 2。

表 10-5 2013 年一季度到 2014 年四季度 GDP
增速和需求实际增速的短期波动值(%)

时 期	GDP	投 资	居民消费	出 口	进 口	工业存货
2013Q1	0.044	1.474	-0.579	4.515	-1.568	2.392
2013Q2	0.023	0.962	-0.255	-1.148	-0.644	-0.005
2013Q3	0.225	1.098	0.046	0.642	3.696	-0.536
2013Q4	0.274	-2.890	-0.305	4.637	6.413	-3.209
2014Q1	-0.062	-0.227	0.884	-4.241	1.312	1.480
2014Q2	-0.077	0.396	-0.263	-0.218	-0.484	1.369
2014Q3	-0.254	-0.713	-1.156	1.123	-3.888	0.878
2014Q4	-0.469	-0.888	0.949	-2.167	-8.316	-0.227

数据来源:根据 WIND 资讯提供 GDP 和需求增速数据经滤波处理后得到。

---

① 从模拟情况看,短期波动的拟合优度较低,但 DW 统计值在 2 左右,中期波动、中长期波动、长期波动和动态均衡值的拟合优度很高,但 DW 统计值均很低,

表 10-6 各需求因素实际增速短期波动对 GDP
增速短期波动值的实际贡献(%)

时 期	GDP	投 资	居民消费	出 口	进 口	工业存货
2013Q1	0.044	0.054	-0.108	0.165	-0.056	0.014
2013Q2	0.023	0.035	-0.047	-0.042	-0.023	0.000
2013Q3	0.225	0.040	0.009	0.023	0.132	-0.003
2013Q4	0.274	-0.105	-0.057	0.169	0.229	-0.019
2014Q1	-0.062	-0.008	0.164	-0.155	0.047	0.009
2014Q2	-0.077	0.014	-0.049	-0.008	-0.017	0.008
2014Q3	-0.254	-0.026	-0.215	0.041	-0.139	0.005
2014Q4	-0.469	-0.032	0.176	-0.079	-0.298	-0.001

数据来源:根据表 10-5 数据和各因素贡献计算得到。

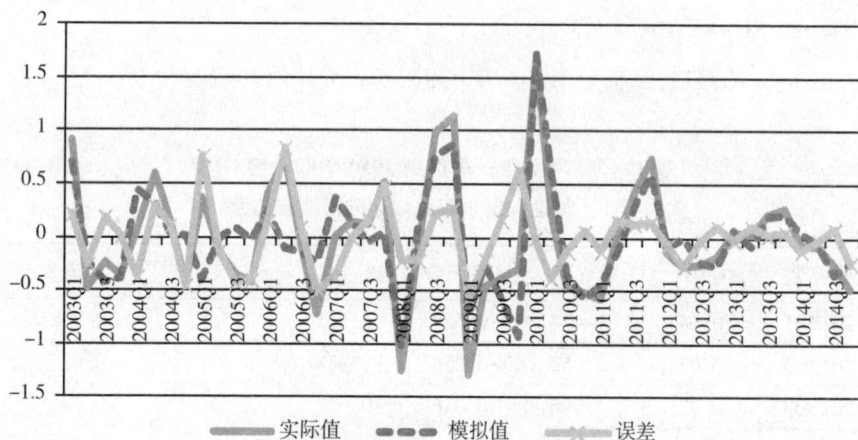

图 10-6 2003 年一季度到 2014 年四季度 GDP
增速短期波动模拟值及其误差(%)

(二)中期波动的影响因素

GDP 增速的中期波动是四种周期性波动中振幅最大的,中期波动规律性
较强,但受外部冲击影响依然明显,1992 年以来发生的两次区域性和全球性
金融危机及国内应对政策对我国经济增速的影响,主要通过中期波动得到体

现。从直接影响 GDP 增速中期波动的需求因素看,投资(TZAGWS)、消费(XFZAGWS)、出口(CKZWS)、进口(JKZWS)和工业存货(INDHARGWS)实际增速的中期波动均出现大幅度波动。鉴于 GDP 增速的中期波动自身规律性较强,我们在将需求因素作为解释变量的同时,将滞后一期的 GDP 增速中期波动值也作为本期中期波动值的解释变量,即通过纳入滞后变量构建的差分方程反映变量本身内在的周期性波动特征。从回归分析结果看,中期波动影响因素分解方程拟合优度很高,说明各需求因素实际增速的中期波动和 GDP 增速中期波动内在的周期性波动,能够很好地解释 GDP 增速的中期波动。

从各因素对中期波动值的弹性贡献看,除中期波动内在的周期性波动因素(滞后一期的中期波动值)之外,居民消费实际增速的中期波动是影响 GDP 增速中期波动最重要的因素,其贡献为 0.3158 个百分点。其次是出口和投资增速的中期波动,弹性贡献分别为 0.0547 个百分点和 0.0518 个百分点。进口和工业存货实际增速的中期波动对 GDP 增速中期波动的弹性贡献为负,分别为-0.0044 个百分点和-0.0569 个百分点。

从 2013 年一季度到 2014 年四季度各需求因素中期波动的走势及其对 GDP 增速中期波动的实际影响看,各需求因素中期波动值波动幅度均高于 GDP 增速中期波动幅度,居民消费增速的中期波动走势与 GDP 增速中期波动走势基本一致,对经济增速中期波动的实际贡献最大,是决定 GDP 增速中期波动走向最重要的需求因素。出口增速的中期波动比 GDP 增速中期波动滞后一个季度,是决定 GDP 增速中期波动走势的第二大需求因素。投资实际增速的中期波动大幅度滞后于 GDP 增速的中期波动,对 GDP 增速中期波动的振幅起到了抑制作用。进口增速的中期波动比 GDP 增速中期波动滞后 2 个季度,工业企业产成品资金占用实际增速的中期波动走势与 GDP 增速的中期波动走势基本一致,但这两大需求因素对 GDP 增速中期波动的弹性贡献为负,对 GDP 增速中期波动的振幅起到抑制作用。总体看,2013 年三季度以后 GDP 增速中期波动值逐步回升,主要由居民消费和出口增速中期波动值回升拉动,投资增速中期波动值持续下降,进口增速与工业存货实际增速中期波动值的回升,对 GDP 增速中期波动值的回升起到了增速重要抑制作用,是 GDP 增速中期波动值回升幅度明显低于居民消费和出口增速中期波动值回升幅度的重要原因(如表 10-8 数据所示)。

GDP 增速中期波动的影响因素分解方程:

GDPAGWS = 0.7376×GDPAGWS(-1) + 0.0518×TZAGWS + 0.3158×XFZA-GWS + 0.0547×CKZWS - 0.0044×JKZWS(-1) - 0.0569×INDHARGWS + 0.0248 + [AR(1) = 0.7277, MA(2) = 0.9177]

R^2 = 0.999669,调整后的 R^2 = 0.9996,DW 统计值 = 0.4,AR(I) 和 MA(I) 分别是方程残差的第 I 阶自回归和移动平均项。

表 10-7 2013 年一季度到 2014 年四季度 GDP 增速
与各需求因素实际增速的中期波动值(%)

时　期	GDP	滞后 1 期 GDP	投　资	居民消费	出　口	滞后 1 期 进口	工业存货
2013Q1	-0.362	-0.360	3.031	-1.275	2.067	0.311	0.060
2013Q2	-0.405	-0.362	2.252	-1.523	1.615	2.170	-1.914
2013Q3	-0.451	-0.405	1.474	-1.267	-0.819	1.094	-3.162
2013Q4	-0.451	-0.451	0.597	-0.674	-3.655	-1.637	-3.539
2014Q1	-0.369	-0.451	-0.437	0.002	-5.234	-4.074	-3.142 [b]
2014Q2	-0.199	-0.369	-1.521	0.530	-4.603	-4.652	-2.255
2014Q3	0.032	-0.199	-2.395	0.789	-1.904	-2.904	-1.235
2014Q4	0.274	0.032	-2.768	0.788	1.787	0.445	-0.380

数据来源:根据 WIND 资讯提供 GDP 和需求增速数据经滤波处理后得到。

表 10-8 2013 年一季度到 2014 年四季度各需求因素实际增速的
中期波动值对 GDP 增速中期波动值的实际贡献(%)

时　期	GDP	滞后 1 期 GDP	投　资	居民消费	出　口	滞后 1 期 进口	工业存货
2013Q1	-0.362	-0.266	0.157	-0.403	0.113	-0.001	-0.003
2013Q2	-0.405	-0.267	0.117	-0.481	0.088	-0.009	0.109
2013Q3	-0.451	-0.298	0.076	-0.400	-0.045	-0.005	0.180
2013Q4	-0.451	-0.333	0.031	-0.213	-0.200	0.007	0.201
2014Q1	-0.369	-0.333	-0.023	0.001	-0.287	0.018	0.179
2014Q2	-0.199	-0.272	-0.079	0.167	-0.252	0.020	0.128
2014Q3	0.032	-0.147	-0.124	0.249	-0.104	0.013	0.070
2014Q4	0.274	0.024	-0.143	0.249	0.098	-0.002	0.022

数据来源:根据表 10-7 数据和各因素弹性贡献计算得到。

投资实际增速中期波动与 GDP 增速中期波动走势不一致并对 GDP 增速中期波动振幅产生抑制作用,有其深层次原因:投资受政策调控影响很大,我国对经济的调控主要是针对投资的调控,加上市场化程度提高后企业对未来经济走势的判断会直接影响到企业投资决策,导致 2000 年以来投资实际增速的中期波动总是超前于 GDP 增速的中期波动,如 2006 年三季度投资实际增速已达到中期波动的波峰,而 GDP 增速于 2007 年三季度才达到中期波动的波峰,2009 年三季度投资实际增速达到中期波动波峰之后,GDP 增速于 2010 年三季度达到波峰。而投资启动后之所以能够引致经济增速随后出现波动高峰,重要因素是投资启动之后消费或出口也会随后进入周期性上升期。但 2012 年三季度投资再度出现新的中期波动波峰之后,没有引致 2013 年经济增速出现新的中期波动波峰,重要原因是 2013 年居民消费增速进入中期波动的衰退期,波动值出现大幅度下降,而出口增速虽然进入中期波动的上升期,但受国际经济复苏乏力、贸易保护严重等因素影响,出口中期波动值提升幅度较小,未能弥补国内居民消费增速下降对 GDP 增速的负面影响。2014 年国内居民消费再度进入中期波动的上升期,但升幅有限,而出口和投资实际增速的中期波动值的大幅度下降,导致 GDP 增速中期波动值只能缓慢回升,并成为 GDP 增速下降的重要原因。

(三)GDP 增速中长期波动的影响因素

2003 年一季度以来 GDP 增速中长期波动的微波化趋势,主要是由投资和居民消费实际增速中长期波动的微波化趋势决定的。我们将投资(TZAGWM)、居民消费(XFZAGWM)、出口(CKZWM)、进口(JKZWM)和工业存货(INDHARGWM)实际增速的中长期波动作为 GDP 增速中长期波动(GDPAGWM)的解释变量,回归分析结果显示,影响因素分解方程的拟合优度很高,需求因素能够很好地解释 GDP 增速中长期波动的成因。

从各需求因素对 GDP 增速中长期波动的弹性贡献看,居民消费实际增速的中长期波动是影响 GDP 增速中长期波动最重要的需求因素,其弹性贡献为 0.9452 个百分点。其次是出口增速的中长期波动,本期出口中长期波动的弹性贡献为 0.6938 个百分点,滞后一期出口中长期波动的弹性贡献为-0.5799

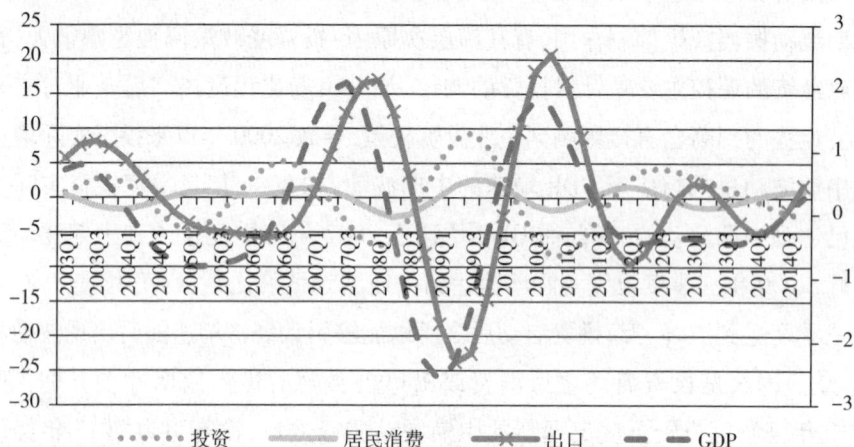

········ 投资　　　——— 居民消费　　　—✕— 出口　　　— — GDP

图 10-7　2000 年一季度到 2014 年四季度 GDP 增速与投资实际增速的中期波动(%)

注:右轴为 GDP 增速中期波动,左轴为其他三种需求增速中期波动。
数据来源:根据 WIND 提供 GDP 和投资数据经滤波处理得到。

个百分点,综合看出口中长期波动的弹性贡献为 0.1139 个百分点。本期投资实际增速中长期波动对 GDP 增速中长期波动的弹性贡献为 0.266 个百分点,但滞后一期投资实际增速中长期波动的弹性贡献为-0.3421 个百分点,综合看投资实际增速中长期波动对 GDP 增速中长期波动的弹性贡献为-0.076 个百分点。进口和工业存货实际增速的中长期波动对 GDP 增速中长期波动的弹性贡献为负,分别为-0.1461 个百分点和-0.0629 个百分点。

　　从各需求因素对 GDP 增速中长期波动的实际贡献看,2013 年一季度以后 GDP 增速中长期波动值的小幅度回升,主要由投资实际增速中长期波动进入周期性上升阶段拉动的,进口增速中长期波动值的降幅大于出口增速中长期波动值的降幅,也对 GDP 增速中长期波动值的回升起到了重要支撑作用。居民消费实际增速中长期波动值的持续下降与工业存货实际增速中长期波动值的不断上升,对 GDP 增速中长期波动值的回升起到了重要抑制作用(如表 10-10 数据所示)。

　　GDP 增速中长期波动影响因素分解方程:

GDPAGWM=0.266×TZAGWM-0.3421×TZAGWM(-1)+0.9452×XFZAG-WM+0.6938×CKZWM-0.5799×CKZWM(-1)-0.1461×JKZWM-0.0629×IN-

DHARGWM-0.0106

$R^2 = 0.999927$,调整后 $R^2 = 0.999914$,DW 统计值 $= 0.46$。

表 10-9　2013 年一季度到 2014 年四季度 GDP 与各
需求因素实际增速的中长期波动值(%)

时　期	GDPA	投　资	滞后 1期投资	居民消费	出　口	滞后 1期出口	进　口	工业存货
2013Q1	0.0474	−1.9728	−1.9664	0.0954	2.1770	3.7484	−4.2720	2.2659
2013Q2	0.0372	−1.8378	−1.9728	0.0118	0.6026	2.1770	−6.0155	2.9252
2013Q3	0.0298	−1.5848	−1.8378	−0.0714	−0.8676	0.6026	−7.3106	3.4094
2013Q4	0.0276	−1.2442	−1.5848	−0.1469	−2.1404	−0.8676	−8.1005	3.7034
2014Q1	0.0320	−0.8508	−1.2442	−0.2082	−3.1430	−2.1404	−8.3651	3.8039
2014Q2	0.0438	−0.4408	−0.8508	−0.2500	−3.8275	−3.1430	−8.1209	3.7194
2014Q3	0.0626	−0.0488	−0.4408	−0.2690	−4.1732	−3.8275	−7.4181	3.4685
2014Q4	0.0872	0.2949	−0.0488	−0.2639	−4.1864	−4.1732	−6.3348	3.0788

数据来源:根据 WIND 提供实际增速数据经滤波处理得到。

表 10-10　各需求因素实际增速中长期波动对 GDP
增速中长期波动的实际贡献(%)

时　期	GDP	投　资	居民消费	出　口	进　口	工业存货
2013Q1	0.0474	0.1480	0.0902	−0.6632	0.6242	−0.1426
2013Q2	0.0372	0.1861	0.0112	−0.8443	0.8790	−0.1841
2013Q3	0.0298	0.2072	−0.0675	−0.9514	1.0682	−0.2146
2013Q4	0.0276	0.2112	−0.1389	−0.9819	1.1837	−0.2331
2014Q1	0.0320	0.1993	−0.1967	−0.9394	1.2223	−0.2394
2014Q2	0.0438	0.1738	−0.2363	−0.8329	1.1867	−0.2341
2014Q3	0.0626	0.1378	−0.2543	−0.6758	1.0839	−0.2183
2014Q4	0.0872	0.0951	−0.2494	−0.4846	0.9257	−0.1938

数据来源:根据表 10-9 数据和各需求因素的弹性贡献计算得到。

　　从波动幅度与走势看,2003 年一季度以后 GDP 增速中长期波动振幅趋于缩小,波动明显微波化,重要原因是 2003 年一季度以后居民消费和投资实际增速中长期波动均趋于微波化。

此外,在2003年一季度到2011年四季度期间,GDP增速的中长期波动振幅与走势与居民消费实际增速中长期波动的振幅与走势基本一致,但此后振幅明显小于居民消费实际增速中长期波动振幅,且在2013年二季度居民消费实际增速中长期波动进入周期性衰退阶段以后,GDP增速中长期波动再度回升,GDP增速中长期波动走势与居民消费实际增速中长期波动走势出现背离,原因有三个方面。一是居民消费实际增速中长期波动降幅较小,对GDP增速中长期波动值的下行拉动作用有限。二是投资实际增速中长期波动在2013年一季度以后进入周期性复苏期,投资增速中长期波动值降幅缩小对GDP增速中长期波动值的下行作用逐步降低。三是最重要的因素是进口增速中长期波动的下降幅度大于出口增速中长期波动的下降幅度,净出口增加使GDP增速的中长期波动值不降反升。

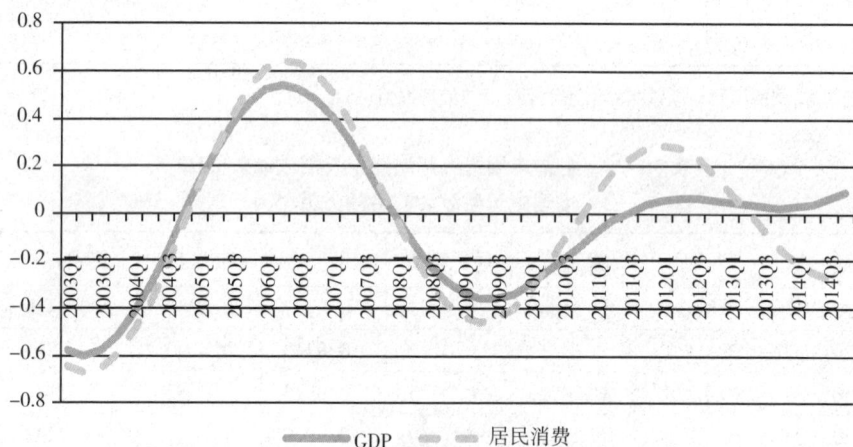

图 10-8   2003 年一季度到 2014 年四季度 GDP 增速与
居民消费实际增速的中长期波动(%)

数据来源:根据 WIND 提供 GDP 和居民消费数据经滤波处理得到。

(四)GDP 增速长期波动的影响因素

GDP 增速的长期波动具有很强的规律性,为体现 GDP 增速长期波动的内在规律与需求因素的影响,我们将滞后一期的 GDP 增速长期波动值和投资(TZAGWL)、居民消费(XFZAGWL)、出口(CKZWL)、进口(JKZWL)与工业存

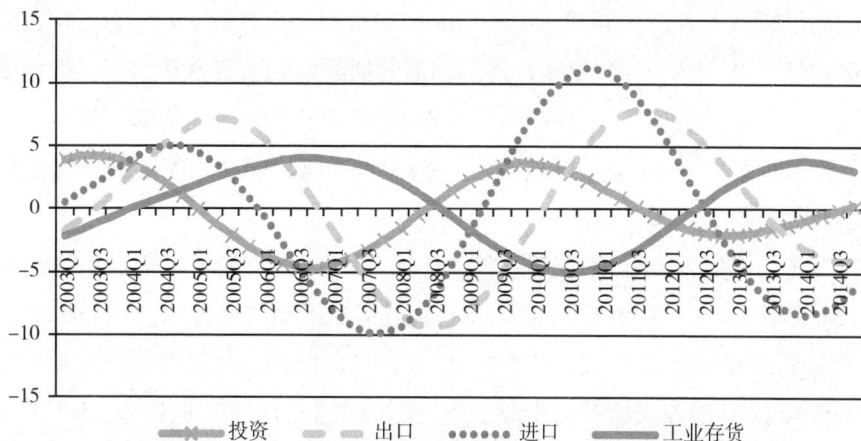

**图 10-9　2003 年一季度到 2014 年四季度投资、进出口和工业
企业产成品资金占用实际增速的中长期波动(%)**

数据来源:根据 WIND 提供数据经滤波处理得到。

货(INDHARGWL)实际增速的长期波动值共同作为解释变量,对 GDP 增速的
长期波动(GDPAGWL)进行影响因素分解,回归分析结果显示,各因素能够很
好地解释 GDP 增速长期波动的走势。

从各因素对 GDP 增速长期波动的弹性贡献看,滞后一期的 GDP 增速长
期波动值弹性较高,为 0.7531 个百分点,显示 GDP 增速长期波动的内在规律
性很强。在各需求因素中,工业企业产成品资金占用的弹性贡献最高,为
0.0525 个百分点,说明存货变动对 GDP 增速长期波动影响较大。其次是出
口,弹性贡献为 0.0438 个百分点,明显高于居民消费和投资的弹性贡献(分别
为 0.0365 个百分点和 0.0229 个百分点),显示出口增速长期波动对 GDP 增
速长期波动的影响要大于居民消费和投资。本期和滞后一期进口增速长期波
动值对 GDP 增速长期波动值的贡献分别为 0.0324 个百分点和-0.0422 个百
分点,综合看进口增速长期波动对 GDP 增速长期波动的弹性贡献为-0.0098
个百分点。

根据 2013 年一季度以来各因素的弹性贡献及其长期波动值计算得到的
各因素实际贡献看,除 GDP 增速长期波动内在周期性上升因素(滞后一期长
期波动值实际贡献持续上升)的拉动作用之外,出口增速长期波动值的持续
回升对 GDP 增速长期波动实际贡献最大,是 2013 年一季度以后 GDP 增速长

期波动值持续上升的主要需求因素。居民消费和工业存货实际增速长期波动值的持续回升,也对 GDP 增速长期波动值的回升起到重要推动作用。投资实际增速长期波动值的下降,使投资因素对 GDP 增速长期波动值的实际贡献不断下降,进口增速长期波动值的提高,对 GDP 增速长期波动值的回升抑制作用不断提高。

从各需求因素实际增速长期波动值与 GDP 增速长期波动值的总体走势看,2003 年一季度到 2014 年四季度期间,虽然居民消费实际增速的长期波动波长短于 GDP 增速长期波动的波长,但大部分时间居民消费实际增速长期波动走势与 GDP 增速长期波动走势一致,出口增速长期波动走势与 GDP 增速长期波动走势基本一致,居民消费和出口实际增速长期波动是决定 GDP 增速长期波动走势的基础需求因素。投资、由投资决定的进口和工业存货实际增速的长期波动比 GDP 增速长期波动有所超前或滞后,但总体走势与 GDP 增速长期波动基本一致,也是决定 GDP 增速长期波动走势与形态的重要因素。

GDP 增速长期波动影响因素分解方程:

GDPAGWL=0.7531×GDPAGWL(−1)+0.0229×TZAGWL+0.0365×XFZA-GWL+0.0438×CKZWL+0.0324×JKZWL−0.0422×JKZWL(−1)+0.0525×IN-DHARGWL+0.01003

R^2=0.998689,调整后 R^2=0.998459,DW 统计值=0.19。

表 10-11 2013 年一季度到 2014 年四季度 GDP 增速
与各影响因素实际增速的长期波动值(%)

时　　期	GDP	滞后一期 GDP	投　资	居民消费	出　口	进　口	滞后一期进口	工业存货
2013Q1	−0.147	−0.198	0.310	−0.148	−0.135	−0.505	−0.245	−0.108
2013Q2	−0.075	−0.147	0.934	−0.119	−0.185	−0.369	−0.505	−0.125
2013Q3	0.002	−0.075	1.231	−0.092	−0.182	0.138	−0.369	−0.093
2013Q4	0.068	0.002	1.124	−0.084	−0.015	0.767	0.138	0.027
2014Q1	0.115	0.068	0.725	−0.086	0.378	1.164	0.767	0.242
2014Q2	0.152	0.115	0.276	−0.072	0.977	1.069	1.164	0.525
2014Q3	0.201	0.152	0.025	−0.009	1.698	0.480	1.069	0.826
2014Q4	0.290	0.201	0.095	0.122	2.448	−0.307	0.480	1.097

数据来源:根据 WIND 资讯提供数据经滤波处理得到。

表10-12 2013年一季度到2014年四季度各影响因素实际增速
长期波动对GDP增速长期波动值的实际贡献(%)

时 期	GDP	滞后一期GDP	投 资	居民消费	出 口	进 口	工业存货
2013Q1	-0.147	-0.149	0.007	-0.005	-0.006	-0.006	-0.006
2013Q2	-0.075	-0.111	0.021	-0.004	-0.008	0.009	-0.007
2013Q3	0.002	-0.057	0.028	-0.003	-0.008	0.020	-0.005
2013Q4	0.068	0.001	0.026	-0.003	-0.001	0.019	0.001
2014Q1	0.115	0.051	0.017	-0.003	0.017	0.005	0.013
2014Q2	0.152	0.087	0.006	-0.003	0.043	-0.015	0.028
2014Q3	0.201	0.115	0.001	0.000	0.074	-0.030	0.043
2014Q4	0.290	0.151	0.002	0.004	0.107	-0.030	0.058

数据来源:根据各因素弹性贡献与表10-11数据计算得到。

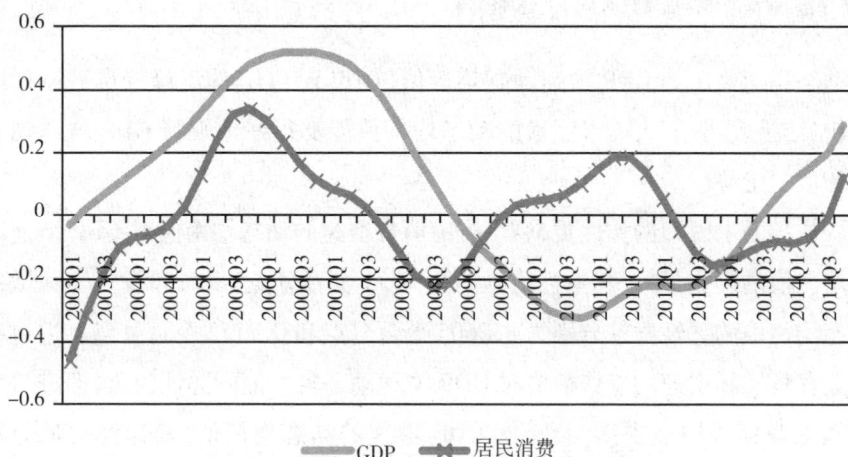

图10-10 2003年一季度到2014年四季度GDP、居民
消费和出口实际增速的长期波动(%)

数据来源:根据WIND提供数据经滤波处理得到。

(五)GDP增速动态均衡值的影响因素

1992年一季度以来GDP增速动态均衡值的周期性波动趋势,反映了我国经济发展的阶段性演变特征。我们将居民消费(XFZAGTTL)、投资(TZAGTTL)、出口(CKZTTL)、进口(JKZTTL)和工业存货(INDHARGTTL)实际增速

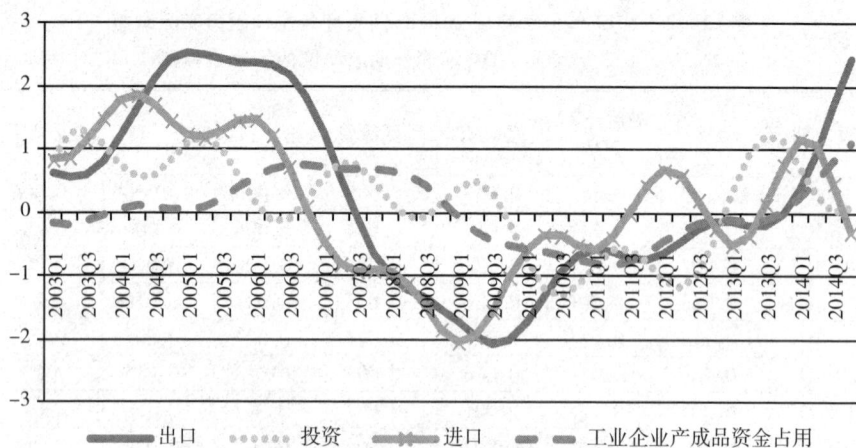

**图 10-11　2003 年一季度到 2014 年四季度投资、进口和工业
企业产成品资金占用实际增速的长期波动(%)**

数据来源:根据 WIND 提供数据经滤波处理得到。

的动态均衡值作为 GDP 增速动态均衡值(GDPAGTTL)的解释变量进行回归分析,结果表明,五大需求因素的动态均衡值能够很好地解释 GDP 增速动态均衡值的走势。

从各需求因素的弹性贡献看,居民消费增速的动态均衡值对 GDP 增速动态均衡值的影响最大,其弹性贡献为 1.4033 个百分点,出口和投资实际增速动态均衡值的弹性贡献分别为 0.2605 个百分点和 0.2152 个百分点。进口和工业存货实际增速动态均衡值对 GDP 增速动态均衡值的弹性为负,即进口增速和工业存货增速提高,会降低 GDP 增速的动态均衡值,其弹性贡献分别为 -0.3147 个百分点和 -0.0424 个百分点。

从拉动 GDP 增速动态均衡值需求因素的实际贡献看,2013 年一季度到 2014 年四季度期间,居民消费实际增速的动态均衡值对 GDP 增速动态均衡值的实际贡献最高,其次是投资实际增速的动态均衡值,出口增速动态均衡值的实际贡献居消费和投资之后。由于消费、投资和出口实际增速的动态均衡值处于持续下降状态,其实际贡献也持续下降,分别从 2013 年一季度的 13.46 个百分点、4.4 个百分点和 2.53 个百分点,下降到 2014 年四季度的 12.56 个百分点、4.36 个百分点和 2.13 个百分点,即 2013 年一季度以来 GDP

增速动态均衡值的持续下降,是由消费、投资和出口实际增速动态均衡值不断
下降共同决定的。

　　从抑制 GDP 增速动态均衡值需求因素的实际贡献看,进口增速动态均衡
值的持续下降,使其对 GDP 增速动态均衡值的抑制作用趋于减小,其实际贡
献从 2013 年一季度的-4.02 个百分点演变为 2014 年四季度的-3.63 个百分
点。2013 年一季度以后工业存货实际增速动态均衡值不断提高,对 GDP 增
速动态均衡值的抑制作用也不断加大,其实际贡献从 2013 年一季度的-0.43
个百分点演变为 2014 年四季度的-0.45 个百分点。

　　GDP 增速动态均衡值的影响因素分解方程:

GDPAGTTL = 0.2152 × TZAGTTL + 1.4033 × XFZAGTTL + 0.2605 × (CKZTTL −
100)−0.3147×(JKZTTL−100)−0.0424×INDHARGTTL−7.739+[MA(1)=0.9546]

　　$R^2 = 0.999994$,调整后的 $R^2 = 0.99999$,DW 统计值 = 0.24。

表 10-13　2013 年一季度到 2014 年四季度 GDP 增速和
各需求因素实际增速的动态均衡值(%)

时　　期	GDP	投　　资	居民消费	出　　口	进　　口	工业存货
2013Q1	8.217	20.460	9.591	9.719	12.780	10.010
2013Q2	8.070	20.422	9.499	9.462	12.592	10.066
2013Q3	7.925	20.388	9.407	9.223	12.409	10.131
2013Q4	7.781	20.358	9.315	8.998	12.231	10.202
2014Q1	7.640	20.328	9.223	8.783	12.055	10.279
2014Q2	7.499	20.298	9.131	8.576	11.879	10.359
2014Q3	7.358	20.269	9.039	8.373	11.704	10.441
2014Q4	7.218	20.239	8.948	8.172	11.528	10.523

数据来源:根据 WIND 资讯提供数据经滤波处理得到。

表 10-14　2013 年一季度到 2014 年四季度各需求因素对
GDP 增速动态均衡值的实际贡献(%)

时　　期	GDP	投　资	居民消费	出　口	进　　口	工业存货	常数项
2013Q1	8.217	4.403	13.459	2.532	−4.022	−0.425	−7.739
2013Q2	8.070	4.395	13.330	2.465	−3.962	−0.427	−7.739
2013Q3	7.925	4.388	13.200	2.402	−3.905	−0.430	−7.739

续表

时　期	GDP	投　资	居民消费	出　口	进　口	工业存货	常数项
2013Q4	7.781	4.381	13.071	2.344	−3.849	−0.433	−7.739
2014Q1	7.640	4.375	12.942	2.288	−3.793	−0.436	−7.739
2014Q2	7.499	4.368	12.813	2.234	−3.738	−0.439	−7.739
2014Q3	7.358	4.362	12.685	2.181	−3.683	−0.443	−7.739
2014Q4	7.218	4.356	12.556	2.129	−3.628	−0.446	−7.739

数据来源:根据表10-13数据和各因素弹性贡献计算得到。

从发展阶段看,1992年一季度以来GDP增速的动态均衡增长状态反映了我国经济从轻工业化到重化工业化、再到工业化后期的阶段性转变:

(1)1992年一季度到2000年一季度轻工业化后期的下降阶段。1992年一季度以后,我国经济进入轻工业化的中后期,国内商品消费(社会消费品零售总额)实际增速的动态均衡值进入小幅度提升阶段,以轻纺产品为主的商品出口增速波动较大,其动态均衡值呈下降状态,从1993年一季度的21.4%逐步下降到1998年一季度的13.64%。由国内商品消费和出口所决定的投资实际增速动态均衡值也从1993年一季度的25.2%下降到1998年四季度的16.47%。在出口和投资实际增速动态均衡值不断下降、商品消费增速动态均衡值提升缓慢的共同作用下,我国GDP增速的动态均衡值也从1993年一季度的13.11%下降到2000年一季度的8.4%。

(2)2000年一季度到2006年四季度重化工业化时期的加速增长阶段。2000年以后,我国经济进入新的重化工业化阶段,国内居民消费中多数家电消费达到饱和,进入以更新换代为主的低速增长状态,但住房和汽车消费进入快速增长阶段,商品消费和整个居民消费进入快速增长期,商品消费的动态均衡值从2000年一季度的10.44%提高到2009年二季度的13.57%,居民消费实际增速的动态均衡值从2003年一季度的10.75%提高到2006年二季度的11.14%。在消费增速动态均衡值不断提高的同时,出口增速的动态均衡值也从2000年一季度的16.01%提高到2005年一季度的25.3%。在消费与出口快速增长拉动下,投资增速的动态均衡值也从2000年一季度的16.96%提高到2006年三季度的24.24%。正是在消费、出口、投资实际增速动态均衡值均不断提高的拉动下,2000 年一季度以后我国 GDP 增速的动态均衡值不断提高,到 2006 年四季度达到了 11.66% 的峰值,整个经济也处于加速增长状态,其深层次的需求支撑因素是国内消费从以家电为主的轻工业消费品向以住房和汽车为主的重化工业消费品转变,以及出口产品结构从以轻工业产品为主向以重化工业产品为主的升级转换。[①]

(3)2006 年四季度以后工业化后期的持续下降阶段。受出口规模日益扩大、国际市场需求相对不足等因素制约,2005 年一季度以后我国出口增速的动态均衡值进入持续下降状态。随着家电消费增速的下降和汽车消费增速提升幅度的下降,2006 年一季度以后国内商品消费实际增速的动态均衡值提升幅度缩小,并从 2009 年四季度开始进入下降状态;居民消费实际增速的动态均衡值 2006 年三季度开始已进入下降状态,由消费和出口决定的投资实际增速的动态均衡值从 2006 年四季度开始也进入下降状态,我国 GDP 增速的动态均衡值也从 2006 年四季度的 11.66% 持续下降到 2014 年四季度的 7.22%。

三、结论与政策建议

GDP 增速的周期性波动反映了我国经济增长的内在发展规律与外部冲击对经济增长的影响。GDP 增速短期波动的不规则特征和需求因素对短期波动解释程度较低,反映了外部冲击与政策调整对各需求因素的不同影响,导致需求因素增速短期波动偏离各需求因素之间的内在关联关系。规律性较强的中期波动在美国金融危机期间出现大幅度波动,显示政策调整和外部冲击对有规律的经济波动也会产生重大影响。中长期波动的微波化趋势、长期波动峰值与谷值的抬升以及动态均衡值的周期性波动走势,体现了我国经济发展阶段性转变的基本特征。从各需求因素对经济增速周期性波动的直接影响看,居民消费和出口是决定经济增速周期波动及其动态均衡值的基础因素,投

[①] 参见李建伟:《居民收入分布对耐用消费品需求及经济增长周期的影响》,《经济纵横》2013 年第 6 期。

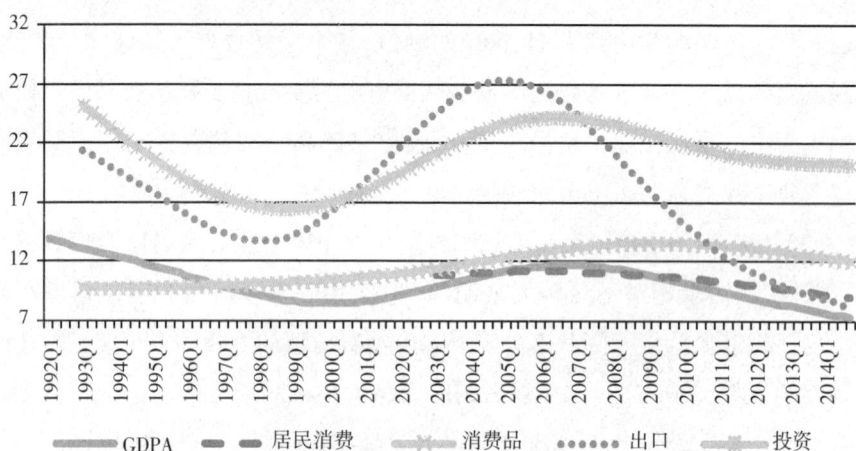

图 10-12   1992 年一季度到 2014 年四季度 GDP、居民消费、
消费品、出口和投资实际增速的动态均衡值(%)

数据来源:根据 WIND 提供数据经滤波处理得到。

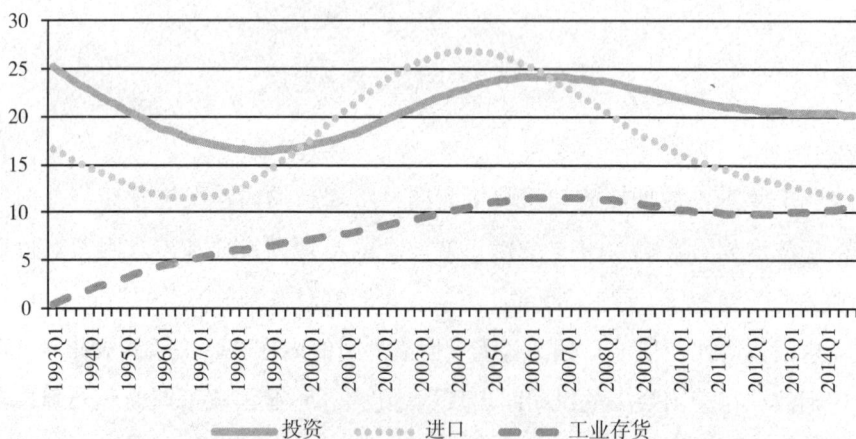

图 10-13   1992 年一季度到 2014 年四季度投资、进口和
工业存货实际增速的动态均衡值(%)

数据来源:根据 WIND 提供数据经滤波处理得到。

资的弹性贡献要低于居民消费和出口,但由于投资增速波动较大,其对经济增速波动的实际影响很大。鉴于政策调整对需求及经济增速的中短期波动影响显著,提高宏观调控政策的前瞻性与针对性,是平抑经济增速周期性波动、促进经济平稳较快增长的有效措施,特别是在当前经济运行处于周期性运行底部、经济增速偏低的情况下,采取适度刺激性政策措施是防止经济深度回调、促进经济平稳增长的必要措施。从中长期发展角度看,稳定、提升经济增速的动态均衡值是保持经济持续较快增长的根本措施,在投资与消费增速的动态均衡值内生性很强的情况下,提升出口增速是稳定经济增速动态均衡值的主要选择。

第十一章　我国经济增速周期性波动及其动态均衡值的未来发展趋势

　　周期性波动是经济运行的常态,经济增速的周期性波动在任何时期均存在其瞬时均衡增长状态(第七章)。从需求决定角度看,经济运行可以看作以消费为起点、以出口和政策干预为外生变量的半封闭循环系统,经济增速的周期性波动及其动态均衡增长状态也是以消费需求增速周期性波动为起点、以出口增速和政策干预周期性波动为外生变量的半封闭循环系统,消费和出口增速的周期性波动及其动态均衡增长状态也将成为投资及整个经济增速动态均衡增长状态的基础性因素,而经济增速的周期性波动及其动态均衡增长状态又会成为影响消费增速周期性波动及其动态均衡增长状态的决定性因素。未来经济增速周期性波动及其动态均衡值的发展趋势,不仅取决于周期性波动的内在规律与需求因素的直接影响,更取决于经济运行循环系统内部各种变量之间的相互影响。为此,我们构建了包含 21 个变量的内生性经济增长周期模型,分别对经济增速的周期性波动及其动态均衡值进行模拟预测,结果表明,未来 10 年我国经济增速将保持周期性下降趋势,但年均 GDP 增速仍能够保持在 6.5% 左右的较快增长状态,经济增速的波动幅度介于 5% 到 8% 之间。这一发展趋势反映了我国经济从重化工业化阶段向工业化后期和后工业化时期转换的阶段性发展特征。从促进经济平稳较快增长与经济结构优化升级角度看,未来 10 年我国应根据经济运行的周期性波动规律,提高宏观调控政策的前瞻性与针对性,充分发挥短期调控政策在平抑中短期波动方面的作用,促进经济平稳较快增长,也需要根据经济转型升级的基本规律,制定好中长期调控政策,以稳定出口、促进消费结构升级与鼓励企业创新为主,提升经济增速的动态均衡值,促进经济结构升级。

一、预测分析的工具与前提条件

我们运用"经济增长周期模型"对未来经济增速的周期性波动及其动态均衡值进行模拟预测,该模型共有 21 个变量,其中内生变量包括 GDP、投资、居民消费、商品消费(社会消费品零售总额)、出口、进口、居民收入、工业企业存货(产成品资金占用)、金融机构存款、金融机构贷款、财政收入、财政支出、财政社会保障支出、财政教科文卫支出、主要国家(美欧日)进口和主要国家出口,外生变量为一年期存款利率、金融机构贷款加权平均利率、存款准备金率、人民币名义有效汇率和出口退税率。所有内生变量均为季度累计实际增速或余额实际增速。根据经济运行周期性波动的特点,我们将经济增长周期模型分为 5 个子模型,分别是短期波动模型、中期波动模型、中长期波动模型、长期波动模型和动态均衡值模型。

模型预测分析的假定前提条件之一是假定外生政策性变量保持 2014 年四季度水平不变,即 2015 年一季度到 2025 年四季度期间一年期存款利率、金融机构贷款加权平均利率、存款准备金率、人民币名义有效汇率和出口退税率分别保持在 2.67%、6.56%、20%、146.19 和 15.31%的水平不变。

前提条件之二是假定美欧日进口保持 1992 年一季度到 2014 年四季度期间美欧日进口增速周期性波动的内在趋势。根据美欧日进口增速周期性波动的内在趋势进行外推结果,2014 年四季度以后美欧日进口增速将呈周期性上升趋势,其动态均衡值将从 2014 年四季度的 2.11%提高到 2025 年三季度的 9.49%,2025 年四季度回调到 9.42%。美欧日进口增速的短期波动和中期波动将呈微波化发展趋势,短期波动和中期波动振幅将分别从 2014 年波动周期的 14 个百分点和 15.26 个百分点,缩小到 2025 年波动周期的 2.4 个百分点和 3.56 个百分点。中长期波动将保持周期性上升走势,波动值在 2014 年三季度达到-3.18 百分点的谷值后,将于 2017 年一季度达到 1.67 个百分点的峰值,2019 年四季度再度达到-1.81 个百分点的谷值,2024 年四季度达到

3.31 个百分点的峰值。长期波动依然保持规则的周期性波动走势,2016 年二季度是新的波峰、峰值为 1.65 个百分点,2019 年二季度达到波谷、谷值为 -1.69个百分点,2022 年三季度再度达到波峰、峰值 1.67 个百分点,2025 年三季度为波谷、谷值-1.57 个百分点。综合美欧日进口增速的周期性波动及其动态均衡值的未来走势,2014 年四季度以后美欧日进口增速将呈周期性上升趋势,模拟预测增速将从 2014 年的-3.56%提高到 2025 年的 10.11%。

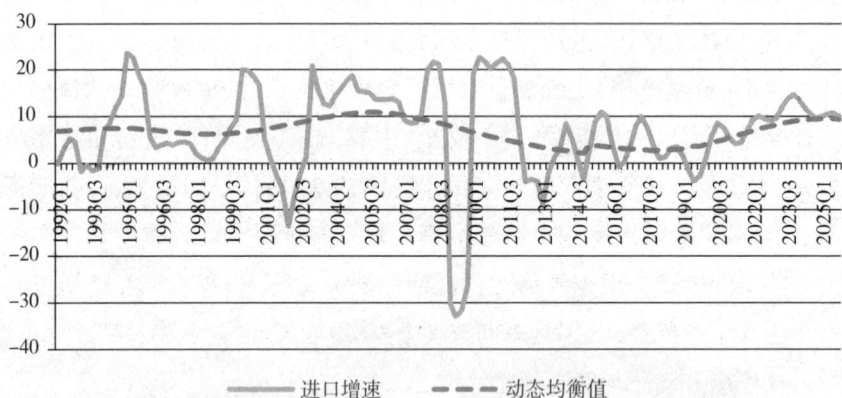

图 11-1　2015 年一季度到 2025 年四季度美欧日进口增速及其动态均衡值(%)

数据来源:2014 年四季度及以前数据为实际值,2015 年一季度以后数据根据美欧日进口增速周期性波动内在趋势外推得到,下同。

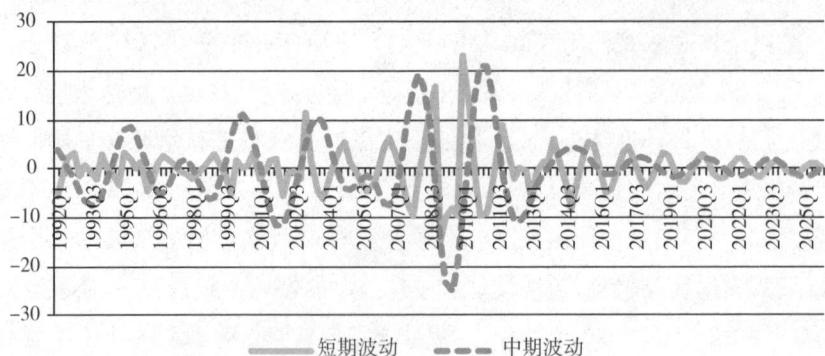

**图 11-2　2015 年一季度到 2025 年四季度美欧日
进口增速的短期波动与中期波动(%)**

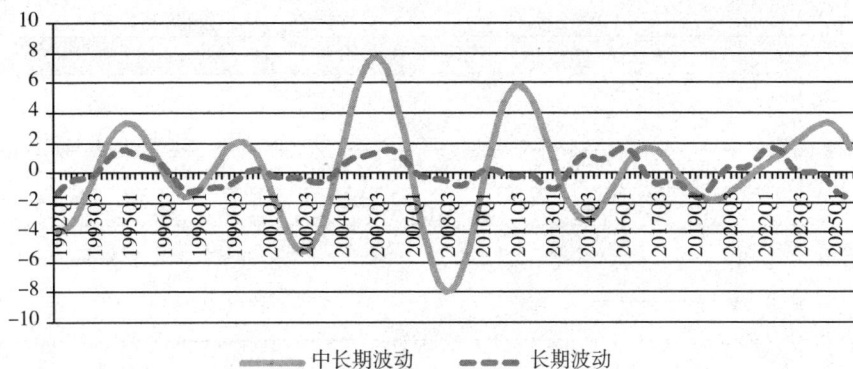

图 11-3　2015 年一季度到 2025 年四季度美欧日进口
增速的中长期波动与长期波动(%)

前提条件之三是国内财政政策保持适应性政策。即包括社会保障和教科文卫等民生性支出在内的整个财政支出的实际增速,即需要依据经济发展水平及财政收入实际增速保持其内在发展趋势,又需要根据经济增长的周期性波动特征作出必要调整。在模型分析中,我们将财政收入实际增速周期性波动作为财政支出实际增速周期性波动的预算约束,将财政支出实际增速周期性波动值的滞后变量作为反映财政支出实际增速周期性波动内在趋势的影响因素,以 GDP 增速周期波动值作为反映适应性调控政策的影响因素。模型模拟预测结果显示,在适应性政策取向下,我国财政支出实际增速将保持周期性下降趋势,其动态均衡值将从 2014 年四季度的 14.95%下降到 2025 年四季度的 10.48%,模拟预测实际增速将从 2014 年的 7.69%下降到 2021 年的 6.5%,2025 年将提高到 14.69%。教科文卫支出实际增速也将保持周期性下降态势,其动态均衡值和模拟预测实际增速将分别从 2014 年的 17.39%和 7.81%下降到 2025 年的 9.03%和 11.01%。社会保障支出实际增速将保持周期性波动走势,其动态均衡值在从 2014 年四季度的 13.4%下降到 2018 年三季度的 8.51%之后,将逐步提高到 2025 年四季度的 16.64%,模拟预测实际增速将从 2014 年四季度的 9.52%下降到 2020 年一季度的 0.95%,此后将逐步回升到 2024 年三季度的 22.03%,到 2025 年四季度再度回调到 13.37%。

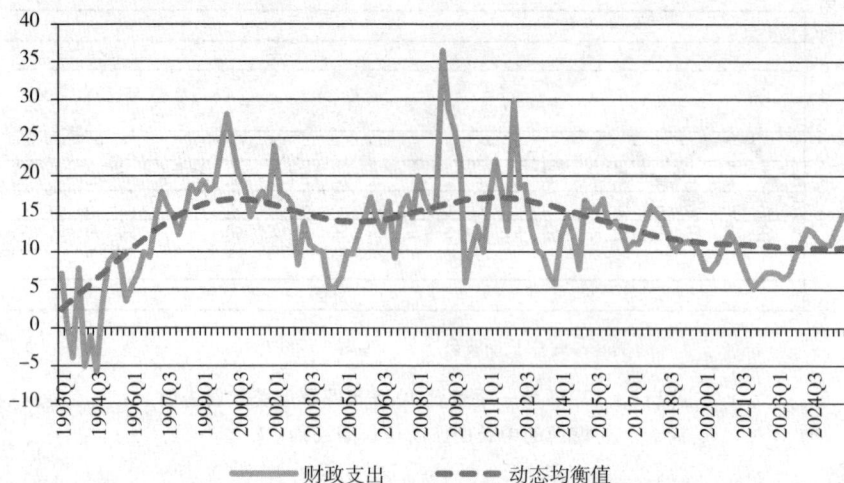

**图 11-4　2015 年一季度到 2025 年四季度我国财政支出
实际增速及其动态均衡值的发展趋势(％)**

数据来源:2014 年四季度及以前数据为实际值,2015 年一季度以后数据根据美欧日进口增速周期性波
动内在趋势外推得到,下同。

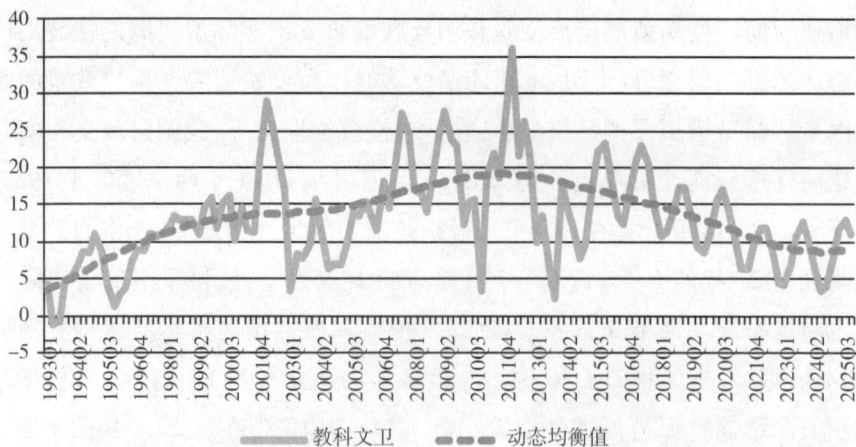

**图 11-5　2015 年一季度到 2025 年四季度我国教科文卫支出实际
增速周期性波动及其动态均衡值的发展趋势(％)**

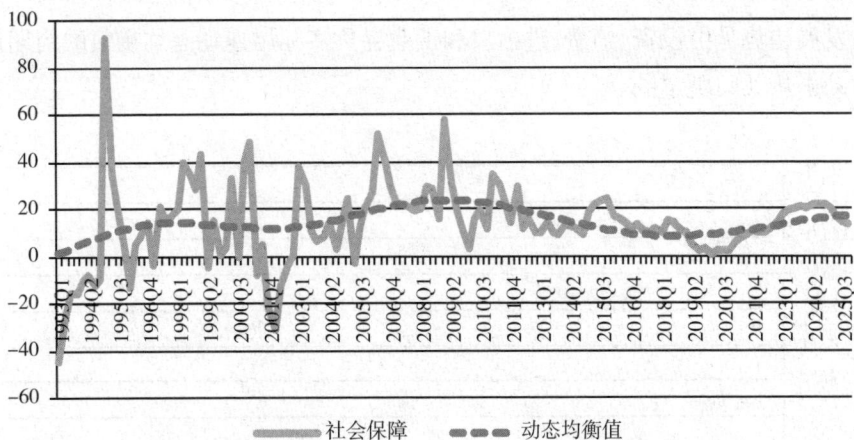

**图 11-6 2015 年一季度到 2025 年四季度社会保障支出实际
增速周期性波动及其动态均衡值的发展趋势(%)**

二、我国经济增速动态均衡值的未来发展趋势

经济增速的动态均衡值是决定未来经济走势的基础。在假定前提条件下,运用"经济增长周期模型"动态均衡值子模型进行的模拟预测结果表明,2014 年四季度以后我国经济增速的动态均衡值将呈降中趋稳的周期性波动走势,居民收入与居民消费实际增速的动态均衡值将保持周期性下降状态,出口增速的动态均衡值将先降后升,总体保持在 7.6% 左右的较快增长状态,投资和进口实际增速的动态均衡值将保持周期性波动走势。

(一)GDP 增速的动态均衡值将呈降中趋稳的周期性波动走势

模拟预测结果表明,2014 年四季度以后 GDP 增速的动态均衡值将保持周期性下降走势,在延续 2006 年四季度以后的持续下降状态,从 2014 年四季度的 7.22% 下降到 2017 年四季度 6.31% 的谷底后恢复上升趋势,到 2020 年四季度提高到 6.7% 的峰值,2023 年一季度再度下降到 6.34% 的谷值,2025 年四季度提高到 6.53% 。总体看,GDP 增速的动态均衡值将呈降中趋稳的周期性波动走势,2015 年一季度到 2025 年四季度期间平均增速为 6.53%。这一发展趋势是由投资、消费、进出口和工业存货实际增速动态均衡值的周期性波动走势共同决定的。

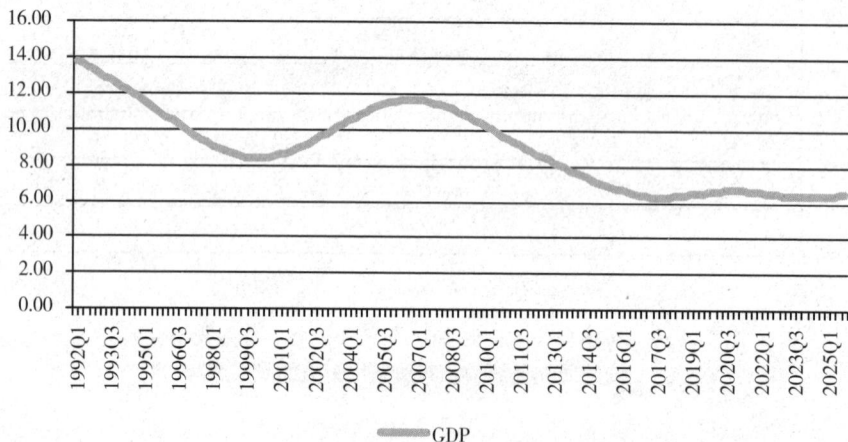

图 11-7　2015 年一季度到 2025 年四季度 GDP 增速动态均衡值的发展趋势(%)

数据来源:2014 年四季度及以前数据为实际值,2015 年一季度以后数据根据"经济增长周期模型"模拟预测得到,下同。

(二)消费需求实际增速动态均衡值呈周期性下降趋势

居民消费实际增速的动态均衡值是决定 GDP 增速动态均衡值走势的最重要需求因素。从模拟预测情况看,我国居民消费实际增速的动态均衡值将呈周期性下降趋势,在延续 2006 年三季度以后的下降趋势、从 2104 年四季度的 8.95%下降到 2016 年三季度 8.51%的谷值之后,将恢复周期性上升趋势,到 2020 年一季度达到 9.44%的峰值,2023 年四季度再度回调到 8.36%的谷值,到 2025 年四季度回升到 8.78%。从 2023 年四季度的谷值低于 2016 年三季度谷值判断,居民消费实际增速动态均衡值的走势是周期性下降的,但平均增速依然保持较高水平,2015 年一季度到 2025 年四季度居民消费实际增速动态均衡值的平均水平为 8.8%。

居民消费实际增速动态均衡值的周期性下降趋势,是由居民收入实际增速的周期性下降趋势直接决定的。模拟预测结果显示,居民收入实际增速的动态均衡值将从 2015 年一季度的 5.96% 周期性下降到 2025 年四季度的 5.73%,其间波谷分别发生在 2017 年一季度和 2025 年一季度,谷值分别为 5.76% 和 5.39%,波峰发生在 2020 年一季度,峰值为 5.95%。

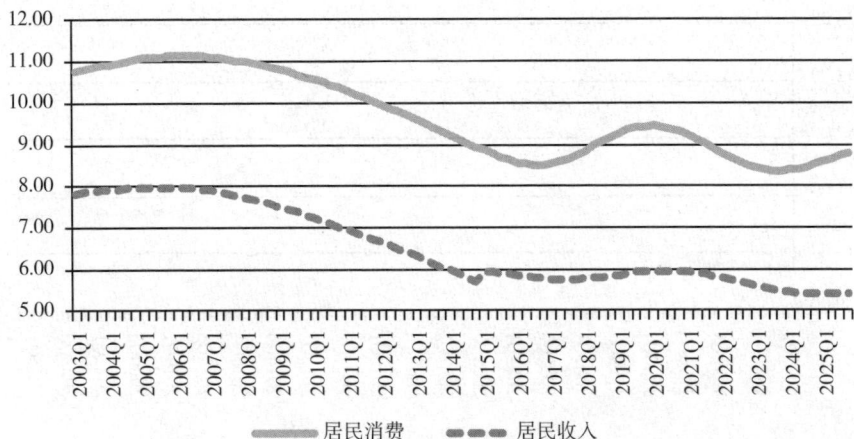

**图 11-8　2015 年一季度到 2025 年四季度居民消费和居民
收入实际增速动态均衡值的发展趋势(%)**

居民消费实际增速动态均衡值的周期性下降趋势与居民消费结构的演变趋势密切相关。我们在《耐用消费品需求增长周期与经济增长关联度:1978—2012》①一文中分析过,2000 年以后我国城乡居民家电消费已逐步进入饱和需求状态,城镇居民汽车消费也从 2000 年到 2012 年的高速增长期进入 2012 年以后的较快增长期,居民商品消费将进入以产品更新换代为主的较快增长阶段。模拟预测分析结果显示,我国居民商品消费(社会消费品零售总额)实际增速的动态均衡值将呈稳中趋降的周期性下降走势,2014 年四季度以后动态均衡值将延续 2009 年二季度以后的周期性下降态势,从 2014 年四季度的 12.02% 下降到 2025 年二季度的 10.55%。从美国等发达国家居民消费的发展规律看,居民商品消费趋于饱和并进入较快增长期之后,服务性消费将成为居民消费增长的主导力量。我们没有城乡居民服务消费的统计数

---

①　李建伟:《耐用消费品需求增长周期与经济增长关联度 1978—2012》,《改革》2013 年第 7 期。

据,难以对居民服务性消费进行分析,但从居民消费实际增速动态均衡值的周期性下降趋势与商品消费实际增速动态均衡值稳中趋降的不同走势看,服务消费将逐步成为决定我国居民消费增长趋势的主要因素。

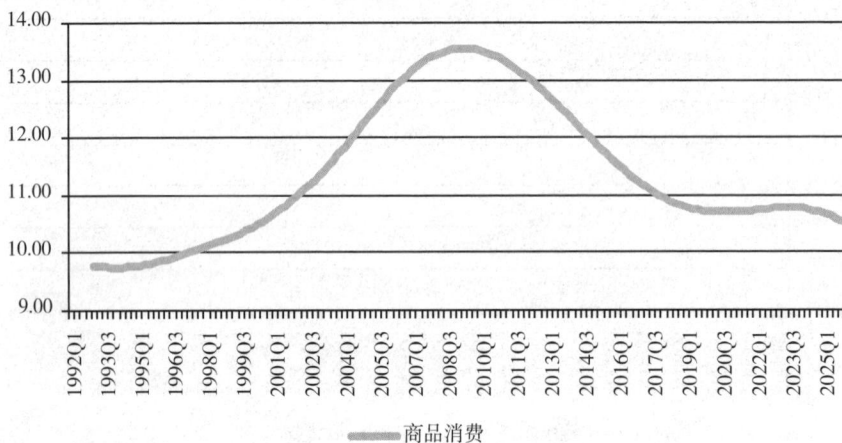

图 11-9　2015 年一季度到 2025 年四季度居民商品消费
实际增速动态均衡值的发展趋势(%)

（三）出口增速的动态均衡值将先降后升,进口增速的动态均衡值将呈周期性波动走势

在消费需求为内生变量的情况下,作为外部需求的出口增速动态均衡值是决定经济增速动态均衡值走势的关键因素。在假定美欧日进口增速保持其内在增长趋势、人民币名义有效汇率和出口退税率不变的情况下,2014 年四季度以后我国出口增速的动态均衡值将呈先降后升走势,在从 2014 年四季度的 8.17%下降到 2019 年三季度的 6.97%之后恢复上升态势,到 2025 年四季度回升到 8.56%,2015 年一季度到 2025 年四季度平均水平为 7.56%。

未来 10 年我国出口增速的动态均衡值大致维持在 7.6%左右的较快增长状态,与德国、日本出口增速的发展经验是一致的。从第二次世界大战结束后各国出口的情况看,一国商品出口占全球商品出口比重达到一定比例后均会下降,出口增速也会逐步向全球出口平均增速回归,例如日本商品出口占比在 1986 年达到 9.86%后开始下降,德国商品出口占比在 1990 年达到 12.21%后

也开始下降,日本和德国出口增速也从 1950 年到 1990 年的年均增长 17.6%
和 17.15%下降到 1991 年到 2013 年的 5.17%和 6.12%,而 1950 年到 1990 年
和 1991 年到 2013 年全球平均出口增速分别为 10.86%和 8.17%。2013 年我
国出口占全球商品出口比重已达到 11.74%,未来出口增速将逐步向全球出
口平均增速回归。

　　进口增速的动态均衡值取决于国内投资、消费以及存货投资实际增速的
动态均衡值,因 90%以上进口产品为生产资料,投资实际增速的动态均衡值
是进口增速动态均衡值的决定性因素。模拟预测结果显示,2014 年四季度以
后进口增速的动态均衡值将保持周期性波动走势,在延续 2004 年二季度以后
的持续下降态势、从 2014 年四季度的 11.53%下降到 2015 年三季度 11.06%
的谷值之后,将恢复周期性上升走势,到 2019 年三季度达到 16.43%的峰值,
此后持续回调到 2023 年一季度 11.35%的谷值,到 2025 年四季度再度提高到
14.53%,2015 年一季度到 2025 年四季度平均水平为 13.31%,远低于 1993 年
一季度到 2014 年四季度期间平均 17.73%的增速。未来 10 年出口增速动态
均衡值的这一周期性波动走势与投资实际增速动态均衡值的周期性波动走势
基本同步。

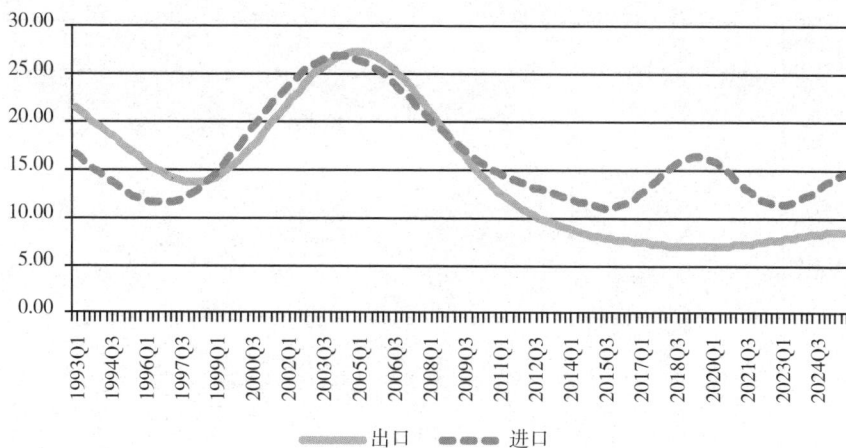

图 11-10　2015 年一季度到 2025 年四季度进出口
增速动态均衡值的发展趋势(%)

（四）投资实际增速的动态均衡值将呈周期性波动走势

模拟预测结果显示,在经过 2006 年三季度以来长达 13 年的周期性回调之后,我国投资增速的动态均衡值将于 2015 年三季度达到 20.07% 的谷值,此后将恢复周期性上升趋势,在 2019 年一季度达到 23.14% 的峰值,并于 2022 年三季度再度回调到 20.2% 的谷值,2025 年四季度再度回升到22.21%,即 2014 年四季度以后投资实际增速的动态均衡值将呈周期性波动走势。

从影响因素看,投资实际增速的动态均衡值取决于国内消费和出口增速的动态均衡值,但短期内金融机构贷款和财政支出实际增速的动态均衡值会对投资实际增速的动态均衡值形成资金制约,存货投资实际增速动态均衡值的上升也会对投资实际增速动态均衡值产生抑制作用。鉴于 2014 年四季度以后金融机构贷款和财政支出实际增速的动态均衡值均将呈持续下降走势,分别从 2014 年四季度的 12.36% 和 14.95% 下降到 2025 年四季度的 10.34%和 12.07%,出口增速的动态均衡值呈先降后升走势,未来 10 年投资实际增速动态均衡值的周期性波动走势主要是由居民消费和工业企业存货实际增速动态均衡值的周期性波动所决定的。

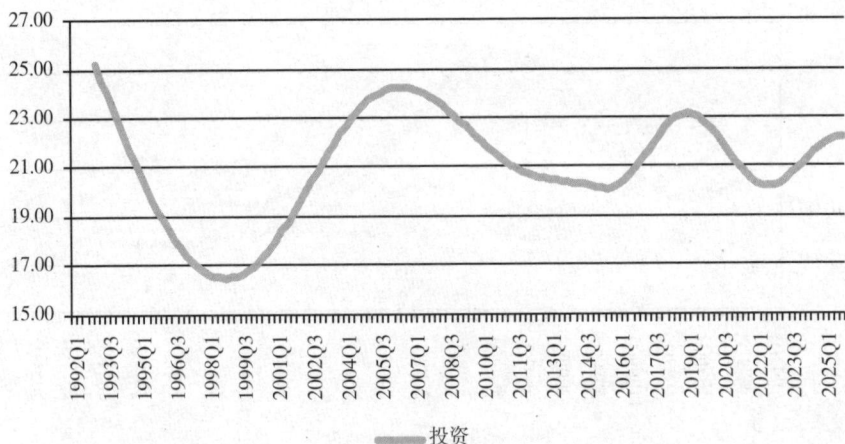

图 11-11　2015 年一季度到 2025 年四季度投资
实际增速动态均衡值的发展趋势(%)

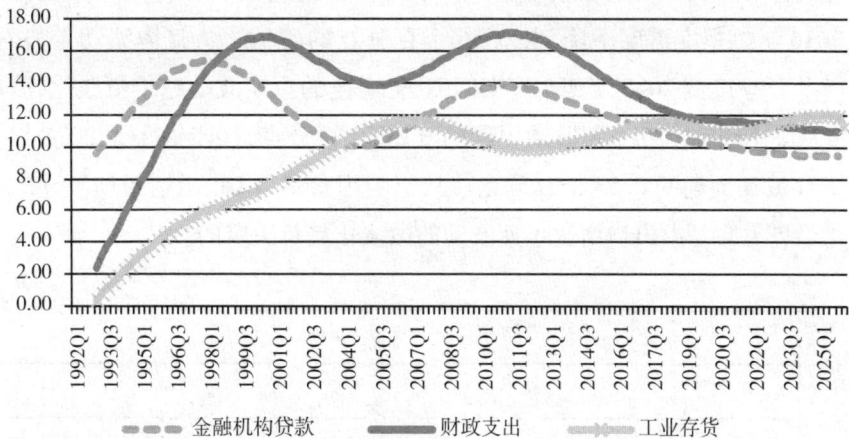

图 11-12　2015 年一季度到 2025 年四季度投资实际
增速动态均衡值的发展趋势(%)

三、我国经济增速短期波动的未来发展趋势

经济增速的短期波动规律性较差,受调控政策、外部冲击影响较大。在短期波动模型中,GDP、居民消费、商品消费、居民收入、投资需求、出口、进口、贷款、存款和存货等主要变量的影响因素分解方程拟合优度分别为 0.71、0.87、0.57、0.74、0.67、0.77、0.9、0.8、0.85 和 0.55,平均水平只有 0.74,即通过需求因素只能解释经济增速短期波动的 74%左右,其他 26%的短期波动是由模型确定的需求因素之外的其他因素决定的。短期波动模型模拟预测所确定的短期波动走势,仅反映了经济增速短期波动的内在规律,没有体现其他不规则因素的影响。从模拟预测结果看,2014 年四季度以后 GDP 增速的短期波动趋于微波化,进出口和工业存货实际增速的短期波动也均趋于微波化,但居民消费和投资实际增速的短期波动振幅在短暂收窄后,从 2017 年一季度开始再度放大。

(一)GDP 增速的短期波动趋于微波化
模拟预测结果显示,短期内 2015 年一季度是 GDP 增速短期波动的波谷、波动值将下降到-0.5个百分点,2015年二季度波动值提高到0.33个百分点,到2016年二季度再度下降到-0.56个百分点的谷值。从整体波动走势看,2015年一季度到2025年四季度期间GDP增速的短期波动趋于微波化,波动幅度从2015年到2016年波动周期的0.89个百分点,逐步缩小到2024年与2025年波动周期的0.53个百分点。从影响因素看,GDP增速短期波动的微波化趋势主要是由出口增速短期波动的微波化趋势决定的。

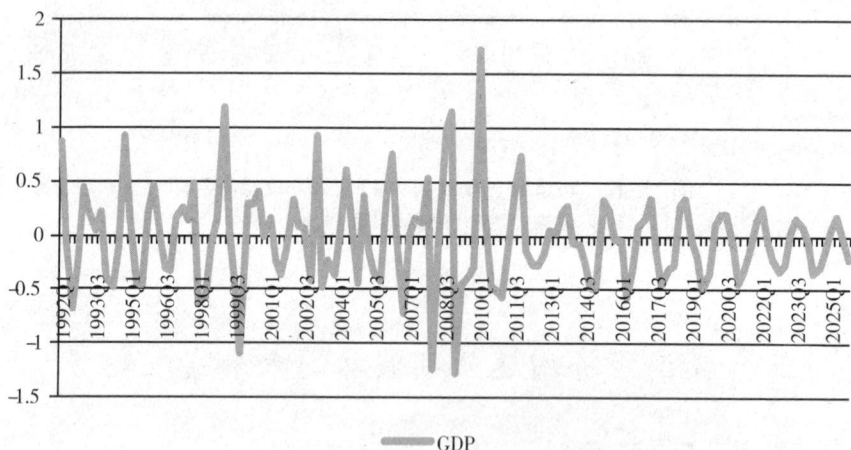

图11-13　2015年一季度到2025年四季度GDP增速的短期波动(%)

(二)居民消费实际增速的短期波动呈规则的周期性波动走势

居民消费实际增速的短期波动是影响GDP增速短期波动走势最重要的需求因素。模拟预测结果显示,2014年四季度以后居民消费实际增速短期波动呈规则的周期性波动状态,每个波动周期的振幅在2.1个百分点到2.5个百分点之间。

与居民消费实际增速短期波动的走势不同,2014年四季度以后居民商品消费实际增速的短期波动趋于微波化,周期波动的振幅从2015年到2016年波动幅度的1.85个百分点,逐步下降到2024年到2025年波动周期的0.63个百分点,振幅明显小于居民消费增速的短期波动振幅。

从影响因素看,收入增速的短期波动是决定居民消费和商品消费增速短期波动的关键因素。从波动走势看,无论是在 2003 年一季度到 2014 年四季度的样本区间,还是在 2015 年一季度到 2025 年的模拟预测区间,居民收入增速短期波动与居民消费增速短期波动走势完全同步,振幅基本相同,即居民消费增速的短期波动基本上是由居民收入增速的短期波动决定的。这一结果表明,短期内居民收入增速的提高能够有效刺激居民消费增长,提高增加居民收入以刺激经济增长的短期调控政策是有效的。

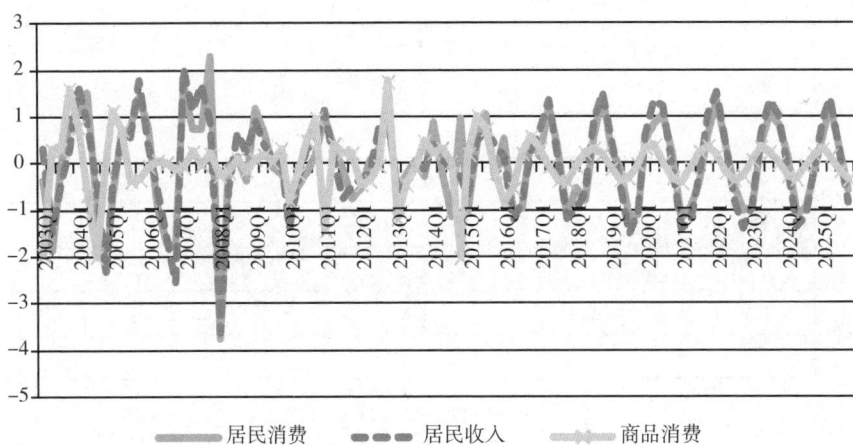

图 11-14　2015 年一季度到 2025 年四季度居民消费、商品消费和居民收入实际增速的短期波动(%)

(三)进出口增速的短期波动均趋于微波化

2014 年四季度以后我国进出口增速的短期波动均呈微波化走势,其中出口增速短期波动的振幅从 2016 年到 2017 年波动周期的 7.88 个百分点逐步下降到 2024 年到 2025 年波动周期的 3.85 个百分点,进口增速短期波动的振幅也从 2015 年到 2017 年波动周期的 13.37 个百分点缩小到 2024 年到 2025 年波动周期的 7.17 个百分点。

从影响因素看,出口增速短期波动的微波化是美欧日进口增速短期波动微波化的结果。在模拟分析的样本区间,2003 年一季度到 2014 年四季度期间我国出口增速的短期波动走势与美欧日进口增速短期波动走势完全同步,短期波动振幅基本相同。根据美欧日进口增速短期波动内在规律进行趋势外推,2014 年四季度以后美欧日进口增速的短期波动趋于微波化(如图 11-15 所示),这决定了我国出口增速的短期波动也必然趋于微波化。

进口增速的短期波动取决于投资、消费和工业企业存货实际增速的短期波动走势,其中投资增速的短期波动处于主导地位。2014 年以后进口增速短期波动的微波化趋势,同样是由投资增速短期波动的微波化趋势所决定的。

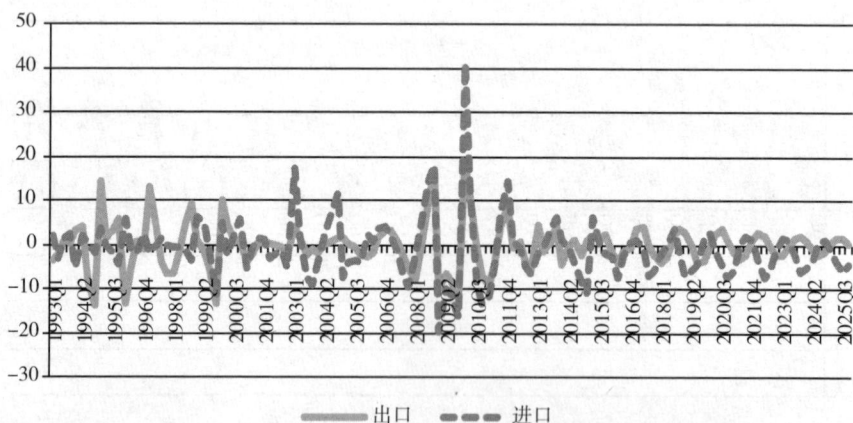

图 11-15　2015 年一季度到 2025 年四季度进出口增速的短期波动(%)

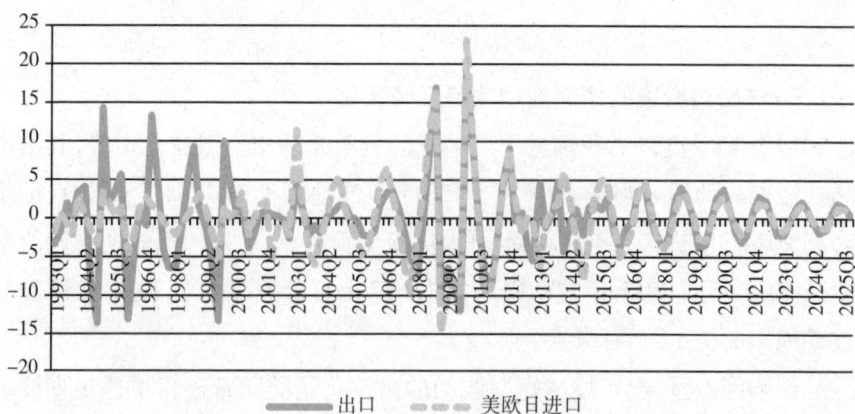

图 11-16　2015 年一季度到 2025 年四季度我国出口和
美欧日进口增速的短期波动(%)

（四）投资实际增速的短期波动振幅在短暂收窄后再度放大

1992年到2014年期间,投资实际增速的短期波动振幅很大,对经济增速短期波动的振幅起到了重要放大作用。2014年四季度以后我国投资实际增速的短期波动在短期缩小之后再度放大,2015年一季度到2016年四季度期间投资增速短期波动的振幅收窄到1.7个百分点,但2016年四季度以后短期波动振幅再度放大,2017年一季度到2025年四季度期间短期波动的振幅放大到3.66个百分点到4.35个百分点之间。

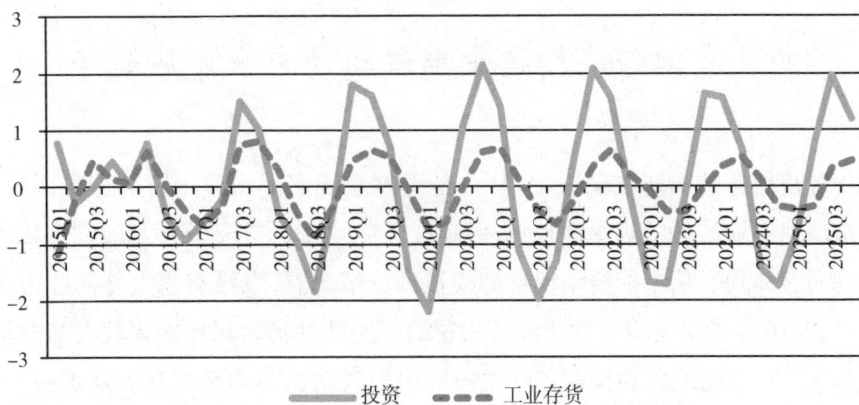

**图 11-17　2015年一季度到2025年四季度投资和
工业存货实际增速的短期波动(%)**

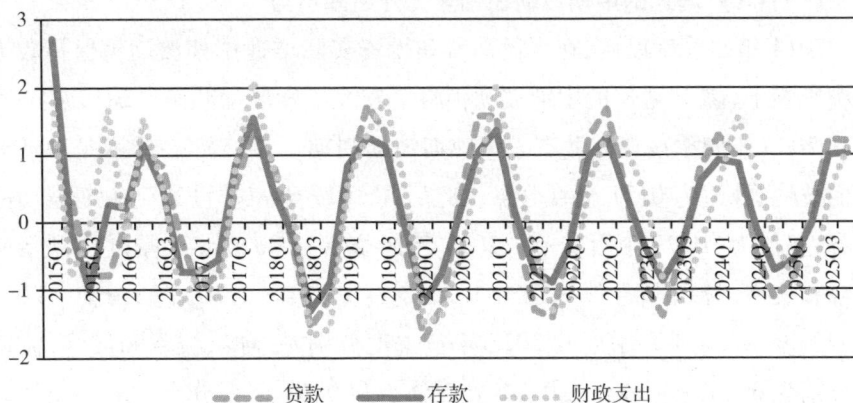

**图 11-18　2015年一季度到2025年四季度我国贷款、
存款和财政支出实际增速的短期波动(%)**

从居民消费、出口、工业存货、金融机构贷款、财政支出等影响投资增速短期波动的因素看,出口和工业存货增速的短期波动均趋于微波化,贷款和财政支出实际增速的短期波动振幅也不断缩小,只有居民消费实际增速的短期波动振幅在短期收窄后再度放大,且在投资增速短期波动的影响因素中居民消费增速短期波动的弹性贡献最高,因此,2016 年四季度以后投资增速短期波动振幅的放大,居民消费增速短期波动振幅的放大是决定性因素。

四、我国经济增速中期波动的未来发展趋势

经济增速的中期波动振幅很大,是影响经济实际增速走势的重要因素。经济增速中期波动的规律性较强,但政策调整、外部冲击等在中期波动中依然得到明显体现。从中期波动模型的模拟预测情况看,在没有重大外部冲击情况下,2014 年四季度以后我国经济增速的中期波动仍将保持振幅较大的波动走势,GDP、居民消费和投资实际增速的中期波动振幅均呈先升后降走势,出口增速中期波动保持小幅度波动状态。

(一)GDP 增速的中期波动振幅呈先升后降走势

2014 年四季度以后,在居民消费和投资实际增速中期波动仍保持较大振幅影响下,GDP 增速的中期波动仍将呈较大幅度波动状态。2015 年一季度到 2025 年四季度期间共有三个中期波动周期。2015 年一季度是中期波动的波峰,峰值为 0.31 个百分点。此后在 2017 年三季度达到中期波动的波谷,谷值为-0.77 个百分点。2018 年四季度和 2020 年二季度达到新的波峰和波谷,峰值和谷值分别为 1.23 个百分点和-1.39 个百分点。2021年四季度、2024 年一季度和 2025 年三季度分别是波峰、波谷和波峰,波动值分别为 0.84 个百分点、-0.74 个百分点和 0.63 个百分点。从中期波动的振幅看,GDP 增速中期波动的振幅呈先升后降走势,2015 年一季度到 2017年三季度的下降幅度只有 1.08 个百分点,2017 年三季度到 2018 年四季度的

周期性上升期振幅提高到 2 个百分点,最大的振幅发生在 2018 年四季度到 2020 年二季度的周期性下降期,振幅为 2. 62 个百分点,此后波动幅度趋于缩小,在 2024 年一季度到 2025 年三季度的周期性上升期振幅只有 1. 37 个百分点。

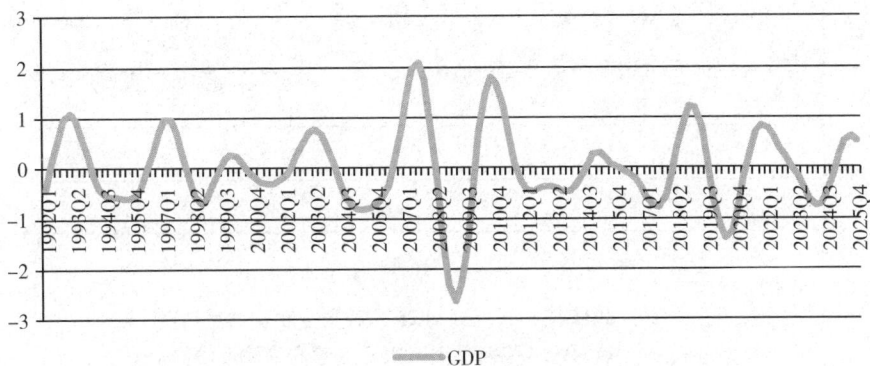

图 11-19　2015 年一季度到 2025 年四季度我国 GDP 增速的中期波动(%)

(二)居民消费实际增速中期波动振幅也呈先升后降走势

居民消费实际增速的中期波动是 GDP 增速中期波动的决定性因素。模拟预测结果显示,2014 年四季度以后居民消费实际增速的中期波动将呈振幅先升后降走势,其振幅将分别从 2014 年四季度到 2017 年四季度周期性下降期的 2. 15 个百分点,逐步扩大到 2017 年三季度到 2018 年四季度周期性上升期的 3. 52 个百分点和 2018 年四季度到 2020 年四季度周期性下降期的 3. 99 个百分点,此后振幅趋于缩小,到 2023 年四季度到 2025 年一季度的周期性上升期振幅缩小为 2. 87 个百分点。

居民商品消费实际增速的中期波动走势与居民消费实际增速中期波动的走势基本相同,也呈振幅先降后升走势,但商品消费增速中期波动的波峰与波谷均滞后于居民消费增速中期波动的波峰与波谷。这一特征延续了 2010 年一季度以后商品消费与居民消费实际增速中期波动的特点。

从影响因素看,居民消费增速中期波动基本反映了居民收入增速中期波动的走势特点,无论是在 2003 年一季度到 2014 年四季度的样本区间,还

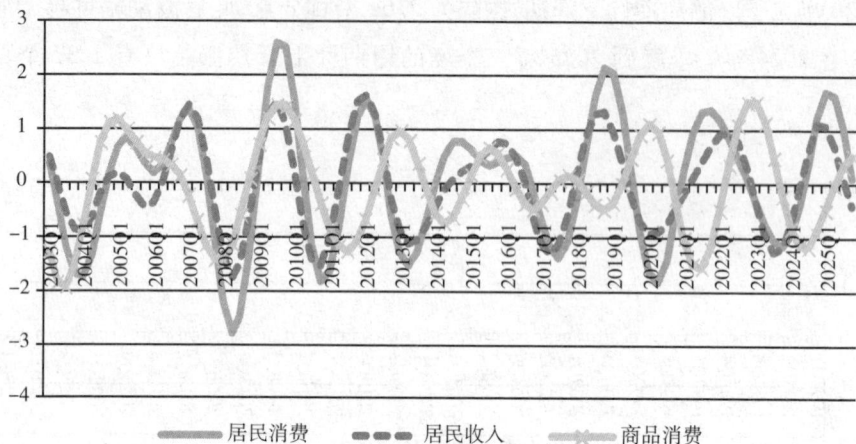

图 11-20　2015 年一季度到 2025 年四季度我国居民消费、
居民收入和商品消费实际增速的中期波动(%)

是 2015 年到 2025 年的预测分析区间,居民消费实际增速的中期波动走势与居民收入实际增速中期波动走势完全同步,只是在预测区间内居民消费实际增速中期波动的振幅大于居民收入实际增速中期波动的振幅,重要原因是教科文卫与社会保障等民生性财政支出实际增速波动值的提高会拉升居民消费走势中期波动值。这一特征表明,改善居民保障、增加居民收入或减少居民支出(增加财政教科文卫支出),均能有效提升居民消费增速。

(三)出口增速和进口增速的中期波动均趋于微波化

由于美欧日进口增速中期波动的内在趋势是微波化走势,我们模拟预测得到的 2015 年一季度到 2025 年四季度我国出口增速中期波动也呈微波化走势,但各个周期的振幅依然很大,在 2014 年四季度到 2025 年一季度的三个波动周期中平均振幅高达 3.5 个百分点,其中 2014 年四季度到 2016 年二季度的周期性下降期振幅为 4.47 个百分点,到 2023 年三季度到 2025 年一季度的周期性下降期振幅收窄为 3.2 个百分点。

与投资实际增速中期波动振幅先升后降走势类似,2014 年四季度以后进

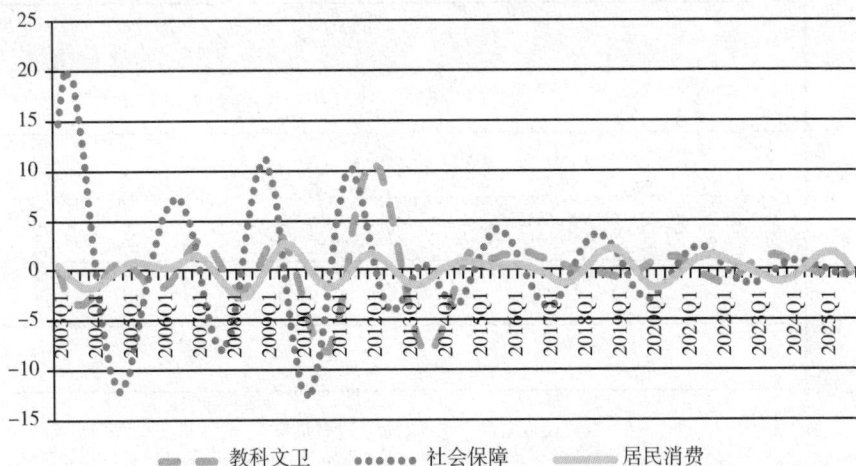

图 11-21　2015 年一季度到 2025 年四季度我国居民消费与教科文卫和社会保障支出实际增速的中期波动(%)

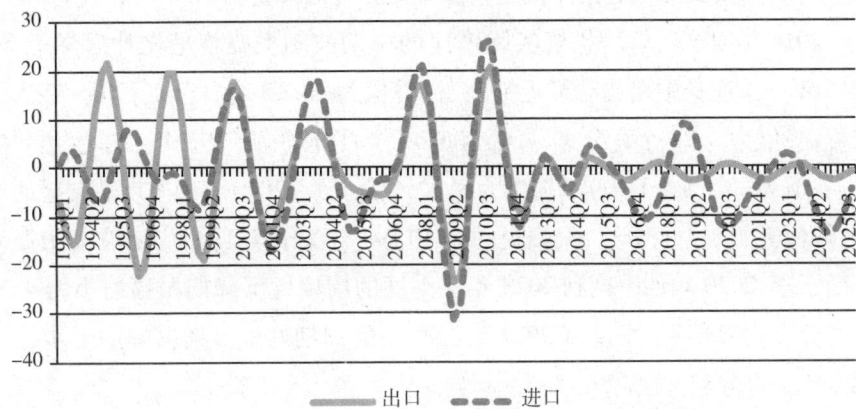

图 11-22　2015 年一季度到 2025 年四季度我国进出口增速的中期波动(%)

口增速的中期波动振幅也呈先升后降走势,其中期波动的峰值在从 2015 年一季度的 4.82 个百分点提高到 2018 年四季度的 9.02 个百分点之后,下降到 2023 年一季度的 2.7 个百分点。

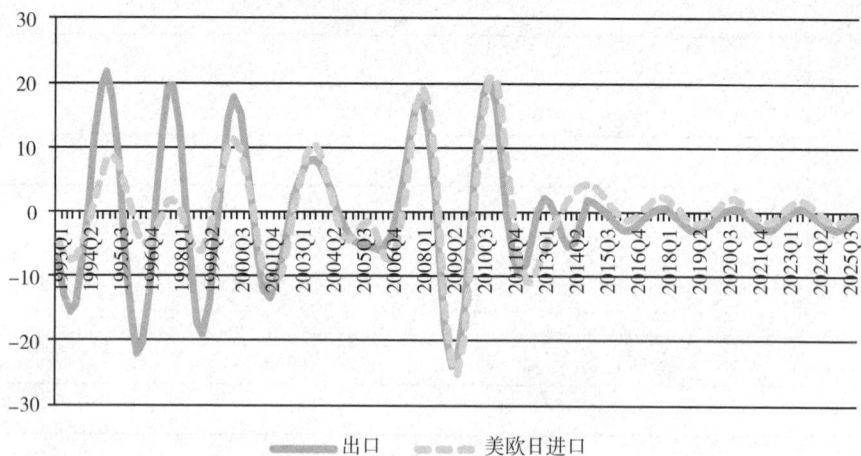

图 11-23　2015 年一季度到 2025 年四季度我国出口和
美欧日进口增速的中期波动（%）

（四）投资实际增速的中期波动振幅呈先升后降走势

　　2014 年四季度以后投资实际增速的中期波动振幅将呈先升后降走势：2015 年一季度是中期波动最近的波谷,谷值为 -3. 18 个百分点;2018 年达到波峰,峰值为 2. 28 个百分点,振幅为 5. 46 个百分点;到 2019 年二季度达到波谷,谷值为 -5. 54 个百分点,振幅为 8. 72 个百分点;2020 年四季度达到新的波峰,峰值为 4. 8 个百分点,振幅提高到 10. 34 个百分点;此后中期波动的振幅不断下降,2020 年四季度到 2023 年三季度的周期性下降期振幅缩小为 9. 52 个百分点;2023 年三季度到 2024 年二季度的周期性上升期振幅进一步缩小到 8. 3 个百分点。

　　从影响因素看,2014 年四季度以后工业存货实际增速的中期波动保持了规则的周期性波动走势,财政支出和出口增速的中期波动趋于微波化,只有贷款和居民消费实际增速中期波动的振幅保持了先升后降走势,因此,投资增速中期波动振幅的先升后降走势,是由居民消费和金融机构贷款实际增速的中期波动走势特征决定的。

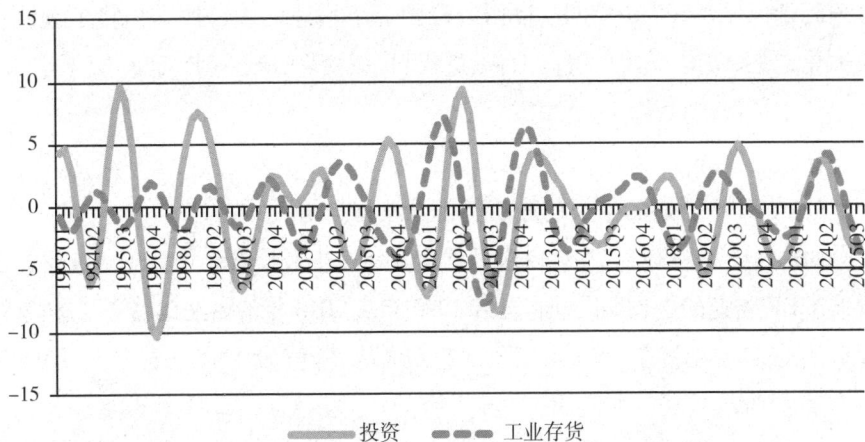

图 11-24　**2015 年一季度到 2025 年四季度我国投资和**
工业存货实际增速的中期波动(%)

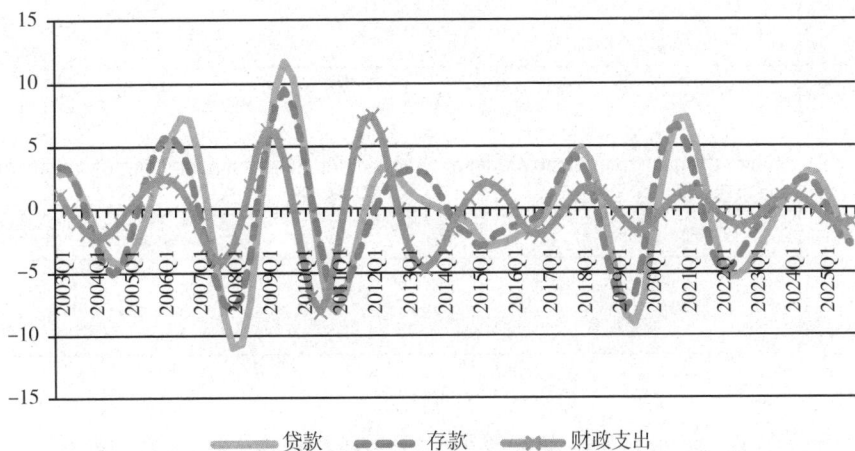

图 11-25　**2015 年一季度到 2025 年四季度我国贷款、**
存款和财政支出实际增速的中期波动(%)

五、我国经济增速中长期波动的未来发展趋势

经济增速的中长期波动规律性很强,其重要特征是波动趋于微波化。模

拟预测结果显示,2014 年四季度以后我国经济增速的中期波动仍将延续波动微波化走势,GDP 增速与居民消费、进出口、投资和工业存货等需求因素实际增速的中期波动振幅均不断缩小。

(一)GDP 增速的中长期波动延续微波化走势

2014 年四季度以后,在各需求因素实际增速中长期波动均趋于微波化的影响下,GDP 增速的中长期波动将延续 1992 年到 2014 年的微波化趋势,振幅继续收窄:中长期波动将在 2015 年三季度达到波峰,峰值为 0.31 个百分点,2019 年一季度达到新的波谷,谷值为−0.46 个百分点,振幅为 0.77 个百分点。此后进入中长期波动的上升期,到 2024 年一季度达到波峰,峰值为 0.56 个百分点,振幅为 1.02 个百分点。到 2025 年四季度波动值将回调到−0.25 个百分点。

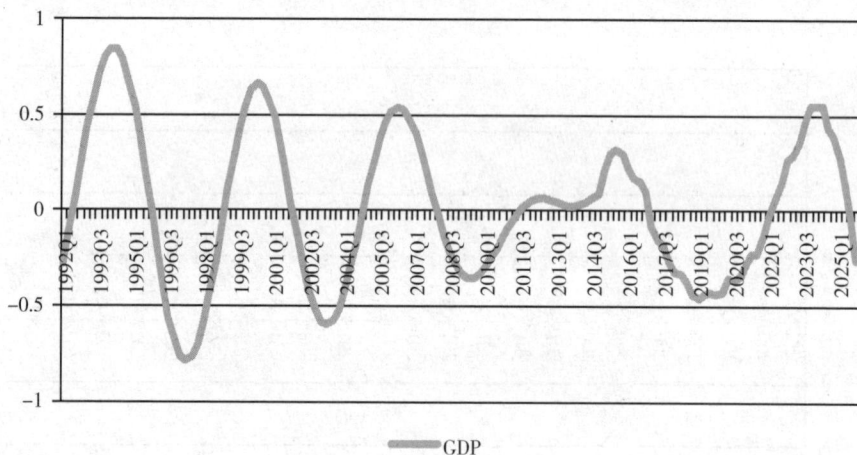

图 11-26　2015 年一季度到 2025 年四季度我国 GDP 增速的中长期波动(%)

(二)居民消费实际增速中长期波动呈有规律的小幅度波动走势

2003 年一季度到 2014 年四季度期间居民消费实际增速的中长期波动呈微波化走势,2014 年四季度以后居民消费实际增速的中长期波动的振幅有所扩大,但仍保持有规律的振荡波动走势,其波动值将延续 2014 年三季度以后的回升走势,于 2017 年二季度达到中长期波动的波峰,峰值为 0.39 个百分点。此后进入周期性下降状态,到 2020 年二季度达到波谷,谷值为−0.41 个百分点,下降幅度为 0.8 个百分点。2023 年一季度达到新的波峰,峰值为 0.27 个百分点,波动值升幅收窄为 0.68 个百分点;到 2025 年三季度达到波谷,谷值为-0.04 个百分点,下降幅度进一步缩小到 0.3 个百分点。即居民消费实际增速的中长期波动振幅在略微放大后,继续恢复微波化趋势,呈有规律的小幅度波动走势。

居民商品消费实际增速的中长期波动将延续 2003 年一季度到 2014 年四季度期间的微波化走势,其波动值首先延续 2013 年一季度以后的周期性上升趋势,到 2016 年三季度达到 1.04 个百分点的峰值。此后进入周期性下降期,到 2023 年三季度达到波谷,谷值为-0.42 个百分点,降幅收窄为 1.46 个百分点。到 2025 年四季度波动值回升到 0.35 个百分点。

从影响因素看,2015 年一季度以后居民消费增速中长期波动振幅的放大,主要是因为居民收入增速中长期波动振幅趋于扩大。居民收入实际增速中长期波动的波动值在 2015 年一季度到 2018 年四季度期间仍保持前期的微波化走势,但此后波动幅度扩大。具体走势是:波动值在 2015 年四季度达到-0.12 个百分点的谷值,于 2018 年一季度达到 0.24 个百分点的峰值,振幅只有 0.36 个百分点;此后振幅扩大,到 2021 年一季度下降到-0.51 个百分点的谷值,振幅扩大到 0.75 个百分点;2024 年三季度达到 0.64 个百分点的峰值,振幅进一步扩大到 1.15 个百分点。

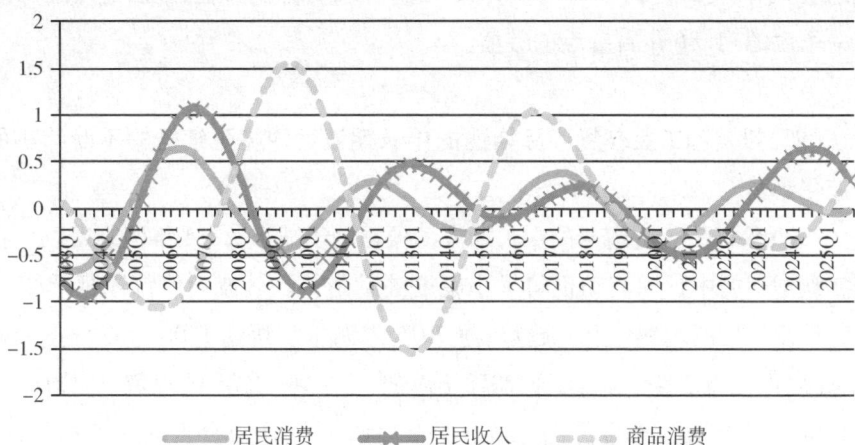

图 11-27　2015 年一季度到 2025 年四季度我国居民消费、
居民收入和商品消费实际增速的中长期波动(%)

（三）出口增速和进口增速的中长期波动振幅均大幅度缩小

2004 年到 2014 年期间,受美国金融危机及应对危机政策等因素影响,我国进出口增速的中长期波动也呈大幅度波动状态,2008 年到 2011 年出口和进口增速中长期波动的最大振幅曾达到 16.5 个百分点和 20.96 个百分点,其中出口增速中长期波动的大幅度振荡主要是因为美欧日进口增速中长期波动的大幅度振荡,进口增速中长期波动的大幅度振荡则是源于国内投资增速的中长期波动出现大幅度振荡。

2014 年四季度以后,我国出口增速中长期波动的振幅均将大幅度缩小,主要是因为美欧日经济趋于稳定,美欧日进口增速中长期波动的振幅大幅度缩小。我国出口增速的中长期波动将从 2015 年一季度开始恢复周期性上升趋势,波动值从 2014 年四季度-4.19 个百分点的谷值逐步提高到 2017 年一季度 0.62 个百分点的峰值,此后于 2019 年四季度达到-2.96 个百分点的谷值,并于 2024 年四季度再度达到 2.27 个百分点的峰值。

受投资和工业企业存货实际增速中长期波动振幅持续缩小影响,2014 年四季度以后我国进口增速的中长期波动振幅也不断缩小,长期波动的峰值在从 2015 年一季度的-5.47 个百分点提高到 2017 年三季度 4.08 个百分点的峰值之后,进入周期性下降状态,在下降到 2020 年二季度 0.25 个百分点的谷值之后,小幅度回升到 2022 年一季度 1.04 个百分点的峰值,此后下降到 2025 年一季度的-1.86 个百分点的谷值。

（四）投资和工业存货实际增速的中长期波动均将延续振幅不断缩小的微波化趋势

2000 年以后投资增速的中长期波动振幅趋于缩小,2014 年四季度以后投资实际增速的中长期波动仍将呈小幅度波动走势。其波动值首先延续 2013 年一季度以后的周期性上升趋势,与 2015 年四季度达到 1.05 个百分点的峰值,此后进入周期性下降期,于 2018 年一季度达到-2.25 的谷值,于 2021 年二季度和 2025 年三季度分别达到下一个周期 1.42 个百分点的峰值和-1.61 个百分点的谷值。总体看,2015 年一季度以后投资增速中长期波动的振幅介于 3 个百分点到 3.7 个百分点之间,明显小于 2000 年到 2014 年期间周期性

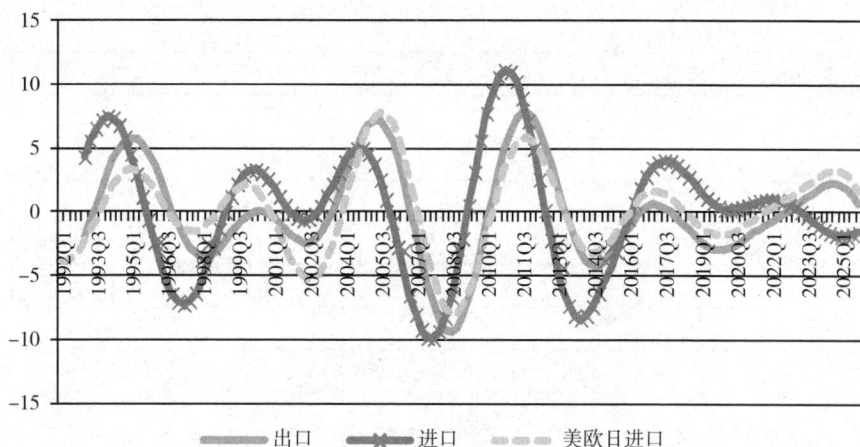

图 11-28　2015 年一季度到 2025 年四季度我国进出口和
美欧日进口增速的中长期波动(%)

波动的振幅。

　　从需求因素看,除居民消费和出口增速中长期波动振幅缩小外,工业企业存货实际增速中长期波动的微波化趋势,也是 2014 年四季度以后投资增速中长期波动振幅缩小的重要因素。2014 年四季度以后工业存货实际增速的中长期波动延续了前期的微波化走势,波动值将从 2014 年一季度 3.81 个百分点的峰值持续下降到 2018 年二季度-3.2 个百分点的谷值,此后恢复周期性上升趋势,到 2025 年二季度达到 3.31 个百分点的峰值,振幅从周期性下降期的 7.12 个百分点收窄到周期性上升期的 6.51 个百分点。

　　从资金来源看,2014 年四季度以后金融机构贷款和财政支出实际增速的中长期波动均保持了前期的微波化走势,成为投资增速中长期波动保持微波化走势的重要因素。其中财政支出增速的中长期波动将于 2017 年一季度达到 2.97 个百分点的峰值,于 2021 年四季度达到-2.72 个百分点的谷值,振幅将从 2012 年四季度到 2017 年一季度周期性上升期的 6.47 个百分点,收窄到 2017 年一季度到 2021 年四季度周期性下降期的 5.69 个百分点。金融机构贷款实际增速的中长期波动在 2015 年二季度达到 1.78 个百分点的峰值,于 2021 年一季度达到-1.13 个百分点的谷值,周期性下降期振幅只有 2.91 个百分点;此后于 2024 年二季度达到 1.77 个百分点的峰值,振幅为 2.9 个百分点。

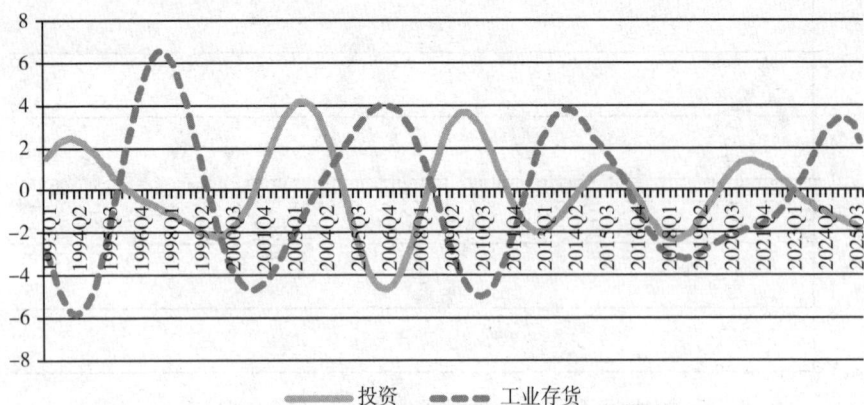

图 11-29　2015 年一季度到 2025 年四季度我国投资和
工业存货实际增速的中长期波动(%)

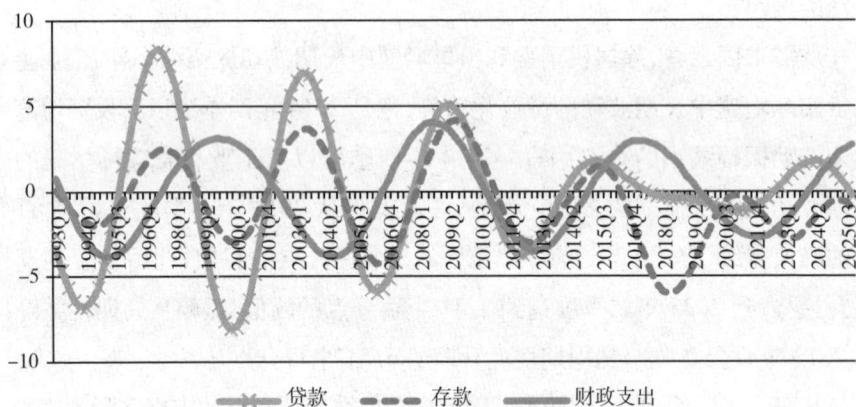

图 11-30　2015 年一季度到 2025 年四季度我国贷款、存款
和财政支出实际增速的中长期波动(%)

六、我国经济增速长期波动的未来发展趋势

经济增速的长期波动具有很强的规律性,政策调整、外部冲击等等因素对经济增速长期波动的影响很小。从长期波动模型的模拟预测情况看,2014 年

四季度以后我国经济增速的长期波动仍将保持周期性上升走势,居民消费、投资和出口实际增速的长期波动人均延续不规则的周期性波动走势。

(一)GDP 增速的长期波动延续周期性上升趋势

1992 年一季度到 2014 年四季度期间,GDP 增速长期波动的波峰与波谷不断抬高,波动呈周期性上升态势。2014 年四季度以后,GDP 增速的长期波动仍将延续前期的周期性上升趋势,波动值在从 2014 年四季度的 0.29 个百分点提高到 2016 年一季度 0.55 个百分点的峰值之后,进入周期性下降状态,到 2019 年二季度达到-0.34 个百分点的谷值,2022 年四季度再度回升到 0.46 个百分点的峰值,到 2025 年回调到-0.22 个百分点。

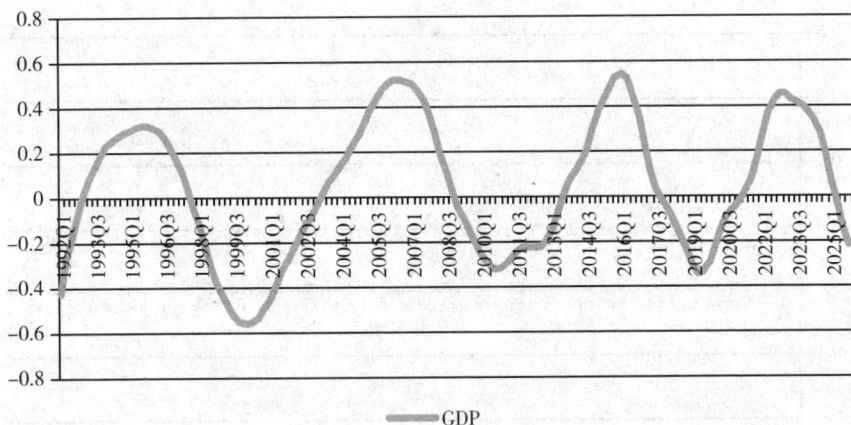

图 11-31　2015 年一季度到 2025 年四季度我国 GDP 增速的长期波动(%)

(二)居民消费实际增速长期波动呈不规则波动走势

在运用 BP 滤波和 HP 滤波技术进行周期分离时,由于 BP 滤波无法提取 2 个季度以下的周期性波动因素,我们只能将波长 2 个季度以下的周期波动与波长 10 年以上的波动值归类为长期波动。受波长 2 个季度以下超短期波动影响,1992 年一季度到 2014 年四季度居民消费实际增速的长期波动表现为不规则的波动状态,但总体看居民消费增速的长期波动仍具有很强的规律性。模拟预测结果显示,2014 年四季度以后居民消费实际增速的长期波动将呈不规则波动走势,其波动值将延续 2012 年四季度以后的上升趋势,于 2015 年三季度达到 0.37 个百分点的峰值,此后进入周期性下降期,到 2020 年三季度回调到 -0.19 个百分点的谷值,并于 2023 年三季度再度回升到 0.37 个百分点的峰值,2025 年四季度将回调到 0.04 个百分点。

居民商品消费和居民收入实际增速的长期波动与居民消费实际增速长期波动表现出相同的走势,三种波动的波峰和波谷发生时点完全重合,只是居民收入和商品消费增速长期波动的波动值略低于居民消费增速长期波动的波动值。鉴于居民收入增速的长期波动是决定居民消费和商品消费增速长期波动走势的主要因素,三者同步波动的特征表明,增加居民收入、提高居民收入增速的长期波动值,能够有效提升居民消费和商品消费增速。

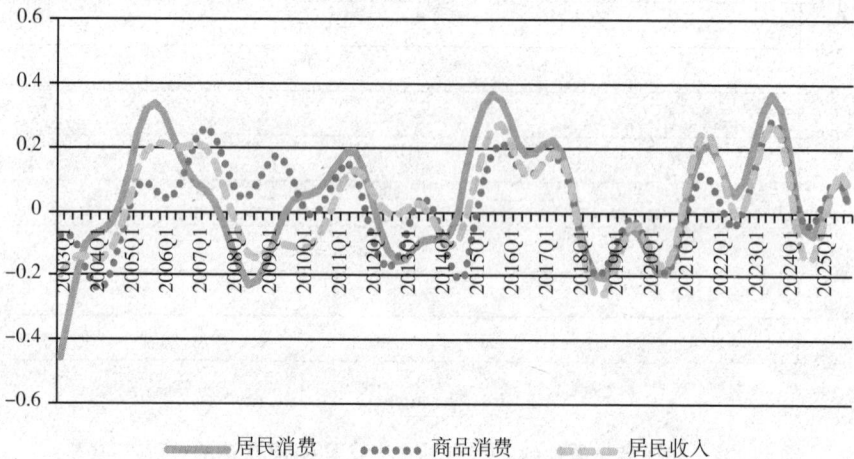

图 11-32　2015 年一季度到 2025 年四季度我国居民消费、居民
收入和商品消费实际增速的长期波动(%)区别

（三）出口增速的长期波动保持较大幅度波动状态,进口增速的长期波动将呈持续下降状态

由于 2014 年四季度以后美欧日进口增速长期波动的内在趋势呈较大幅度波动状态,2014 年四季度以后我国出口增速的长期波动也将呈较大幅度波动走势,波动值将从 2014 年四季度的 2.45 个百分点提高到 2016 年二季度的

2.85 个百分点,此后进入周期性下降期,到 2019 年二季度降为 -2.68 个百分点,2022 年二季度再度回升到 2.88 个百分点的峰值,到 2025 年四季度回调到 -2.21 个百分点。

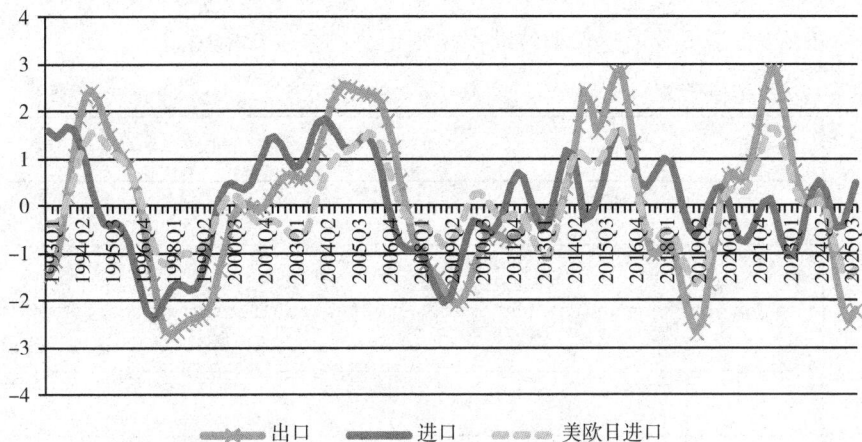

图 11-33　2015 年一季度到 2025 年四季度我国进
出口和美欧日进口增速的长期波动(%)

受居民消费、投资和工业存货实际增速长期波动不规则影响,2014 年四季度以后进口增速的长期波动仍呈不规则波动走势,其波动值将从 2014 年四季度的 -0.31 个百分点提高到 2016 年二季度的 1.6 个百分点,此后将下降到 2021 年二季度的 -0.78 个百分点,到 2025 年四季度将回升到 0.5 个百分点。

(四)投资实际增速的长期波动振幅呈先升后降走势

与居民消费增速的长期波动类似,受超短期波动影响,1992 年一季度到 2014 年四季度期间投资实际增速的长期波动不规则,2014 年四季度以后投资实际增速的长期波动振幅仍将呈不规则波动走势,其波动值将从 2014 年四季度 0.1 个百分点回升到 2015 年三季度的 0.96 个百分点,此后下降到 2016 年四季度的 -1.34 个百分点,到 2019 年四季度达到 1.14 个百分点的波峰,2021 年一季度再度回调到 -1.26 个百分点的谷值,2024 年一季度回升到 1.63 个百分点的峰值,2025 年四季度再度回调到 -0.03 个百分点。

从影响因素看,2014 年四季度以后工业存货实际增速的长期波动也保持了不规则的波动走势,但规律性高于投资增速的长期波动,其波动值在 2014 年四季度达到波峰,将于 2017 年三季度达到 -0.62 个百分点的谷值,并于 2022 年三季度回升到 0.84 个百分点的峰值,此后到 2025 年四季度回调 到 -0.81 个百分点。2014 年四季度以后贷款和财政支出实际增速的长期波 动很不规则,是投资增速长期波动不规则走势的主要影响因素。

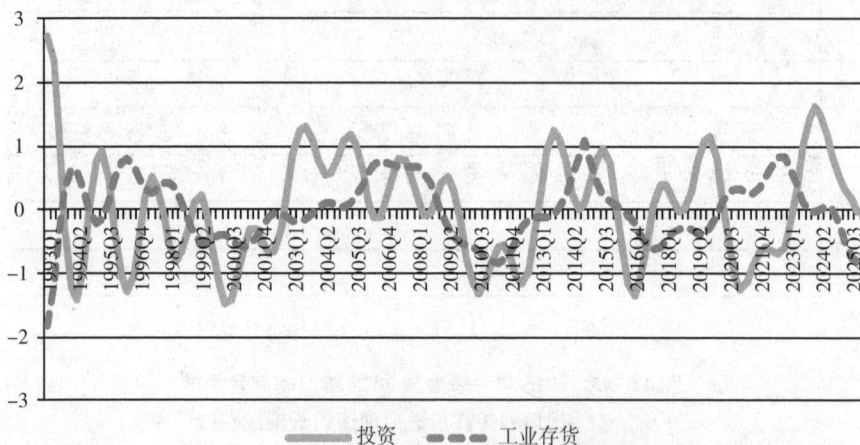

图 11-34   2015 年一季度到 2025 年四季度我国投资和
工业存货实际增速的长期波动(%)

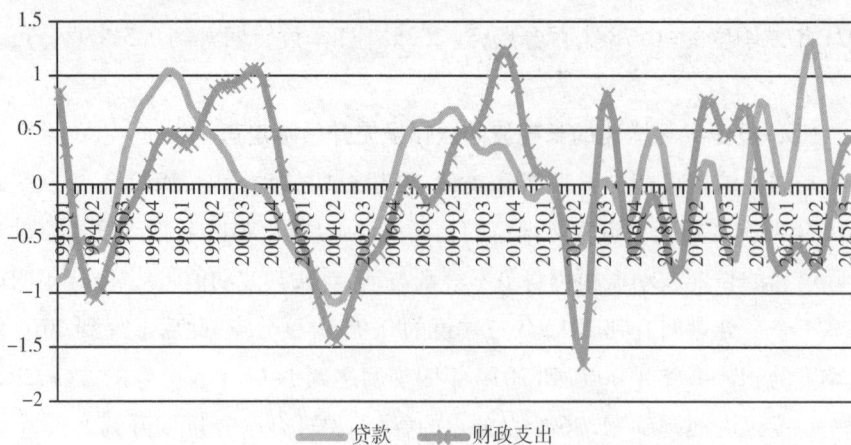

图 11-35   2015 年一季度到 2025 年四季度我国贷款、
存款和财政支出实际增速的长期波动(%)

七、我国经济增速的未来发展趋势

根据经济增速动态均衡值和四种周期性波动的模拟预测结果,我们得到2015 年一季度到 2025 年四季度我国经济增速的模拟预测值。这一预测结果是在货币政策保持不变、财政政策采取适应性政策、国际市场需求保持其内在增长趋势前提下得到的,虽然仅是未来我国经济发展的一种情景,但揭示了未来我国经济发展的基本趋势。

(一)GDP 增速于 2017 年探底,总体保持较快增长状态

2014 年四季度以后,我国 GDP 增速的动态均衡值呈降中趋稳走势,但受周期性波动影响,GDP 增速还会出现较大波动,其中 2017 年四季度和 2019 年四季度 GDP 增速分别下降到 5. 02%和 4. 92%,出现深度探底。2019 年四季度以后会出现回升,但受动态均衡值回升幅度有限制约,最高增速也仅回升到2021 年一季度的 7. 92%。总体看,2015 年一季度到 2025 年四季度期间,GDP增速将从 1992 年一季度到 2014 年四季度期间平均 10. 21%的高速增长状态下降到 6. 55%左右的较快增长状态。

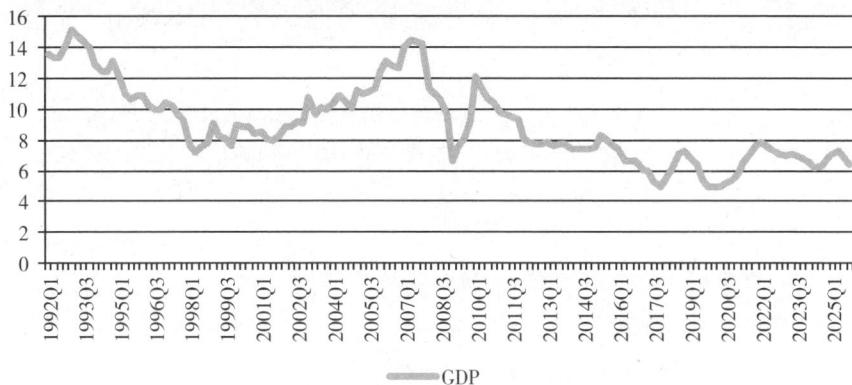

图 11-36　2015 年一季度到 2025 年四季度我国 GDP 增速的模拟预测值(%)

(二)居民消费和居民收入增速呈规则的周期性波动走势,商品消费增速呈周期性下降状态

2014年四季度以后,我国居民消费增速和居民收入增速均呈较大幅度的周期性波动走势,居民消费增速的波动介于7%到12.6%之间,居民收入增速的波动介于4%到8.5%之间,2015年一季度到2025年四季度期间平均增速分别为9.11%和5.9%,明显低于1992年一季度到2014年四季度期间10.35%和7.16%的平均增速。居民商品消费增速仍将呈周期性下降趋势,最高增速为2015年三季度的13.86%,到2025年四季度将周期性下降到11.14%,2015年一季度到2025年四季度期间平均增速分别为11.06%,比1992年一季度到2014年四季度期间的平均增速(11.59%)下降0.53个百分点。

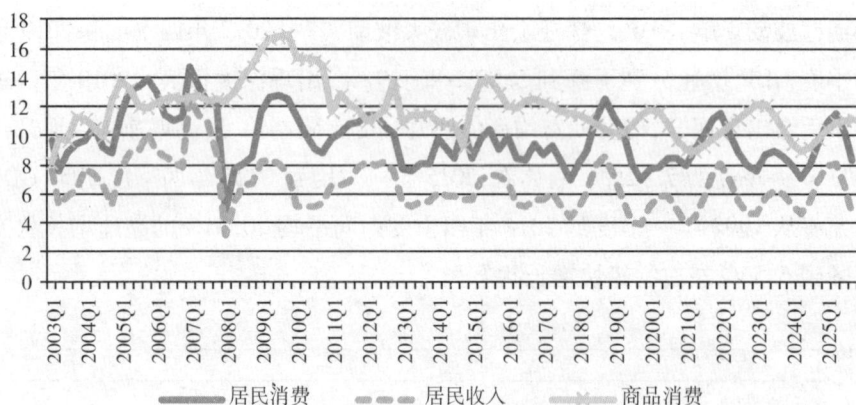

图11-37　2015年一季度到2025年四季度我国居民消费、居民
收入和商品消费实际增速的模拟预测值(%)

(三)进出口增速均将下降,保持较低增长状态

受国际市场需求低速增长和出口内在下降趋势制约,2015年一季度到2025年四季度期间,后我国出口增速将保持较低增长状态,增速介于-3.5%到12.1%之间,平均增速在6.3%左右,这一增速远低于1992年到2014年期间17.83%的平均增速。

受国内消费和投资增速的下降、工业存货投资增速较高影响,2014 年四季度以后进口增速将大幅度下降,增速介于-4.8%到 29.5%之间,增速波动幅度较大,但 2015 年一季度到 2025 年四季度期间平均增速只有 7.67%,远低于 1992 年到 2014 年期间 17.69%的平均增速。

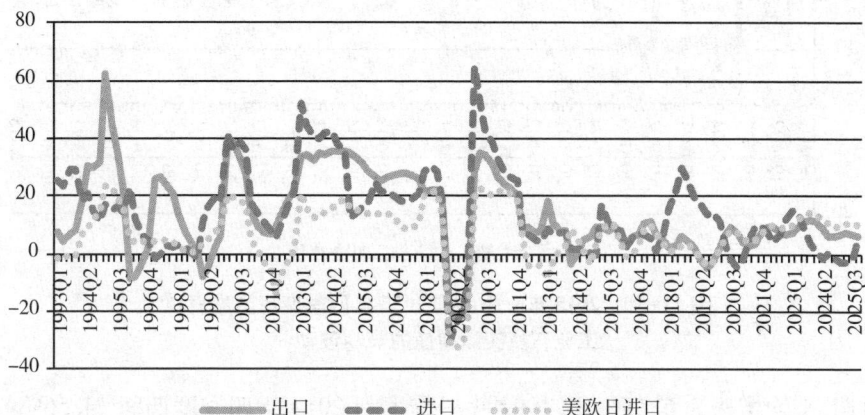

图 11-38　2015 年一季度到 2025 年四季度我国进出口和
美欧日进口增速的模拟预测值(%)

(四)投资和工业存货增速呈相对平稳的周期性波动走势

2014 年四季度以后,投资和工业存货增速均将围绕其动态均衡值展开,其中投资增速介于 16.4%到 28.4%之间,2015 年一季度到 2025 年四季度期间平均增速为 20.6%,比 1992 年到 2014 年期间 21.07%的平均增速下降 0.47 个百分点;工业存货增速介于 3.9%到 19%之间,2015 年一季度到 2025 年四季度期间平均增速为 11.08%,比 1992 年到 2014 年期间 7.99%的平均增速提高 3.07 个百分点。

(五)金融机构存贷款增速呈振幅较大的周期性波动走势

受经济增速和居民收入增速下降,且波动较大影响,2014 年四季度以后存款增速也会下降,并出现较大幅度波动,2015 年一季度到 2025 年四季度期间存款增速介于-3%到 14.2%之间,低点将出现在 2019 年经济增速深度回调

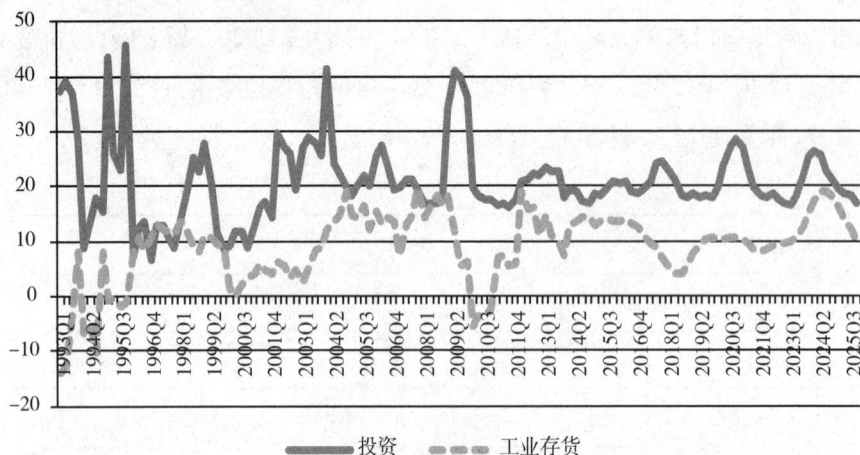

**图 11-39　2015 年一季度到 2025 年四季度我国投资和
工业存货实际增速的长期波动(%)**

时期,平均增速为 6.11%,比 1992 年一季度到 2014 年四季度期间 14.56% 的
平均增速下降 8.45 个百分点。

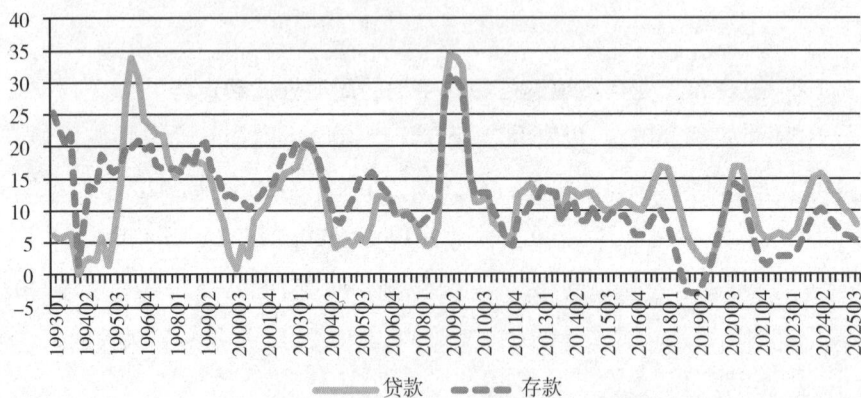

**图 11-40　2015 年一季度到 2025 年四季度我国金融机构
贷款、存款实际增速的模拟预测值(%)**

在存款增速下降的制约下,2014 年四季度以后贷款增速也大幅度下降,
2015 年一季度到 2025 年四季度期间存款增速介于 2% 到 16.8% 之间,低点同
样出现在 2019 年经济增速深度回调时期,平均增速为 10.13%,比 1992 年一

季度到 2014 年四季度期间 12.31% 的平均增速下降 2.18 个百分点。

（六）财政收支保持相对稳定的较快增长状态

在模拟分析中，我们将财政支出作为模型内生变量，以反映财政支出的刚性与适应性财政政策的内在取向。模拟预测结果显示，2014 年四季度以后财政支出增速将呈先降后升走势，增速将从 2015 年一季度的 17.18% 周期性下降到 2022 年一季度的 7.36%，此后逐步回升到 2025 年四季度的 14.3%，2015 年一季度到 2025 年四季度期间平均增速为 12.47%，比 1992 年一季度到 2014 年四季度期间 13.49% 的平均增速下降 1.02 个百分点。同期，财政收入增速将保持周期性波动走势，增速介于 3% 到 18% 之间，平均增速为 9.87%，比 1992 年一季度到 2014 年四季度期间 13.52% 的平均增速下降 3.66 个百分点。

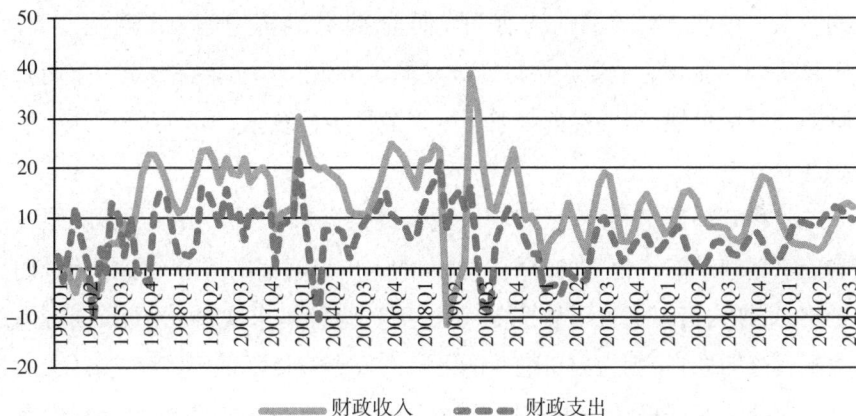

图 11-41 2015 年一季度到 2025 年四季度我国
财政收支实际增速的模拟预测值（%）

八、结论与政策建议

从需求结构看，我国经济正处于从重化工业化阶段向工业化后期转化时期，未来 10 年还会从工业化后期向后工业化时期转变。从经济发展的基本规律看,未来 10 年也是我国经济增速从重化工业化阶段的高速增长向工业化后期的快速增长和后工业化时期较快增长的转化期。本书模拟预测的结果大致反映了未来 10 年经济从高速增长向快速增长转变的基本趋势,即从经济增速的动态均衡值发展趋势看,未来 10 年我国经济增速大致能够保持在 6.5%左右的较快增长状态,考虑到经济周期性波动因素,未来 10 年经济增速大致处于 5%到 8%之间。针对未来 10 年我国经济增速的阶段性转变与周期性波动走势,短期政策应以平抑中短期波动、稳定经济增长为主,中长期政策应以稳定出口、促进消费结构升级与鼓励企业创新、促进经济结构升级为主,力争实现经济平稳较快增长与经济结构优化升级的良性循环。

一是增强短期宏观调控政策的前瞻性与针对性,平抑经济增速的中短期波动。未来 10 年我国经济增速总体上保持较快增长状态,但受政策调整、外部冲击影响较大的中短期波动会引致经济增速出现较大幅度波动,特别是在短期波动与中期波动周期性波动下降期重合时,经济增速会出现深度下滑。鉴于政策调控能够有效影响中短期波动的走势,在 2019 年有出现中短期波动下降期重合的可能,需要提前采取适度采激性调控政策,预防经济增速出现深度探底。

二是稳定外需,为经济平稳较快增长提供需求支撑。出口是影响国内消费和经济增速动态均衡值的重要需求因素。出口增速的下降对经济增长的负面影响,短期内可以通过增加投资、刺激消费弥补需求缺口,但中长期看内需无法替代外需缺口,因为出口增速的下降不仅会直接降低经济增速,还会通过降低居民收入及居民消费增速以及消费和出口增速下降引致的投资增速下降,间接降低经济增速。稳定、提升出口增速,是稳定、提升经济增速动态均衡值的关键。未来 10 年经济增速能够保持在 6.5%左右的较快增长状态,重要支撑基础是出口增速能够保持 6.3%左右的较快增长。扩大出口,短期内需要稳定人民币名义有效汇率和出口退税政策以巩固提升出口产品价格竞争力,中长期看需借助企业技术进步和国家"一路一带"战略,鼓励企业走出去,在巩固扩大当前出口产品国际市场占有率的同时,促进出口产品结构升级,拓展出口产品的国际市场空间。

三是深化收入分配制度改革,充分发掘国内耐用消费品消费增长潜力。

消费与经济增长之间是一种相互制约的循环关系,但在收入增速既定情况下,收入分配结构的优化调整也会促进消费增长。[①] 在现阶段我国居民收入差距过大的情况下,通过改革收入分配制度、缩小居民收入差距,能够有效刺激中低收入家庭扩大耐用消费品需求,也能够刺激中等收入家庭更早进入汽车等高档消费品消费阶段,是提振国内消费增速的重要举措。

四是改善消费环境,促进消费结构升级。在多数耐用消费品需求达到饱和状态后,产品更新换代将成为多数耐用消费品需求的主要增长点,应进一步完善耐用消费品,特别是大件耐用消费品以旧换新等政策,鼓励耐用消费品的更新换代需求。同时,在耐用消费品需求逐步饱和后,服务性消费将成为居民消费的重点。目前,旅游、教育、医疗等传统服务消费已成为国内消费热点,网络、信息、大健康等新兴服务正在崛起。对处于初始发展阶段的新兴服务产业,应在资本市场融资、信贷、税收、用地、政府购买服务等方面给予适度扶持,鼓励企业的规模化发展,为消费结构从商品消费向服务性消费的转换提供供给支持。

五是加大科技投入,促进企业创新,为经济转型升级提供技术支撑。技术进步是经济增长的永恒动力。从消费结构与出口结构的升级,到制造业大国向制造业强国的转换,技术进步都是基础。促进技术进步,需要平衡好基础研究与应用研究、传统产业与新兴产业的关系,在提升基础研究能力与水平的同时,促进基础研究成功向生产领域的运用转化,在积极培育新兴产业的同时,也需要支持鼓励传统产业的稳定发展与转型升级。

---

① 李建伟:《居民收入分布与经济增长周期的内生机制》,《经济研究》2015年第1期。

第十二章 我国经济增长周期模型的
理论基础与建模思路

本章以经济增长周期理论为基础，从需求决定角度构建了一个简单的经济增长周期模型，该模型共有 GDP、投资、消费、出口、进口等 16 个内生变量，包括短期波动模型、中期波动模型、中长期波动模型、长期波动模型和动态均衡值模型等五个子模型。从模拟预测情况看，除短期波动模型模拟预测值与实际值偏差较大外，其他模型模拟预测值均与实际值高度一致，即经济增长周期模型能够较好地模拟样本区间内各内生变量的周期性波动及其动态均衡值发展状况。第十一章的模拟预测分析即是运用本模型作出的。

一、经济增长周期模型的理论基础

经济运行是各种经济变量相互制约、相互影响的内在循环过程。根据经济变量之间的相互制约关系及由此确立的相关经济理论，一般时间序列模型通过确定经济变量的影响因素方程、建立联立方程模型，对经济总量或经济增速进行模拟分析。一般时间序列模型要求解释变量与被解释变量之间存在稳定的相关关系，但在实际经济运行中，受结构变化影响，经济变量之间的关系稳定性较差，特别是在经济结构大幅度变化的工业化中后期，居民消费行为、需求结构、产业结构的大幅度变动使经济变量之间的相关关系也出现变化，以经济变量的总量或增速构建的模型方程稳定性较差，同时，以过去经济结构为基础构建的模型也很难反映未来结构变化趋势，据此进行中长期预测分析会出现巨大偏差。为了消除经济结构变化对模型稳定性及其预测分析能力的影响,我们在经济增长周期理论研究基础上,结合传统的经济理论,构建了能够反映经济运行不同波动特征的经济增长周期模型。

在本书前几章中已证明,周期性波动是经济运行的常态,任何时期经济增长都存在由居民收入分布的正态特征所决定的收入分布增长周期,同时还存在由供给滞后引致的价格调整周期、由产品更新换代引致的更新需求和创新需求增长周期,经济增速的实际波动是由多种周期性波动现象共同构成的。同时,经济增速的周期性波动又会存在其动态均衡值增长状态。据此,我们可以将经济增速分解为波长与振幅不同的多种周期性波动和动态均衡值,依据各种经济理论对经济增速的不同周期性波动及其动态均衡值进行影响因素分析,构建经济增长周期模型。

在具体模型构建时,根据 1992 年一季度以来我国经济增长周期性波动特点,我们运用 BP 滤波和 HP 滤波技术,将经济增速分离为短期波动(波长 2 到 8 个季度)、中期波动(波长 8 到 20 个季度)、中长期波动(波长 20 到 40 个季度)、长期波动(波长 40 个季度以上和 2 个季度以下的波动)和动态均衡值五个部分,然后依据相关经济理论对各种周期波动进行影响因素分析,最后将各种波动的影响因素分析方程联立后,组成短期波动模型、中期波动模型、中长期波动模型、长期波动模型和动态均衡值模型。在进行影响因素分析时,总体思路是将经济运行看作以 GDP 增速为核心、以消费为起点、以出口和政策干预为外生变量的半封闭循环系统,即短期内经济增长取决于投资、消费、进出口和存货投资增长状况。但从中长期看,投资又取决于消费和出口增长状况,消费和出口是决定中长期经济增长的需求基础;消费需求取决于消费增长的内在规律和居民收入,而居民收入又取决于经济增长状况;出口主要取决于国际市场需求,进口取决于国内投资与消费增长状况;政策干预会对各种需求产生影响。由此,经济运行成为以 GDP 为核心、以消费需求和出口为基础、以出口和政策干预为外生变量的循环系统。结合经济运行的周期性波动特征,经济增速的周期性波动及其动态均衡增长状态也是以消费需求增速周期性波动为起点、以出口增速和政策干预周期性波动为外生变量的半封闭循环系统,消费和出口增速的周期性波动及其动态均衡增长状态也将成为投资及整个经济增速动态均衡增长状态的基础性因素,而经济增速的周期性波动及其动态均衡增长状态又会成为影响消费增速周期性波动及其动态均衡增长状态的决定性因素。

二、经济增长周期模型的影响因素分析方程

我们构建的模型共有 21 个变量,为简化分析,我们将财政支出内生化,也将美欧日进出口以 VAR 方程内生化,仅将一年期存款利率(CKLL)、一年期贷款利率(DKLL)、存款准备金率(LLZB)、人民币名义有效汇率(REENL)和出口退税率(TSRAT)等五个政策性变量作为外生变量,其他 16个变量均为内生变量,分别是 GDP(GDPAG)、投资(TZAG)、居民消费(XFZAG)、商品消费(社会消费品零售总额,CONAG)、出口(CKZ)、进口(JKZ)、居民收入(SRZAG)、工业企业存货(产成品资金占用,INDHARG)、金融机构存款(FINDAG)、金融机构贷款(FINLAG)、财政收入(FISIAG)、财政支出(FISEAG)、财政社会保障支出(FISESBAG)、财政教科文卫支出(FISEJY-AG)、主要国家(美欧日)进口(MAINCIMG)和主要国家出口(MAINCEXG)。所有内生变量均为季度累计实际增速或余额实际增速,模型共有五个子模型,分为短期波动模型(内生变量后缀 W)、中期波动模型(内生变量后缀 WS)、中长期波动模型(内生变量后缀 WM)、长期波动模型(内生变量后缀 WL)和动态均衡值模型(内生变量后缀 TTL)。每个模型分为经济增长、消费需求与居民收入、投资需求与存货投资、金融机构存贷款、进出口与国际市场需求、财政收支等六个模块。

根据相关经济理论,我们确定了内生变量的影响因素分析方程。从方程看,各变量的中期波动、中长期波动、长期波动和动态均衡值的影响因素分析方程拟合优度均很高,显示各变量能够很好地由解释变量进行解释。但各变量短期波动方程的拟合优度普遍较低,拟合优度最低的是社会保障增速短期波动方程,R^2 只有 0.48,调整后的 R^2 只有 0.41。进口增速短期波动方程的拟合优度最高,但 R^2 也只有 0.9、调整后的 R^2 只有 0.87。总体看,短期波动模型

各方程的拟合优度平均为 0.69,调整后的拟合优度为 0.64。短期波动模型方程拟合优度较低,重要原因是政策调整、外部冲击等因素会导致各变量增速出现偏离各变量内在关联关系的异常波动,而这种异常波动主要体现在短期波动之中,导致各变量与解释变量之间的相关程度下降。如政府刺激投资的政策措施会导致投资增速出现偏离消费需求和出口内在要求的上涨,导致消费需求和出口增速的短期波动对投资增速的短期波动解释能力下降。同时,外部冲击带来的个别变量短期波动还会对其他变量短期波动产生难以量化的影响,如美国金融危机导致的出口增速下降会导致投资者预期改变,对投资增速产生的负面影响会远大于出口增速下降对投资所产生的直接影响。

(一)经济增长

决定经济增速周期性波动及其动态均衡值的基础因素是投资、消费、出口、进口和工业存货等五大需求实际增速的周期性波动及其动态均衡值。周期性波动的内在规律对经济增速的周期性波动及其动态均衡值也有重要影响。因此,在 GDP 增速的模拟分析方程中,除需求因素之外,我们还将经济增速周期性波动值的滞后变量作为影响因素纳入分析之中,通过构建经济增速周期性波动值的高阶差分方程,反映经济增速周期性波动的内在特征。具体结果如表 12-1 所示。

表 12-1　GDP 增速的周期性波动及其动态均衡值的模拟分析方程

GDP	模型方程	拟合优度 R^2	调整后 R^2	DW 统计值
动态均衡值	GDPAGTTL = 0.2673 × TZAGTTL+1.1729×XFZAGTTL(-1)+0.3311×(CKZTTL - 100) - 0.3672 × (JKZTTL - 100) - 0.438267070238 × INDHARGTTL + 0.232 × INDHARGTTL (- 1) - 5.0686 + [MA (1) = 0.9616}	0.999994	0.999993	0.19

续表

GDP	模型方程	拟合优度 R^2	调整后 R^2	DW 统计值
短期波动	GDPAGW = 0.0363×TZA-GW+0.1857×XFZAGW+0.03647×CKZW+0.0358×JKZW + 0.0059 × IN-DHARGW−0.0026	0.709573	0.674998	2
中期波动	GDPAGWS = 0.7376×GD-PAGWS（−1）+ 0.0518 × TZAGWS+0.3157×XFZA-GWS+0.0547×CKZWS−0.00437×JKZWS（−1）−0.0568 × INDHARGWS + 0.0248+[AR（1）= 0.7277, MA(2)= 0.9177]	0.999669	0.9996	0.4
中长期波动	GDPAGWM = 0.266×TZA-GWM−0.3421×TZAGWM（−1）+0.9452×XFZAGWM+0.6938×CKZWM − 0.5799×CKZWM（−1）− 0.1461 × JKZWM − 0.0629 × IN-DHARGWM−0.0106	0.999927	0.999914	0.46
长期波动	GDPAGWL = 0.7531 × GD-PAGWL（−1）+ 0.0229 × TZAGWL+0.0365×XFZAG-WL + 0.0438 × CKZWL + 0.0324×JKZWL − 0.0422×JKZWL（−1）+0.0525×IN-DHARGWL+0.01004	0.998689	0.998459	0.19

（二）消费需求和居民收入

居民收入是决定居民消费和商品消费实际增速周期性波动的基础,社会保障与教科文卫等民生性财政支出实际增速的周期性波动也会对居民消费实际增速的周期性波动产生重要影响,但包括商品消费在内的居民消费有其自身的内在发展规律,在商品消费达到饱和需求状态后,即使收入增速持续增长,商品消费也会保持低速增长,此时居民消费增长主要取决于商品消费的更新换代和服务消费增长。据此,我们除了将居民收入和民生性财政支出实际增速的周期性波动作为居民消费实际增速的解释变量之外,还将居民消费和商品消费实际增速周期性波动值的滞后变量作为解释变量,以反映消费增速周期性波动及其动态均衡值的内在发展规律。具体结果如表 12-2 和表 12-3 所示。

居民收入取决于经济增长状况,社会保障与教科文卫等民生性财政支出也会对居民收入产生间接影响。因此,我们将 GDP 增速、社会保障支出和教科文卫支出实际增速作为居民收入实际增速的解释变量。具体结果如表 12-4 所示。

表 12-2　居民消费实际增速周期性波动及其动态均衡值的模拟分析方程

居民消费	模型方程	拟合优度 R^2	调整后 R^2	DW 统计值
动态均衡值	XFZAGTTL = 3. 7382×XFZA-GTTL(−1)−5. 3423×XFZA-GTTL(−2)+3. 4548×XFZA-GTTL(−3)−0. 8546×XFZAGTTL(−4)+0. 0035×SRZAGTTL−0. 0003×FISESBAGTTL+0. 0004×FISESBAGTTL(−1)+0. 0137	1	1	0.68
短期波动	XFZAGW = −0. 1567×XFZAGW(−1)−0. 0479×XFZAGW(−2)+0. 1348×XFZAGW(−3)0. 3077×XFZAGW(−4)+0. 7453×SRZAGW−0. 0276×FISESBAGW+0. 0165×FISEJYAGW+0. 00025	0.86832	0.842715	2.67
中期波动	XFZAGWS = 1. 4216×XFZAGWS(−1)−0. 8078×XFZAGWS(−2)+0. 2272×SRZAGWS+0. 0095×FISESBAGWS−0. 0242×FISEJYAGWS+0. 0457+[AR(1)=0. 8081]	0.998284	0.998013	0.33

续表

居民消费	模型方程	拟合优度 R^2	调整后 R^2	DW 统计值
中长期波动	XFZAGWM = 3.858 × XFZAGWM (-1) - 5.7199 × XFZAGWM (-2) + 3.8556 × XFZAGWM (-3) - 0.9986 × XFZAGWM(-4) + 4.1415e-06 × SRZAGWM + 3.1067e-05 × FISESBAGWM + 5.0099e-05 × FISEJYAGWM + 1.2747e-06	1	1	0.52
长期波动	XFZAGWL = 1.6555 × XFZAGWL (-1) - 0.8038 × XFZAGWL (-2) + 0.0651 × SRZAGWL + 0.0106 × FISESBAGWL - 0.0216 × FISEJYAGWL - 0.0005	0.987436	0.985865	0.28

表 12-3　居民商品消费实际增速周期性波动及其动态均衡值的模拟分析方程

商品消费	模型方程	拟合优度 R^2	调整后 R^2	DW 统计值
动态均衡值	CONAGTTL = 4.4902 × CONAGTTL (-1) - 8.3322 × CONAGTTL (-2) + 8.0097 × CONAGTTL (-3) - 3.9909 × CONAGTTL (-4) + 0.8229 × CONAGTTL (-5) + 0.0005 × SRZAGTTL + 0.0003	1	1	0.43
短期波动	CONAGW = -0.3893 × CONAGW(-1) - 0.559 × CONAGW(-2) - 0.485 × CONAGW(-3) - 0.2686 × CONAGW(-4) + 0.1054 × SRZAGW - 0.0093 × FISESBAGW + 0.0416 × FISEJYAGW - 0.029	0.571472	0.49648	2.49

续表

商品消费	模型方程	拟合优度 R^2	调整后 R^2	DW 统计值
中期波动	CONAGWS = 3. 4102×CONAGWS(−1)−4. 8438×CONAGWS(−2)+3. 3249×CONAGWS(−3)−0. 9507×CONAGWS(−4)+0. 0084×SRZAGWS−0. 0002×FISESBAGWS−0. 0004×FISEJYAGWS−0. 0002	0. 999928	0. 999916	0. 27
中长期波动	CONAGWM = 3. 6806×CONAGWM(−1)−5. 1727×CONAGWM(−2)+3. 2863×CONAGWM(−3)−0. 7971×CONAGWM(−4)+0. 0008×SRZAGWM+6. 8391e−05×FISESBAGWM+0. 0002×FISEJYAGWM−1. 5452	1	1	0. 33
长期波动	CONAGWL = 0. 8514×CONAGWL(−1)+0. 7839×SRZAGWL−0. 7352×SRZAGWL(−1)+0. 0191×FISESBAGWL+0. 0088×FISEJYAGWL−0. 0029	0. 924683	0. 915498	0. 31

表 12-4 居民收入实际增速周期性波动及其动态均衡值的模拟分析方程

居民收入	模型方程	拟合优度 R^2	调整后 R^2	DW 统计值
动态均衡值	SRZAGTTL = 0. 5561×GDPAGTTL−0. 05321×FISESBAGTTL−0. 00386×FISEJYAGTTL+2. 7606	0. 964214	0. 961774	0. 05
短期波动	SRZAGW = −0. 2474×SRZAGW(−1)−0. 3633×SRZAGW(−2)−0. 2694×SRZAGW(−3)−0. 7236×SRZAGW(−4)+0. 4335×GDPAGW−0. 01555×FISESBAGW+0. 0559×FISEJYAGW+0. 0175	0. 735656	0. 684255	2. 13

续表

居民收入	模型方程	拟合优度 R^2	调整后 R^2	DW 统计值
中期波动	SRZAGWS = 3.2032 × SRZAGWS(−1)−4.4993× SRZAGWS(−2)+3.1163× SRZAGWS(−3)−0.9381× SRZAGWS(−4)+0.0082× GDPAGWS + 0.0024 × FIS-ESBAGWS + 0.00186850107984×FISEJY-AGWS+0.0008	0.999959	0.999951	0.55
中长期波动	SRZAGWM = 1.8705 × SRZAGWM（−1）− 0.9416 × SRZAGWM（−2） + 0.0236 × GDPAGWM+0.0017×FIS-ESBAGWM+0.0013	0.999967	0.999964	0.05
长期波动	SRZAGWL = 3.3085 × SRZAGWL(−1)−4.6739× SRZAGWL(−2)+3.2967× SRZAGWL(−3)−0.9812× SRZAGWL(−4)+0.0046× GDPAGWL+0.0007×FISES-BAGWL+0.0003	0.999791	0.999757	0.22

(三)投资需求和存货投资

从长期看,投资实际增速取决于消费需求和出口实际增速,但短期内政府财政支出和金融机构贷款会从资金来源方面对投资实际增速产生重要影响,且政府财政支出和金融机构贷款又是财政政策和货币政策影响投资需求的中介,存货实际增速的提高也会对未来投资产生抑制作用。据此,在分析投资需求实际增速周期性波动及其动态均衡值影响因素时,我们将居民消费、出口和工业企业存货实际增速作为影响投资需求的长期因素,把政府财政支出和金融机构贷款实际增速作为影响投资需求的资金约束因素,同时考虑投资实际增速周期性波动值的滞后变量,以反映投资实际增速周期性波动的内在趋势。具体结果如表 12-5 所示。

　　存货投资是支出法 GDP 的重要构成部分,也是影响投资需求和进口的重要因素,存货投资本身的周期性波动又是重要的波动周期之一。由于缺乏全社会存货投资的统计数据,我们以工业企业产成品资金占用作为存货投资的替代指标,将消费、投资、出口和进口实际增速作为存货投资的影响因素,同时考虑工业企业存货实际增速周期性波动的内在趋势,对工业企业存货进行影响因素分解,具体结果如表 12-6 所示。

表 12-5　投资实际增速周期性波动及其动态均衡值的模拟分析方程

投资需求	模型方程	拟合优度 R^2	调整后 R^2	DW 统计值
动态均衡值	TZAGTTL = 13. 5364×XFZA-GTTL−12. 6697×XFZAGTTL(−1) − 1. 5861 × CKZTTL + 1. 6336 × CKZTTL (−1) − 8. 55727×FISEAGTTL+7. 3344×FISEAGTTL(−1) + 12. 2026 × FIN-LAGTTL − 11. 4197 × FIN-LAGTTL(−1) − 1. 4237 × INDHARGTTL+31. 6408	1	1	1. 11
短期波动	TZAGW = 0. 7376 × CON-AGW(−1) + 0. 0239×CK-ZW (−1) + 0. 1223 × FISEAGW + 0. 6542 × FIN-LAGW + 0. 5494 × LLDK − 0. 6531 × LLDK(−1) + 0. 6431 + [MA(2)=−0. 2109]	0. 466299	0. 394455	2. 49
中期波动	TZAGWS = − 1. 2564 × XFZAGWS − 0. 2744 × CK-ZWS + 0. 0891 × CKZWS(−1) − 0. 9821 × FISEAG-WS + 1. 0137 × FISEAGWS(−1) + 0. 7554 × FINLAG-WS + 0. 8584 × INDHARG-WS − 0. 7647 × INDHARG-WS (−1) + 0. 2281 × LLDK − 0. 1029 × LLDK(−1)−0. 8817	0. 99728	0. 996544	0. 7

续表

投资需求	模型方程	拟合优度 R^2	调整后 R^2	DW 统计值
中长期波动	TZAGWM = 0. 1211×TZAGWM (− 1) + 2. 2124 × CONAGWM + 0. 1545 × CONAGWM (− 1) + 1. 0237 × CKZWM − 1. 0754 × CKZWM (− 1) − 3. 1179 × FISEAGWM + 2. 3981 × FISEAGWM (− 1) + 0. 815 × FINLAGWM − 0. 7601 × FINLAGWM (− 1) + 7. 1549e − 06 × LLDK + 1. 8935e − 06 × LLDK (− 1) + 0. 4861 × INDHARGWM − 5. 845	1	1	0. 36
长期波动	TZAGWL = 3. 3356 × TZAGWL(− 1) − 4. 6205×TZAGWL(− 2) + 3. 1682×TZAGWL(− 3) − 0. 9046×TZAGWL(− 4) − 0. 0001	0. 999605	0. 999585	0. 38

表 12−6 存货投资实际增速周期性波动及其动态均衡值的模拟分析方程

存货投资	模型方程	拟合优度 R^2	调整后 R^2	DW 统计值
动态均衡值	INDHARGTTL = 0. 7714 × TZAGTTL − 0. 7486×CONAGTTL + 0. 2417 × CKZTTL − 0. 4302 × JKZTTL+25. 7438	0. 999685	0. 999655	0. 12
短期波动	INDHARGW = − 0. 5513 × INDHARGW (− 1) − 0. 5547 × INDHARGW (− 2) − 0. 4828 × INDHARGW(− 3) − 0. 1682× INDHARGW (− 4) + 0. 0394 × TZAGW − 0. 2236 × XFZAGW − 0. 0603 × XFZAGW (− 1) − 0. 1402 × CKZW − 0. 0106×JKZW+0. 0125	0. 548769	0. 43901	2. 31

续表

存货投资	模型方程	拟合优度 R^2	调整后 R^2	DW 统计值
中期波动	INDHARGWS = 3.407×IN-DHARGWS（-1）- 4.8083 × INDHARGWS（-2）+3.2668×INDHARG-WS（-3）- 0.9238 × IN-DHARGWS （-4）+ 0.0012 × TZAGWS + 0.0085 × CONAGWS + 0.0025×CKZWS-0.0007× JKZWS+0.0002	0.999962	0.999958	0.33
中长期波动	INDHARGWM = -0.5638× TZAGWM - 1.3145×CON-AGWM + 0.7406 × CKZWM + 1.8336 × JKZWM-2.5131×JKZWM（-1）-0.1256	0.983887	0.982498	0.08
长期波动	INDHARGWL = -0.6081× TZAGWL+0.8186×TZAG-WL（-1）-2.0271×CON-AGWL+0.1628×CONAG-WL（-1）- 0.4783 × CK-ZWL + 0.6781 × CKZWL（-1）- 1.0001 × JKZWL + 0.726 × JKZWL（-1）+ 0.05557 + ［MA（1）= 0.979］	0.963948	0.959032	0.31

（四）进出口与国际市场需求

影响出口的因素包括国际市场需求和我国产品的国际市场竞争力,鉴于出口产品国际市场竞争力受技术水平、产业规模与配套能力、劳动成本与劳动力素质、汇率等多方面因素影响,而受季度数据不足制约难以进行全面分析,我们在分析出口影响因素时仅考虑国际市场需求的影响,将人民币名义有效汇率和出口退税率作为影响出口的政策因素,同时加入出口增速的滞后变量以反映我国出口增速周期性波动的内在趋势。具体结果如表12-7所示。

我国进口以生产资料为主,但近年来消费品进口也不断增加,为此,我们将投资、消费和工业企业存货作为影响进口的主要需求因素,将人民币名义有效汇率作为政策因素,同时加入进口增速的滞后变量以反映进口增速周期性波动的内在趋势。具体结果如表 12-8 所示。

国际市场需求是我国出口的决定性因素,我们选择美欧日三大经济体的进口作为国际市场需求的替代指标,为简化分析,我们仅根据 1992 年一季度到 2014 年四季度的数据对美欧日进口增速周期性波动的内在趋势作出分析。结果如表 12-9 所示。

表 12-7 我国出口增速周期性波动及其动态均衡值的模拟分析方程

出　口	模型方程	拟合优度 R^2	调整后 R^2	DW 统计值
动态均衡值	CKZTTL = 0.9076×CKZT-TL(-1) + 0.0336×MAIN-CIMGTTL + 9.7566 + [MA(1) = 0.9367]	0.999992	0.99999	0.36
短期波动	CKZW = -0.0935×CKZW(-1) - 0.3217×CKZW(-2) - 0.141×CKZW(-3) - 0.5669×CKZW(-4) + 0.3946×MAINCI-MGW - 0.0999 × REENL + 0.0896×REENL(-1) - 0.3382 × TSRAT + 0.2821 × TSRAT(-1)+2.4786	0.769949	0.741586	2.3
中期波动	CKZWS = 0.8899×MAIN-CIMGWS + 0.0043 × RE-ENL + 0.0428 × REENL(-1) - 0.0577×TSRAT - 7.3177+[AR(1)= 0.8338]	0.9519	0.947447	0.38
中长期波动	CKZWM = 1.0268×MAIN-CIMGWM + 0.0302 × RE-ENL + 0.0033 × REENL(-1) + 0.0012 × TSRAT - 6.0039 + [MA(1) = 1.6334, MA(2) = 0.9998]	0.986946	0.985929	0.19
长期波动	CKZWL = 1.6854×MAIN-CIMGWL - 0.0013 × RE-ENL - 0.0039 × REENL(-1) + 0.8755 + [MA(1) = 0.9773]	0.929183	0.92577	0.18

表 12-8 我国进口增速周期性波动及其动态均衡值的模拟分析方程

进 口	模型方程	拟合优度 R^2	调整后 R^2	DW 统计值
动态均衡值	JKZTTL = 0.9767 × JKZTTL（ - 1 ） + 0.5886 × TZAGTTL - 0.6934 × TZAGTTL（ - 1 ） + 4.728 × XFZAGTTL - 4.7181 × XFZAGTTL（ - 1 ） - 1.1895e - 05 × REENL - 0.0747 × INDHARGTTL + 5.6992	1	1	0.55
短期波动	JKZW = - 2.778 × TZAGW + 1.1657 × TZAGW（ - 1 ） + 2.9268 × CONAGW（ - 1 ） - 0.4424 × REENL + 0.5123 × REENL（ - 1 ） - 1.0431 × INDHARGW - 0.7634 × INDHARGW（ - 1 ） - 12.3568 + ［MA（2）= - 0.921］	0.897351	0.866937	1.76
中期波动	JKZWS = 0.8977 × JKZWS（ - 1 ） + 0.2377 × TZAGWS（ - 1 ） + 0.3417 × XFZAGWS - 0.0017 × REENL + 0.0132 × REENL（ - 1 ） - 1.1619 × INDHARGWS - 2.0306 + ［AR（2）= 0.2531, MA（1）= 0.9652］	0.96671	0.959512	0.46
中长期波动	JKZWM = 0.9094 × JKZWM（ - 1 ） + 0.2324 × TZAGWM + 0.9354 × CONAGWM - 0.0063 × REENL + 1.0661	0.9836	0.9828	0.07
长期波动	JKZWL = 0.9205 × JKZWL（ - 1 ） + 0.025 × TZAGWL - 1.5427 × CONAGWL + 1.2714 × CONAGWL（ - 1 ） - 0.0017 × REENL + 0.0027 × REENL（ - 1 ） - 0.2281	0.945835	0.941772	0.29

表 12-9　美欧日进口增速周期性波动及其动态均衡值的模拟分析方程

进　口	模型方程	拟合优度 R^2	调整后 R^2	DW 统计值
动态均衡值	MAINCIMGTTL = 0.7325 × MAINCEXGTTL+2.3726	0.677209	0.673623	0.01
短期波动	MAINCIMGW = −0.0354× MAINCIMGW（−1）− 0.3964 × MAINCIMGW（−2）− 0.2355×MAINCI-MGW（−3）−0.6842×MA-INCIMGW（−4）−0.0365	0.647173	0.629962	2.31
中期波动	MAINCIMGWS = 2.5697× MAINCIMGWS（−1）− 2.4645 × MAINCIMGWS（−2）+0.8595×MAINCI-MGWS（−3）+0.0021	0.997496	0.997408	0.31
中长期波动	MAINCIMGWM = 5.8543× MAINCIMGWM（−1）− 14.4617 × MAINCIMGWM（−2）+19.2868×MAINCI-MGWM（−3）−14.6445×MA-INCIMGWM（−4）+6.0032× MAINCIMGWM（−5）− 1.0384 × MAINCIMGWM（−6）+4.4849e−07	1	1	0.05
长期波动	MAINCIMGWL = 3.367 × MAINCIMGWL（−1）− 4.7523 × MAINCIMGWL（−2）+3.3368×MAINCI-MGWL（−3）−0.9819× MAINCIMGWL（−4）+ 0.0007	0.999649	0.999632	0.18

（五）金融机构存贷款

金融机构贷款是投资的主要资金来源之一,其增速受存款与货币政策等多方面因素影响,在模型分析中我们仅考虑金融机构存款和存款准备金率与贷款利率的影响,同时将金融机构贷款实际增速的滞后变量作为反映贷款实际增速周期性波动内在趋势的因素,对金融机构贷款实际增速的周期性波动进行影响因素分解,结果如表 12-10 所示。

金融机构存款是金融机构贷款的主要资金来源,金融机构存款的主体是居民储蓄存款,影响居民储蓄存款的主要因素是居民收入与居民消费,存款利率也会对居民储蓄存款产生影响。为此,我们将居民收入与居民消费实际增速和存款利率作为金融机构存款实际增速周期性波动的主要因素,同时考虑金融机构存款实际增速周期性波动的内在趋势,对金融机构存款实际增速的周期性波动及其动态均衡值进行影响因素分析。

表 12-10 金融机构贷款实际增速周期性波动及其动态均衡值的模拟分析方程

贷 款	模型方程	拟合优度 R^2	调整后 R^2	DW 统计值
动态均衡值	FINLAGTTL = 3.7711 × FIN-LAGTTL(-1) - 5.3504 × FIN-LAGTTL(-2) + 3.3834 × FIN-LAGTTL(-3) - 0.8044 × FIN-LAGTTL(-4) + 0.0002×FIND-AGTTL + 6.0242e - 05 × LLZB-0.0001×LLDK+0.0007	1	1	0.53
短期波动	FINLAGW = 0.4017×FINLAGW(-1) - 0.3465 × FINLAGW(-2) - 0.3274 × FINLAGW(-3) + 0.4151 × FINDAGW - 0.0529×LLZB + 0.05466×LLZB(-1) + 0.0056 × LLDK - 0.0464341935909 + [MA(1)=-0.9999]	0.801783	0.780918	1.89
中期波动	FINLAGWS = 0.5163×FINLAG-WS(-1) + 0.6871 × FINDAGWS - 0.0257 × LLZB + 0.0328×LLZB(-1) + 0.0109× LLDK - 0.1805 + [MA(1)= 0.983]	0.971334	0.969184	0.38
中长期波动	FINLAGWM = 3.8105 × FIN-LAGWM(-1) - 5.5723×FIN-LAGWM(-2) + 3.7007×FIN-LAGWM(-3) - 0.94302×FIN-LAGWM(-4) + 9.91571e-05× FINDAGWM + 3.4383e - 05 × LLZB - 6.1007e - 05 × LLZB(-1) + 0.0001×LLDK-0.0006	1	1	0.06

续表

贷 款	模型方程	拟合优度 R^2	调整后 R^2	DW 统计值
长期波动	FINLAGWL = 3. 4878×FINLAG-WL(−1)−4. 9804×FINLAGWL(−2) + 3. 4739 × FINLAGWL(−3) − 0. 9901 × FINLAGWL(−4) − 0. 0266 × FINDAGWL+0. 0128×FINDAG-WL(−1) − 0. 0005 × LLZB + 0. 0006×LLZB(−1) + 0. 0009×LLDK − 0. 0002 × LLDK(−1) −0. 0053	0. 99994	0. 999932	0. 14

表 12-11　金融机构存款实际增速周期性波动及其动态均衡值的模拟分析方程

存 款	模型方程	拟合优度 R^2	调整后 R^2	DW 统计值
动态均衡值	FINDAGTTL = 0. 8881 × FIND-AGTTL(−1)−1. 6711×SRZA-GTTL + 2. 1843 × SRZAGTTL(−1) − 0. 2033 × XFZAGTTL − 0. 0044 × LLCK + 0. 0074 × LLCK(−1)−0. 0034×LLZB−0. 2472	0. 999962	0. 999955	0. 19
短期波动	FINDAGW = 0. 4605 × FIND-AGW(−1) − 0. 3851 × FIND-AGW(−2) + 0. 0324 × FIND-AGW(−3) − 0. 1638 × FIND-AGW(−4) − 2. 3135 × GDPAGW + 0. 2102 × GDPAGW(−1) + 0. 2745 × XFZAGW + 0. 4333 × XFZAGW(−1) + 0. 0026 × LLCK − 0. 00266 × LLZB + 0. 0291 + [MA(1) = −0. 9598]	0. 854948	0. 80936	2. 24
中期波动	FINDAGWS = 5. 9935×GDPAG-WS − 9. 3794 × GDPAGWS(−1)−1. 56×XFZAGWS+0. 5606×XFZAGWS(−1) + 0. 3332×LL-CK + 0. 3043 × LLCK(−1) − 0. 0273×LLZB − 1. 6473 + [MA(1) = 1. 8112, MA(2) = 0. 9041]	0. 986302	0. 98297	0. 43

存　款	模型方程	拟合优度 R^2	调整后 R^2	DW 统计值
中长期波动	FINDAGWM = 0. 8099 × FIND-AGWM(-1)+1. 2103×GDPAG-WM-2. 7495×XFZAGWM + 0. 6202 × LLCK - 0. 03216 × LLZB-1. 3387	0.979478	0.977035	0.18
长期波动	FINDAGWL = 3. 1647 × FIND-AGWL(-1) - 4. 2849 × FIND-AGWL(-2) + 2. 8762 × FIND-AGWL(-3) - 0. 8123 × FIND-AGWL(-4)-0. 1681×GDPAG-WL + 0. 1666 × GDPAGWL(-1) + 0. 0005 × LLCK - 0. 0008 × LLCK(-1) - 0. 0007 × LLZB + 0. 0011×LLZB(-1)-0. 0023	0.999836	0.999814	0.36

（六）财政收入与财政支出

财政收支是财政政策的基本工具,同时财政收支又具有一定的内生性,其中财政收入取决于经济增长状况,财政支出具有较强的刚性。我们在模型分析中首先将财政收入作为经济增长的结果,即财政收入实际增速的周期性波动及其动态均衡值取决于 GDP 增速的周期性波动及其动态均衡值。其次,我们将财政支出实际增速周期性波动的内在趋势作为财政政策的选择之一,将包括社会保障与教科文卫支出在内的财政支出实际增速周期性波动均视为财政收入实际增速周期性波动和财政支出实际增速周期性波动内在趋势的结果,同时在财政支出实际增速周期波动方程中加入 GDP 增速周期波动值作为解释变量之一,以反映适应性调控政策对财政支出增速周期波动的影响。

表 12-12　财政收入实际增速周期性波动及其动态均衡值的模拟分析方程

财政收入	模型方程	拟合优度 R^2	调整后 R^2	DW 统计值
动态均衡值	FISIAGTTL = 1. 2597 × GD-PAGTTL+1. 7059+[MA(1) = 1. 1892,MA(2) = 0. 8769]	0.996797	0.996317	0. 25

财政收入	模型方程	拟合优度 R^2	调整后 R^2	DW 统计值
短期波动	FISIAGW = -0.1851×FISIAGW(-1) - 0.2347 × FISIAGW(-2) - 0.4433 × FISIAGW(-3) - 0.3808 × FISIAGW(-4)+2.4534×GDPAGW-0.0227	0.556081	0.527624	2.21
中期波动	FISIAGWS = 1.595 × FISIAGWS(-1) - 0.8839 × FISIAGWS(-2) + 0.4985 × GDPAGWS + 0.01454+[MA(1)= 0.9997]	0.996101	0.995908	0.39
中长期波动	FISIAGWM = 3.9091 × FISIAGWM(-1)-5.8334×FISIAGWM(-2) + 3.9352 × FISIAGWM(-3) - 1.0131 × FISIAGWM(-4) - 0.0092 × GDPAGWM+0.0086×GDPAGWM(-1)-6.0034	1	1	0.22
长期波动	FISIAGWL = 3.2599 × FISIAGWL(-1)-4.5333×FISIAGWL(-2) + 3.155 × FISIAGWL(-3) - 0.9355 × FISIAGWL(-4) + 0.09707 × GDPAGWL - 0.1257×GDPAGWL(-1)+0.0023	0.999606	0.999576	0.55

表 12-13　财政支出实际增速周期性波动及其动态均衡值的模拟分析方程

财政支出	模型方程	拟合优度 R^2	调整后 R^2	DW 统计值
动态均衡值	FISEAGTTL = 0.9216 × FISEAGTTL(-1)+0.1265×FISIAGTTL-0.3904+[MA(1)=0.949]	0.999717	0.999674	0.27
短期波动	FISEAGW = -0.2395 × FISEAGW(-1) - 0.2752 × FISEAGW(-2)-0.1625 × FISEAGW(-3) - 0.3038×FISEAGW(-4)-0.1281×FISIAGW + 0.0089 × FISIAGW(-1) - 2.3337 × GDPAGW - 0.537×GDPAGW(-1)+0.0008	0.494193	0.41485	2.05

财政支出	模型方程	拟合优度 R^2	调整后 R^2	DW 统计值
中期波动	FISEAGWS = 1.6984×FISEAG-WS(-1)-0.9781×FISEAGWS(-2)+0.0021×FISIAGWS-0.0166	0.992492	0.992218	0.34
中长期波动	FISEAGWM = 3.8486×FISEAG-WM(-1)-5.656×FISEAGWM(-2)+3.7596×FISEAGWM(-3)-0.9546×FISEAGWM(-4)+0.0001×FISIAGWM+3.0146	1	1	0.1
长期波动	FISEAGWL = 1.8568×FISEAG-WL(-1)-0.8613×FISEAGWL(-2)-0.0751×FISIAGWL(-1)+0.0015	0.993884	0.99366	0.48

表 12-14 财政社会保障支出实际增速周期性波动及其动态均衡值的模拟分析方程

社会保障	模型方程	拟合优度 R^2	调整后 R^2	DW 统计值
动态均衡值	FISESBAGTTL = 1.9862×FIS-ESBAGTTL(-1)-0.9963×FIS-ESBAGTTL(-2)-0.1287×FI-SIAGTTL+0.133×FISIAGTTL(-1)+0.0879	0.999998	0.999998	0.07
短期波动	FISESBAGW = -0.4958×FISES-BAGW(-1)-0.5472×FISES-BAGW(-2)-0.2842×FISES-BAGW(-3)-0.5257×FISES-BAGW(-4)+0.4159×FISIAGW+0.3743×FISIAGW(-1)-2.9914×GDPAGW+0.1027	0.483648	0.419104	2.25
中期波动	FISESBAGWS = 1.6628×FISES-BAGWS(-1)-0.9601×FISES-BAGWS(-2)+0.0122×FI-SIAGWS+0.0139	0.991563	0.991255	0.39

续表

社会保障	模型方程	拟合优度 R^2	调整后 R^2	DW 统计值
中长期波动	FISESBAGWM = 3. 8843 × FIS-ESBAGWM（−1）−5. 7757×FIS-ESBAGWM（−2）+3. 8901×FIS-ESBAGWM（−3）−1. 0018×FIS-ESBAGWM（−4）+ 0. 0054×FI-SIAGWM − 0. 0044×FISIAGWM（ − 1 ） + 0. 0035 × GDPAGWM+6. 3708e−05	1	1	0. 06
长期波动	FISESBAGWL = 1. 7586 × FIS-ESBAGWL（−1）−0. 8341×FIS-ESBAGWL（−2）− 0. 4639×FI-SIAGWL + 0. 4486 × FISIAGWL（−1）+0. 0203	0. 977967	0. 976879	0. 37

表 12-15　财政教科文卫支出实际增速周期性波动及其动态均衡值的模拟分析方程

教科文卫	模型方程	拟合优度 R^2	调整后 R^2	DW 统计值
动态均衡值	FISEJYAGTTL = 3. 8627×FISE-JYAGTTL（−1）−5. 6337×FISE-JYAGTTL（−2）+3. 6787×FISE-JYAGTTL（−3）−0. 9079×FISE-JYAGTTL（−4）− 0. 0028 × FI-SIAGTTL+ 0. 0028 × FISIAGTTL（−1）+0. 003	1	1	0. 37
短期波动	FISEJYAGW = − 0. 0053 × FISE-JYAGW（−1）− 0. 5408×FISE-JYAGW（−2）− 0. 1075×FISE-JYAGW（−3）− 0. 7381×FISE-JYAGW（−4）+ 0. 0058 × FI-SIAGW − 0. 0085 × FISIAGW（−1）+ 1. 4491 × GDPAGW（−1）−0. 1237	0. 545639	0. 488843	2. 51
中期波动	FISEJYAGWS = 0. 8649×FISE-JYAGWS（−1）− 0. 2269 × FI-SIAGWS + 0. 2352 × FISIAGWS（−1）+0. 0061	0. 763496	0. 754948	0. 32

教科文卫	模型方程	拟合优度 R^2	调整后 R^2	DW 统计值
中长期波动	FISEJYAGWM = 3.8502×FISE-JYAGWM(−1) −5.6728×FISE-JYAGWM(−2) +3.7875×FISE-JYAGWM(−3) −0.9679×FISE-JYAGWM(−4) −0.0015×FISIAGWM +0.0017×FISIAGWM(−1) −0.0046×GDPAGWM +0.0037×GDPAGWM(−1) +5.5303e−06	1	· 1	0.07
长期波动	FISEJYAGWL = 0.9399×FISE-JYAGWL(−1) +0.7401×FISIAGWL −0.5054×FISIAGWL(−1) −1.4256×GDPAGWL +1.5811×GDPAGWL(−1) −0.0215	0.962449	0.960131	0.25

三、模型模拟运行情况

将各变量的影响因素分析方程联立后,即构建成经济增长周期的短期波动模型、中期波动模型、中长期波动模型、长期波动模型和动态均衡值模型。为检验模型的稳定性及其模拟分析效果,我们运用模型对 2010 年一季度到 2014 年四季度各变量进行样本区间内走势模拟预测,除短期波动模型模拟预测值与实际值偏差较大外,其他模型模拟预测值均与实际值高度一致,即经济增长周期模型能够较好地模拟样本区间内各内生变量的周期性波动及其动态均衡值发展状况。从第十一章的分析结果看,这一模型能够很好地模拟分析中国经济运行及其周期性波动情况。

参 考 文 献

1. Hayek Friedrich August: *Geldtheorieund Konjunkturtheorie*. No. 1. Hölder-Pichler-Tempskyag.1929.

2. Phelps Edmund S. and John B. Taylor: "Stabilizin gpowers of monetary policy under rational expectations", *The Journal of Political Economy* 85. 1(1977).

3. Samuelson Paul A: "Interactions betweenthe Multiplier Analysisand the Principle of Acceleration", *The Review of Economicsand Statistics* 21. 2(1939).

4. Tinbergen Jan: *Statistical Testing of Business-cycle* Theories: *I.A Method and Its Application to Investment Activity*. Vol. 1.League of Nations, Economic Intelligence Service, 1939.

5. Friedman Milton: *The Counter-Revolutionin Monetary Theory*, London: Institute of Economic Affairs, 1970.

6. Barro Robert J.and Xavier Salai-Martin: *Economic growth and convergencea cross the United States*.No.w3419.National Bureau of Economic Research, 1990.

7. Schumpeter Joseph Alois: *Business cycles*. Vol. 1. New York: Mc Graw-Hill, 1939.

8. Hall, Robert E.: "The relation between priceand marginalco stin US industry", *Journal of Politica Economy* 96(1)(1988).

9. Arias Andres, Gary D.Hansen and Lee E.Ohanian: "Why have business cycle fluctuations become lessvolatile?" *Economictheory* 32. 1(2007).

10. Smets Frank and Raf Wouters: "Anestimated dynamic stochasticgenerale quilibrium model of theeuroarea", *Journal of the Europeanecono micassociation* 1. 5

（2003）.

11. Leduc S.and K.Sill：*Monetary Policy，Oil Shocks，and TFP：Accounting for the Dechine in V.S.Volatility*（2003）.

12. Klein Lawrence Robert：*Economic fluctuations in the United States，1921-1941*（1950）.

13. Frisch Ragnar：*Propagation Problems and impulse problems in dynamic economics*（1933）.

14. ［法］西斯蒙第：《政治经济学新原理或论财富同人口的关系》，商务印书馆 1997 年版。

15. ［英］庇古：《工业波动论》，商务印书馆 1999 年版。

16. ［英］约翰·梅纳德·凯恩斯：《就业、利息和货币通论》，商务印书馆 1999 年版。

17. ［西班牙］若迪·加利：《货币政策、通货膨胀与经济周期：新凯恩斯主义分析框架引论》，中国人民大学出版社 2013 年版。

18. ［美］R.索罗：《经济增长论文集》，北京经济学院出版社 1989 年版。

19. ［美］蒋中一：《数理经济学的基本方法》，商务印书馆 1999 年版。

20. ［美］Michael P.Niemira、Philip A.Klein：《金融与经济周期预测》，中国统计出版社 1998 年版。

21. 杨立岩、王新丽：《实际周期理论研究新进展》，《经济学动态》2004 年第 2 期。

22. 翟志成：《经济周期理论与中国当前宏观经济走势》，《经济学家》2001 年第 2 期。

23. 王少平、胡进：《中国 GDP 的趋势周期分解与随机冲动的持久效应》，《经济研究》2009 年第 4 期。

24. 曹永福：《美国经济周期稳定化研究述评》，《经济研究》2007 年第 7 期。

25. 李建伟：《我国城乡居民收入分布的正态估计》，《发展研究》2013 年第 5 期。

26. 李建伟：《居民收入分布对耐用消费品及经济增长周期的影响》，《经济纵横》2013 年第 6 期。

27. 李建伟:《耐用消费品需求增长周期与经济增长关联度 1978—2012》,《改革》2013 年第 7 期。

28. 李建伟:《全球视角下居民收入的正态分布与消费品需求增长周期的内生机制》,《发展研究》2013 年第 8 期。

29. 李建伟:《居民收入分布与经济增长周期的内生机制》,《经济研究》2015 年第 1 期。

30. 李建伟:《我国经济增长周期的动态均衡增长状态及其未来发展趋势》,《经济纵横》2015 年第 10 期。

责任编辑:崔秀军
封面设计:王欢欢

图书在版编目(CIP)数据

经济周期与中国经济增长/李建伟 著. —北京:人民出版社,2019.5
ISBN 978－7－01－019926－9

Ⅰ.①经…　Ⅱ.①李…　Ⅲ.①中国经济-经济周期分析-研究②中国经济-
　经济增长-研究　Ⅳ.①F124

中国版本图书馆 CIP 数据核字(2018)第 235469 号

经济周期与中国经济增长

JINGJI ZHOUQI YU ZHONGGUO JINGJI ZENGZHANG

李建伟　著

人民出版社 出版发行
(100706　北京市东城区隆福寺街 99 号)

北京中科印刷有限公司印刷　新华书店经销

2019 年 5 月第 1 版　2019 年 5 月北京第 1 次印刷
开本:710 毫米×1000 毫米 1/16　印张:17.75
字数:280 千字

ISBN 978－7－01－019926－9　定价:53.00 元

邮购地址 100706　北京市东城区隆福寺街 99 号
人民东方图书销售中心　电话 (010)65250042　65289539